Theodor Euripides

Ausgewählte Tragödien des Euripides

Theodor Euripides

Ausgewählte Tragödien des Euripides

ISBN/EAN: 9783744644426

Hergestellt in Europa, USA, Kanada, Australien, Japan

Cover: Foto ©ninafisch / pixelio.de

Weitere Bücher finden Sie auf **www.hansebooks.com**

AUSGEWÄHLTE

TRAGÖDIEN DES EURIPIDES.

FÜR DEN SCHULGEBRAUCH ERKLÄRT

VON

N. WECKLEIN.

VIERTES BÄNDCHEN:

HIPPOLYTOS.

LEIPZIG,

DRUCK UND VERLAG VON B. G. TEUBNER.

1885.

MEINEM VEREHRTEN FREUNDE

GIROLAMO VITELLI,

PROFESSOR IN FLORENZ.

Vorwort.

Nach dem grundlegenden Werke von Valckenaer (1768) wird es einem neuen Herausgeber nur im einzelnen zu bessern und die Kritik des Textes wie die Erklärung zu fördern vergönnt sein. Monks Ausgabe 1811 (1821) beruht auf Valckenaers Bearbeitung, hat aber auch selbständige Verdienste. Das Gleiche gilt von den neuen Ausgaben von Paley 1876, Wolfgang Bauer 1876, Weil 1879², Barthold 1880. Auch L. von Jans Anmerkungen zu Eur. Hipp. Schweinfurt 1861 enthalten brauchbare Beiträge zur Erklärung, wie die Dissertationen von Gloël, *de interpol. Hipp. fab. Eur.* Halle 1879 und Wheeler, *de Alc. et Hipp. Eur. fab. interpol.* Bonn 1879 zur Kritik des Textes. Weniger läfst sich dies von Alphonse Willems, *Notes et corrections sur l'Hippolyte d'Eur.* Brüssel 1883 sagen.

Meine Ausgabe hatte zunächst die vorliegende Litteratur unbefangen und gewissenhaft zu prüfen und das Gute und Wahre oder doch Wahrscheinliche zu benützen. Auffassung und Text weicht an verschiedenen Stellen ab; ob die Abweichung ein Fortschritt ist, mufs andern zu beurteilen überlassen bleiben. Wenigstens sollte, was neu ist, nicht blofs neu, sondern auch wahr sein und will ich nicht zu denen gehören, welche dem Streben nach Originalität die Wahrheit zum Opfer bringen.

W.

Einleitung.

I. Die Sage von Hippolytos und Phädra vor Euripides.*)

Die Wendungen, welche in der kindlich naiven Sprache der ältesten Zeit die auffallenden Vorgänge in der Natur kennzeichneten, wurden später, da in ihnen von vornherein ein personificierendes Element lag, zu Handlungen persönlicher, von der Natur losgelöster Wesen. Die dichtende Mythe des Volkes ersann dazu nach den zunächst liegenden Erfahrungen des Menschenlebens die Beweggründe und erweiterte die einfache Handlung durch Verbindung gleichartiger Sagen und historische Ansätze. Wir haben in der Einleitung zur Medea (S. 1) gesehen, wie aus der Vorstellung von dem Verschwinden des Morgenrots beim Aufgang der Sonne sich das Märchen von Apollo und Daphne bildete. Wenn das Strahlenhaupt der Sonne in Abendgluten versinkt und gleichsam widerwillig hinabgezogen wird, so hiefs es: das Haupt (Kephalos, κεφαλή) wird von der Abendröte entführt, später: Eos liebte Kephalos und raubte ihn (V. 454 f.). Ebenso liebte Apollo Daphne, diese aber floh vor ihm. Ebenso liebte und verfolgte Phädra den Hippolytos, welcher floh und mit seinem Gespann im Meere versank. Phädra, die Glänzende, ist der Mond, Hippolytos, der mit gelösten oder ungeschirrten Rossen Fahrende, die Sonne. Jeden späteren Tag bleibt die Mondsichel hinter der westwärts eilenden Sonne um ein beträchtliches Bogenstück zurück. Nach höchstens zwölf Tagen ist die Stellung beider Gestirne eine solche, dafs die Sonne eben verschwindet, wenn ihr gegenüber der Vollmond aufgeht. Diese Beobachtung wurde so ausgedrückt: 'Phädra eilt dem Hippolytos nach, ohne ihn erreichen zu können. Diesen zieht vorher Poseidon hinab', später 'Phädra liebte den Hippolytos, wurde aber von ihm

---

*) Vgl. Uhden und Buttmann über Virbius und Hippolytus in den Abh. der Berliner Akad. 1819 S. 189 ff., Buttmann Mythol. II S. 147, Most de Hippolyto Thesei filio Marb. 1840, L. V. Schmidt de Hippolyto Troezenio im N. Rhein. Mus. VII S. 52 ff., B. Delbrück bei O. Peschel Völkerkunde. 5. Aufl. S. 254 f.

verschmäht.'*) So wurde aus der Bezeichnung des natürlichen Vorganges ein Mythus menschlicher Leidenschaft. Hippolytos geht im Meere unter. Da Theseus ursprünglich ebenso wie Ägeus ein Meergott ist und mit Poseidon zusammenfällt, so war der Anschluß an die Theseussage gegeben.**) Die erklärende Volkssage wußte Theseus und Poseidon zu verbinden: Hippolytos geht unter durch die Verwünschungen des Theseus, nachdem Poseidon ihm die Erfüllung dreier Wünsche gewährt hat. Diese Wendung erinnert an die Sage von Phaëthon (vgl. V. 1169), der in dem Mythus als Sohn des Helios erscheint, ursprünglich aber das Gleiche wie Helios, also auch wie Hippolytos bedeutet.

So waren die Grundzüge des Mythus gegeben: Phädra wird zur Gattin des Theseus gemacht. Hippolytos ist ihr Stiefsohn; dessen Mutter ist die Amazone Antiope, oder wie sie auch genannt wird, Hippolyte. Phädra ist die Tochter des kretischen Königs Minos und der Pasiphaë. Phädra ist ursprünglich nichts anderes als Pasiphaë, der Mond, und Minos ist ein Sonnengott. Die Liebe der Pasiphaë zum Stiere (V. 338) ist, da der Sonnenstier zu verstehen, im Grunde das gleiche wie die Liebe der Phädra zu Hippolytos. Phädra ist Tochter des Minos, wie Chryse Tochter des Chryses, Iphigenie Tochter des Agamemnon, Hekate Schwester des Hekatos, Artemis des Apollon (vgl. Einl. zur Taur. Iph. S. 5). Phädra liebt ihren Stiefsohn; dieser aber entflieht ihr und geht durch seinen Vater zu Grunde. Die Vermittlung lag nahe: Theseus vernichtet seinen Sohn, weil er von der Stiefmutter verleumdet und eben der Schändlichkeit geziehen wird, deren sie selbst sich schuldig gemacht hat.

Der Kultus des Hippolyt ist vorzugsweise in Trözen, Epidauros und Athen zu Hause. Über die Verehrung desselben in Trözen berichten außer Euripides V. 1423 der Schol. zu dieser Stelle, Diod. IV 62, Paus. II 32, Lucian περὶ τῆς Συρίης θεοῦ 60. In einem sehr ansehnlichen Bezirke war ein Tempel und eine alte Bildsäule des Hippolyt. Ein

---

*) Unwillkürlich erinnert man sich der schönen Verse von Goethe (Iph. III 3):

> „Du liebst, Diane, deinen holden Bruder
> Vor allem, was dir Erd' und Himmel bietet,
> Und wendest dein jungfräulich Angesicht
> Nach seinem ew'gen Lichte sehnend still.'

Nach O. Peschel a. O. S. 255 erzählen die Khasia im nordwestlichen Indien, daß der Mond bei jedem neuen Wechsel in Liebe zu seiner Schwiegermutter, der Sonne, entbrenne, diese aber werfe ihm aus Abscheu Asche ins Gesicht, woher seine Scheibe uns befleckt erscheine.

**) Pindar nannte den Sohn des Theseus von der Antiope Demophon, kannte also Hippolytos nicht als solchen (Plut. Thes. c. 28).

besonderer Priester hatte keine andere Aufgabe als ihm zu opfern, und jährlich wurden ihm öffentliche Festopfer gebracht. Jungfrauenchöre feierten ihn und Bräute weihten ihm vor der Hochzeit eine Haarlocke. In dem gleichen heiligen Bezirke war ein Tempel des Apollon Ἐπιβατήριος und ein Stadion des Hippolyt und über diesem Stadion ein Tempel der Aphrodite Κατασκοπία: von dieser Stelle sollte Phädra den gymnastischen Übungen des Hippolyt zugeschaut haben. Es stand dort ein Myrtenbaum mit durchlöcherten Blättern, welche Phädra in ihren Sehnsuchtsqualen beschädigt hatte; nicht weit davon war das Grabmal des Hippolyt und nahe diesem das Grab der Phädra. Endlich befand sich dort eine Statue des Asklepios. — Diese Verbindung des Asklepios mit Hippolyt tritt noch mehr in Epidauros hervor. Hier stand in dem heiligen Haine des Asklepios, der auch Heiligtümer der Themis, der Aphrodite und der Artemis enthielt, eine alte Stele mit einer Weihinschrift, nach der Hippolyt dem Gotte zwanzig Pferde geweiht hatte, offenbar zum Danke dafür, daſs er von ihm wieder zum Leben erweckt worden. Denn Pausanias, welcher dies berichtet (II 27, 4), fügt hinzu, mit der Inschrift stimme eine Sage der Einwohner von Aricia überein, daſs den durch die Flüche des Theseus umgekommenen Hippolytos Asklepios auferweckt habe. Wieder zum Leben erstanden habe er dem Vater keine Verzeihung gewähren wollen und sei, ohne Rücksicht auf dessen Bitten, nach Aricia in Italien gewandert. Dort sei er König geworden und habe der Artemis einen Bezirk geweiht, wo er immer noch mit Zweikämpfen von entlaufenen Sklaven gefeiert werde.*) Wenn auch nach Paus. II 32, 1 die Trözenier nichts davon wissen wollten, daſs Hippolyt von seinen Pferden geschleift ums Leben gekommen sei, so gehört doch sicher gerade der trözenisch-epidaurischen Volkssage die Dichtung über die besondere Art des Untergangs des Hippolyt an. Aus dem Saronischen Meere erhebt sich die furchtbare Woge, die zum brüllenden Stiere wird. Das Gebrüll weist auf unterirdischen Donner (vgl. V. 1201) hin und nach einer im Jahre 1650 gehaltenen Buſspredigt stiegen bei einem Erdbeben auf der Insel Nio, dem alten Ios, die Wogen bis zu einer Höhe von fünfzig Fuſs.**) So hat sich in der Volkstradition mit dem mythischen Untergang des Hippolyt im Meere eine historische Erinnerung verbunden: das Gespann, welches dem Sonnenheros zugehört, wird durch den brüllenden Stier scheu gemacht und Hippolyt stürzt vom Wagen wie Phaëthon. — In Athen folgten sich auf

---

*) Der wieder erweckte Hippolytos wurde mit dem latinischen Heros Virbius, welcher in Aricia verehrt wurde, identiciert. Vgl. Verg. Aen. VII 761 ff.

**) Vgl. U. Köhler Der Tod des Hippolyt Hermes III S. 312—15.

dem Wege vom Dionysostheater zum Burgeingang das Asklepieion, der Tempel der Themis. das Grabdenkmal des Hippolytos; neben dem Hippolyteion war der Tempel der Aphrodite *Πάνδημος* oder *'Αφροδίτη ἐφ' 'Ιππολύτῳ*.*) Nach den Worten des Euripides *ναὸν κατόψιον γῆς τῆσδε* V. 30 f. lag der Tempel an einer Stelle, von der man einen Fernblick auf Trözen hatte. Wir finden also hier die gleichen Gottheiten vereint wie in Epidauros, so dafs die Vermutung nahe liegt, der Kult des Asklepios und der damit verbundenen Gottheiten sei von Epidauros nach Athen übertragen worden.**) Aphrodite scheint als Göttin der Fruchtbarkeit und der üppigen Vegetation wie Asklepios als Gott der Gesundheit mit dem Sonnenheros verbunden zu sein. Einen anderen Sinn hat nach V. 31 f. die Stiftung des Heiligtums der Aphrodite und ein ganz verschiedenes Verhältnis dieser Göttin zu Hippolyt zeigt die Dichtung des Euripides, nach welcher Hippolyt Aphrodite mifsachtet und dafür büfst, indem die Göttin der Stiefmutter die unnatürliche Liebe einflöfst. Eine ähnliche Erklärung gab der Dichter in den Kretern für die unnatürliche Liebe der Pasiphaë: Aphrodite hat sie damit gestraft wegen Unterlassung von Opfern, die sie der Göttin schuldete.***)

Bei Homer kommt nur eine Erwähnung der Phädra vor (Od. 11, 321):

Φαίδρην τε Πρόκριν τε ἴδον καλήν τ' 'Αριάδνην.

und auch diese Stelle ist eine attische Interpolation. Eine ausführlichere Erzählung, wie es scheint, war in dem Epos *Ναυπάκτια*, welches Liebesgeschichten von Heroinen und Mythen berühmter Frauen behandelte, gegeben. Dies läfst sich schliefsen aus Apollod. III 10, 3, 10 *εὗρον δέ τινας λεγομένους ἀναστῆναι ὑπ' αὐτοῦ* (nämlich von Asklepios), *Καπανέα καὶ Λυκοῦργον, ὡς Στησίχορός φησιν ἐν 'Εριφύλῃ, 'Ιππόλυτον, ὡς ὁ τὰ Ναυπακτικὰ συγγράψας λέγει κτέ.* Wenn erzählt war, dafs Hippolyt von Asklepios wieder zum Leben erweckt wurde, so wird dies mit der Teilnahme der Artemis begründet gewesen sein, wie wir in Epidauros einen Tempel der Artemis im Bezirke des Asklepios finden.

Polygnot hatte (nach Homer) auf seiner Darstellung der Unterwelt in der Lesche zu Delphi die Schwestern Ariadne

---

*) Vgl. Paus. I 21, 6 — 22, 1. Die Bezeichnung *'Αφροδίτη ἐπὶ 'Ιππολύτῳ* findet sich in einer alten attischen Inschrift C. I. A. I nr. 212. Es ist damit weiter nichts als das Heiligtum der Aphrodite am Grabmal des Hippolyt bezeichnet.

**) So urteilt U. Köhler in den Mitteilungen des deutschen archäol. Instituts in Athen II S. 177.

***) Vgl. Hygin f. 40 und Körte, die Kreter des Eur., Histor. u. philol. Aufs. E. Curtius gewidmet S. 195 ff.

und Phädra angebracht: Ariadne sitzt auf einem Felsen und
wendet ihren Blick auf Phädra, die mit dem Körper in einer
Strickschaukel hängt und mit beiden Händen das Seil anfaſst.
Pausanias (X 29, 2) sieht darin eine euphemistische Andeutung
ihres Todes durch Erhängen.*) Danach wäre, wenn nicht
Pausanias unter dem Eindruck der dramatischen Dichtung ge-
urteilt hat, der Selbstmord der Phädra, welcher leicht als eine
dramaturgische Neuerung erscheinen könnte, bereits in der
Überlieferung des Mythus gegeben.

Weitere Behandlungen der Sage vor den dramatischen
Dichtern sind uns nicht bekannt.

II. Die dramatische Bearbeitung der Sage durch Sophokles und Euripides.**)

Der Sage von dem keuschen Jüngling, welcher von der
Stiefmutter leidenschaftlich geliebt wird und durch die Ver-
leumdung derselben zu Grunde geht, hat dramatische Gestalt
Sophokles in der *Φαίδρα*, Euripides in dem ersten und zweiten
῾Ιππόλυτος, dem ῾Ιππόλυτος καλυπτόμενος und ῾Ιππόλυτος στε-
φανίας, gegeben.

1. Da sich von der Phädra des Sophokles nur wenige
Bruchstücke erhalten haben***), läſst sich das Verhältnis der
Stücke zu einander nicht näher bestimmen. Der Titel Phädra
läſst vermuten, daſs Sophokles die Rolle der Phädra mehr in
den Vordergrund gestellt habe. Dies wie die sonstige Weise
des Dichters rechtfertigt auch die Annahme, daſs Sophokles
es war, der den Charakter der Heldin veredelte und an der
Stelle der handelnden die leidende Phädra einführte. In einem
Bruchstücke (611 D.) spricht sie zum Chore:

αἴσχη μέν, ὦ γυναῖκες, οὐδ᾽ ἂν εἷς φύγοι
βροτῶν ποθ᾽, ᾧ καὶ Ζεὺς ἐφορμήσῃ κακά.
νόσους δ᾽ ἀνάγκη τὰς θεηλάτους φέρειν.

In einem anderen Bruchstück (609) legt Phädra dem Chore
Schweigen auf:

σύγγνωτε κἀνάσχεσθε σιγῶσαι· τὸ γὰρ
γυναιξὶν αἰσχρὸν σὺν γυναῖκα δεῖ στέγειν.

---

*) Vgl. darüber O. Jahn Arch. Beitr. S. 324 N. 66, dagegen Kalk-
mann Arch. Zeitung 41 S. 40.

**) Vgl. Valcken. praef. p. XVIII, Welcker die gr. Tragödien
I S. 394 ff., II S. 736 ff., Scheibel de Eur. Hippolyto. Berlin 1841, Hartung
Eur. rest. I 41 ff, ʽHiller de Soph. Phaedra et de Eur. Hipp. priore in
Liber miscell. ed. a societ. philol. Bonn. 1864 p. 34 ff., L. Annaei Senecae
trag. rec. et em. Fr. Leo. 1878. I p. 173 sqq., Kalkmann de Hippolytis
Euripidis quaestiones novae. 1882.

***) Die Meinung von Welcker, das Schol. zu Hom. λ 321 gebe

Das gleiche Mittel der dramatischen Ökonomie finden wir Hipp. 712. Dem Sophokles wird also auch die Wendung angehören, daſs Phädra aus Scham sich den Tod giebt und vor Hippolyt zu Grunde geht. Die Handlung war in die Zeit verlegt, wo Theseus in der Unterwelt weilt. Man hält ihn für tot. Nach seiner Rückkehr wird er — von der Chorführerin, wie es scheint — angeredet (603 f.):

$$\check{\epsilon}\zeta\eta\varsigma \; \gamma\grave{\alpha}\varrho \; o\mathring{v}\delta\grave{\epsilon} \; \gamma\tilde{\eta}\varsigma \; \check{\epsilon}\nu\epsilon\varrho\vartheta' \; \tilde{\omega}\chi ov \; \vartheta\alpha\nu\acute{\omega}\nu;$$

Theseus erwidert:

$$o\mathring{v} \; \gamma\grave{\alpha}\varrho \; \pi\varrho o \; \mu oí\varrho\alpha\varsigma \; \mathring{\eta} \; \tau\acute{v}\chi\eta \; \beta\iota\acute{\alpha}\zeta\epsilon\tau\alpha\iota.$$

'Bevor es verhängt ist, stirbt man nicht.' Theseus führt dann weiter aus, daſs er allerdings in der Unterwelt gewesen sei. Auf den Kerberos bezieht sich fr. 619:

$$\check{\epsilon}\sigma\alpha\iota\nu' \; \acute{\epsilon}\pi' \; o\mathring{v}\varrho\grave{\alpha}\nu \; \mathring{\omega}\tau\alpha \; \varkappa v\lambda\lambda\alpha\acute{\iota}\nu\omega\nu \; \varkappa\acute{\alpha}\tau\omega.$$

Theseus bestraft den Hippolyt und rechtfertigt die harte Bestrafung des Sohnes (ähnlich wie Kreon Ant. 655 ff. die seiner Nichte) in fr. 606:

$$o\mathring{v} \; \gamma\grave{\alpha}\varrho \; \pi o\tau' \; \grave{\alpha}\nu \; \gamma\acute{\epsilon}\nu o\iota\tau' \; \grave{\alpha}\nu \; \grave{\alpha}\sigma\varphi\alpha\lambda\grave{\eta}\varsigma \; \pi\acute{o}\lambda\iota\varsigma$$
$$\grave{\epsilon}\nu \; \tilde{\eta} \; \tau\grave{\alpha} \; \mu\grave{\epsilon}\nu \; \delta\acute{\iota}\varkappa\alpha\iota\alpha \; \varkappa\alpha\grave{\iota} \; \tau\grave{\alpha} \; \sigma\acute{\omega}\varphi\varrho o\nu\alpha$$
$$\lambda\acute{\alpha}\gamma\delta\eta\nu \; \pi\alpha\tau\epsilon\tilde{\iota}\tau\alpha\iota, \; \varkappa\omega\tau\acute{\iota}\lambda o\varsigma \; \delta' \; \grave{\alpha}\nu\grave{\eta}\varrho \; \lambda\alpha\beta\grave{\omega}\nu$$
$$\pi\alpha\nu o\tilde{v}\varrho\gamma\alpha \; \chi\epsilon\varrho\sigma\grave{\iota} \; \varkappa\acute{\epsilon}\nu\tau\varrho\alpha \; \varkappa\eta\delta\epsilon\acute{v}\epsilon\iota \; \pi\acute{o}\lambda\iota\nu.$$

Der Botenbericht, welcher die Katastrophe mitteilt, schlieſst wie andere Botenberichte des Sophokles mit dem Gedanken (610):

$$\tau\grave{o} \; \delta' \; \epsilon\mathring{v}\tau v\chi o\tilde{v}\nu \; \pi\tilde{\alpha}\nu \; \grave{\epsilon}\xi\alpha\varrho\iota\vartheta\mu\acute{\eta}\sigma\alpha\varsigma \; \beta\varrho o\tau\tilde{\omega}\nu$$
$$o\mathring{v}\varkappa \; \check{\epsilon}\sigma\tau\iota\nu \; \mathring{o}\nu\tau\omega\varsigma \; \mathring{o}\nu\tau\iota\nu' \; \epsilon\mathring{v}\varrho\acute{\eta}\sigma\epsilon\iota\varsigma \; \check{\epsilon}\nu\alpha.$$

2. So wenig wir über die Phädra des Sophokles wissen, so liegt doch die Vermutung nahe, daſs der erste Hippolytos des Euripides, welcher sich in der Charakteristik der Phädra mehr der überlieferten Sage anschloſs, der Dichtung des Sophokles vorherging und daſs wieder Euripides durch die neue Auffassung des Sophokles veranlaſst wurde, seiner Dichtung eine andere Gestalt zu geben, um, wie es in der Hypothesis des erhaltenen Hippolytos heiſst, das 'Unanständige und Tadelnswerte' zu beseitigen.*) Da das Unanständige nur in dem schamlosen Charakter der Phädra liegen kann, dieser Charakter aber in der Phädra des Seneca beibehalten ist, da auch

___

den Inhalt der Phädra des Sophokles wieder, hat sich als irrig erwiesen. Vgl. Kalkmann a. O. S. 46 ff.

*) Auf dem Scherze eines Komikers beruht wahrscheinlich die Notiz im βίος Εὐριπίδου: λέγουσι δὲ αὐτὸν γήμαντα τὴν Μνησιλόχου θυγατέρα Χοιρίλην καὶ νοήσαντα τὴν ἀκολασίαν αὐτῆς γράψαι δρᾶμα τὸ πρότερον Ἱππόλυτον, ἐν ᾧ τὴν ἀναισχυντίαν θριαμβεύει τῶν γυναικῶν.

mehrere Bruchstücke mit Gedanken des Seneca übereinstimmen, so mufs man (mit Valckenaer) annehmen, dafs Seneca vorzugsweise den ersten Hippolytos des Euripides nachgeahmt habe. Doch erkennt man auch bald, dafs Seneca vieles geändert hat, so dafs man nicht ohne weiteres von der Nachahmung auf das Original Rückschlüsse machen kann.

Bei <u>Seneca</u> tritt zuerst Hippolytus auf und preist des Weidwerks Lust. Die Göttin der Jagd herbeirufend geht er ab in die Wälder (I 1). Phädra erscheint, begleitet von der Amme. Sie beklagt sich, dafs Theseus sie schnöde verlassen habe, um als Gefährte eines übermütigen Freiers die Königin der Unterwelt zu entführen. Sie giebt sich ganz ihrer Leidenschaft hin, die sie als Erbteil ihres Geschlechts erkennt. Die Amme macht ihr Vorwürfe und giebt ihr weise Lehren, ihre widernatürliche Leidenschaft zu bezähmen. Phädra erwidert: *quae memoras scio vera esse, nutrix; sed furor cogit sequi peiora* (vgl. Eur. Med. 1078 καὶ μανθάνω μὲν οἷα δρασείω κακά, θυμὸς δὲ κρείσσων τῶν ἐμῶν βουλευμάτων). Sie entschuldigt sich mit der unwiderstehlichen Macht des Eros, dem Götter und Menschen unterthan seien. Die Amme weist diese Entschuldigung zurück:

> *Deum esse amorem turpis et vitio furens*
> *finxit libido, quoque liberior foret,*
> *titulum furori numinis falsi addidit.*

Die übermäfsige Begehrlichkeit entspringe aus der Üppigkeit und sei darum in den Palästen der Reichen, nicht in den Hütten der Armut zu Hause (vgl. zu Hipp. 409). Zuletzt weist sie drohend hin auf die Rückkehr des Gemahls. Phädra fürchtet diese nicht; nie habe, wer einmal die dunklen Pforten überschritten, das Reich des Lichtes wieder geschaut. Die Amme: 'Mag auch Hades sein Reich verschliefsen und der stygische Hund die Thore bewachen, Theseus wird den Weg finden.' Phädra: 'Dann wird er meiner Liebe Nachsicht schenken.' Die Amme: 'Er ist auch rauh gegen seine keusche Gattin gewesen: Antiope hat seine harte Hand erfahren. Aber mag der Grimm des Gemahls beschwichtigt werden, wer kann dem unnahbaren Hippolytus nahen; er hafst das ganze Frauengeschlecht und gelobt ein eheloses Leben; er zeigt eben Amazonenart.' Phädra: 'Ich will ihm folgen durch Wälder und Berge.' Die Amme führt ihr noch einmal alle Schwierigkeiten und Gefahren vor Augen und beschwört sie sich zu mäfsigen. Da endlich giebt Phädra der Scham, die ihr noch geblieben, Raum und entschliefst sich der Schuld durch den Tod zuvorzukommen. Die Amme sucht ihr diesen Entschlufs auszureden. Da aber alles vergeblich ist, sieht sie in der Verführung des

Jünglings das einzige Mittel, die Herrin am Leben zu erhalten (I 2). — Nach dem ersten Chorgesang tritt die Amme auf und auf die Frage, wie es um die Königin stehe, schildert sie die schreckliche Gewalt der Leidenschaft, die sich in dem beständigen Wechsel von Wünschen und Begierden kundgebe:

> *nil idem dubiae placet*
> *artusque varie iactat incertus dolor.*
> *nunc ut soluto labitur moriens gradu*
> *et vix labante sustinet collo caput,*
> *nunc se quieti reddit et, somni immemor,*
> *noctem querelis ducit; attolli iubet*
> *iterumque poni corpus et solvi comas*
> *rursusque fingi: semper impatiens sui*
> *mutatur habitus. Nulla iam Cereris subit*
> *cura aut salutis; vadit incerto pede* etc. (II 1).

Da öffnet sich die Thür des Palastes. Auf einem Ruhebette liegend, von Dienerinnen umgeben, in leichtem Gewande wird Phädra über die Bühne in den Wald getragen, wo sie Pfeile schiefsen und den Wurfspeer werfen will (II 2). Auf die Aufforderung des Chors hin richtet die Amme ein Gebet an Diana: 'Dreigestaltete Hekate, mögest du den spröden Sinn des Jünglings erweichen, damit er Liebe mit Gegenliebe erwidern lerne. Wenn du mein Gebet erhörst, so mögen nie dunkle Wolken dein reines Licht trüben und nie Zaubergesänge der Thessalierinnen imstande sein dich vom Himmel zu ziehen' (II 3). Da kommt Hippolyt, um nach seiner Gewohnheit vor dem Bild der Diana seine Andacht zu verrichten und die Amme findet die erwünschte Gelegenheit, ihre Anschläge auf die Sittenreinheit des Jünglings ins Werk zu setzen: er möge sein Glück und seine Jugend geniefsen; ohne Liebe sei das Leben öde und leer die Welt. Sie sei ein Gebot der Natur; er möge der Natur gehorchen. Hippolyt hält dagegen eine begeisterte Lobrede auf das Leben in der lauteren Natur, wo der Sinn lauter bleibe und frei von Leidenschaften und Kümmernissen. Das sei das Leben des goldenen Zeitalters gewesen. Nun sei es anders geworden und an der Spitze alles Unheils stehe das Weib. Er giebt seinem Hasse der Frauen Ausdruck und schliefst mit den Worten:

> *solamen unum matris amissae fero,*
> *odisse quod iam feminas omnes licet* (II 4).

In diesem Augenblick kommt Phädra daher. Sie verliert bei dem Anblick des Jünglings die Fassung und fällt in Ohnmacht. Hippolyt fängt sie auf. Phädra fafst sich: 'Ich habe dir unter vier

Augen etwas anzuvertrauen.' Hippolyt: 'Der Ort ist rein, kein Zeuge da.' Phädra: 'Der Mund versagt mir den Dienst; ein grofser Drang entsendet Worte, ein gröfserer hemmt sie wieder. Euch, ihr Himmlischen alle, rufe ich zu Zeugen an, das was ich will —' Hippolyt: 'Du kannst nicht aussprechen, was du sagen willst?' Phädra: 'Kleine Sorgen finden Worte, grofse verstummen.' Hippolyt: 'Vertraue, Mutter, deine Sorgen meinem Ohr.' Phädra: 'Der Name Mutter ist zu stolz und hoch für mich; meinen Gefühlen entspricht eine niedrigere Bezeichnung; nenne mich Schwester oder auch Dienerin; Dienerin lieber; zu jedem Dienst bin ich bereit' u. s. w. Sie gesteht endlich in feurigen Worten ihre glühende Liebe und fällt dem Jüngling zu Füfsen. Hippolyt entsetzt sich und weicht zurück. Phädra fällt zum zweitenmal vor ihm nieder und will ihn umfangen. Er zieht das Schwert und fafst sie bei den Haaren, um das schamlose Haupt der Göttin zu opfern. Phädra:

> *Hippolyte, nunc me compotem- voti facis;*
> *sanas furentem. Maius hoc voto meo est,*
> *salvo ut pudore manibus immoriar tuis.*

Mit den Worten: 'Nein, du sollst leben und dieses von dir berührte Schwert soll nicht mehr an meiner keuschen Seite sein' wirft er das Schwert hin und geht davon (II 5). Die Amme tritt vor: 'Werfen wir die Schuld auf ihn zurück und zeihen wir ihn sündhafter Liebe. Das Verbrechen mufs durch Verbrechen verhüllt werden.' Sie ruft laut alle Welt zu Hilfe gegen den Räuber der Ehre, der mit dem Schwert die Züchtige habe schrecken wollen (II 6). — Nach einem Chorgesang spricht der Chorführer:

> *quid sinat inausum feminae praeceps furor?*
> *nefanda iuveni crimina insonti apparat.*

Theseus erscheint aus der Unterwelt. Herakles habe ihn befreit, als er den Kerberos von dort entführte. Da hört er Weinen und Klagen aus dem Hause (III 1). Die Amme erscheint und meldet, Phädra wolle sterben. Den Grund gebe sie niemanden an und wolle ihr Geheimnis mit ins Grab nehmen (III 2). Theseus läfst schnell das Thor des Palastes öffnen und erblickt seine Gemahlin auf einem Ruhebett, das Schwert des Hippolyt in der Rechten haltend. Sie verlangt den Tod, um die Schmach, die sie erlitten, zu tilgen. Den Schuldigen will sie nicht nennen. Erst die Drohung des Theseus die alte Amme durch Schläge und Fesseln zum Geständnis zu zwingen (vgl. Soph. O. T. 1154) öffnet ihr den Mund: 'Dieses Schwert wird es dir sagen, das durch Lärm erschreckt der Frevler zurückgelassen hat, den Auflauf der Bürger fürchtend.'

Theseus erkennt am elfenbeinernen Griff das Schwert seines Sohnes. Mit den Worten *pro sancta Pietas* beginnt er eine längere Rede, in welcher er seinen Sohn verflucht und verwünscht und seinen göttlichen Vater bittet, die Schmach seines Hauses am Sohne zu rächen und ihm in versprochener Weise den Wunsch zu erfüllen (III 3). — Nach einem Chorgesang tritt ein Bote auf und berichtet den Untergang des Hippolytus: sein Gespann sei durch den Meerstier wild gemacht und sein Leib geschleift und in Stücke zerrissen worden. Theseus ist gerührt (IV). — Nach einem weiteren Chorgesang erscheint Phädra unter schmerzlichen Klagen auf dem Dache des Palastes, wieder das Schwert des Hippolyt haltend. Sie gesteht ihre Schuld und die Unschuld des Jünglings und ersticht sich mit dem Schwerte (V 1). Theseus giebt sich dem Schmerze und der Verzweiflung hin und wird endlich vom Chore ermahnt, die zerstreuten Glieder seines Sohnes zu bestatten (V 2). Es werden ihm die Glieder gebracht. Er setzt sie, soweit sie kenntlich sind, zusammen und ordnet feierliche Bestattung an. Mit den schauerlichen Worten: 'Jener aber grabet eine Grube und schwer laste auf dem Haupte der Sünderin die Erde' schliefst das Stück (V 3).

In der Ökonomie dieses Stücks befremdet zunächst, dafs in dem ersten Auftritt des zweiten Akts die Wirkungen der Leidenschaft von der Amme geschildert werden, nachdem vorher bereits die leidenschaftliche Phädra selbst vor Augen geführt ist. Der Zuschauer erwartet den Fortgang der Handlung und ist von dem Verzuge, den die lange Schilderung bringt, unangenehm berührt. Eine solche Schilderung konnte bei Euripides nur der persönlichen Einführung der Phädra vorausgehen. Dafs sie wirklich vorausgegangen ist, ergiebt sich aus dem Schol. zu Theokr. II 10 ταῖς ἔρωτι κατεχομέναις τὴν σελήνην μεταχαλεῖσθαι σύνηθες, ὡς καὶ Εὐριπίδης ποιεῖ Φαίδραν πράττουσαν ἐν τῷ καλυπτομένῳ Ἱππολύτῳ. Solches konnte nur erzählt sein und weist auf einen Prolog der Amme hin. Noch eine bedeutende und die Anlage des ganzen zweiten Teils stark beeinflussende Umgestaltung erfuhr der Schlufs des Stücks, da wir wissen, dafs bei Euripides Artemis auftrat. Man sieht hieraus, dafs bei Seneca die Ökonomie des Stücks von demselben Gesichtspunkt aus wie die der Aulischen Iphigenie*) geändert ist: der die Exposition gebende Prolog und der *deus ex machina* ist beseitigt. Wie in der Aul. Iph. dem Prolog eine Scene vorausgeschickt wird, so ist bei Seneca der Inhalt des Prologs zum Teil im Anfang des zweiten Akts nachgeholt.

---

*) Vergl. darüber m. Abh. über die Umarbeitung der Aulischen Iphigenie in der Zeitschr. f. d. österr. Gymn. 1878 S. 721 ff.

Aufserdem offenbart sich eine gewisse Freiheit in der Behandlung der Scenerie. Dem Wunsch der Phädra in den Wäldern zu jagen läfst Seneca in einer Weise die Erfüllung folgen, welche nicht von Euripides herrühren kann und sich schwer verträgt mit dem gewifs Euripideischen Gedanken, die Amme und Phädra mit Hippolyt vor der Statue der Artemis zusammenzuführen. Damit hängt zusammen, dafs bei Seneca Hippolyt zur Jagd auszieht; bei Euripides wird er, wenn er vor der Parodos auftrat, von der Jagd zurückgekehrt sein. Der Schauplatz aber scheint bei Euripides auch Athen gewesen zu sein (vgl. Ov. Met. XV 506 und Fast. VI 739)*).

Im Anfang also tritt die Amme auf, giebt die Exposition und schildert das krankhafte Wesen ihrer Herrin, wie sie ewig mit sich selbst im Streit sei, wie sie zu unheimlichen Mitteln ihre Zuflucht nehme und den Mond nach Art thessalischer Frauen herabrufe. Nachher wird Hippolyt erschienen sein, schon damit in der folgenden Scene die Phantasie der Zuschauer an einer bestimmten Person haften kann. Vielleicht hat derselbe vor der Bildsäule der Artemis ein Opfer gebracht.**) — Nach der Parodos des aus Frauen (vgl. unten fr. 432) bestehenden Chors kommt Phädra auf die Bühne, begleitet von der Amme. Sie beginnt mit fr. 446:

$$\begin{array}{l} \dot{\omega}\ \lambda\alpha\mu\pi\varrho\grave{o}\varsigma\ \alpha\dot{\iota}\vartheta\grave{\eta}\varrho\ \dot{\eta}\mu\acute{\epsilon}\varrho\alpha\varsigma\ \vartheta'\ \dot{\alpha}\gamma\nu\grave{o}\nu\ \varphi\acute{\alpha}o\varsigma, \\ \dot{\omega}\varsigma\ \dot{\eta}\delta\grave{\upsilon}\ \lambda\epsilon\acute{\upsilon}\sigma\sigma\epsilon\iota\nu\ \tauo\tilde{\iota}\varsigma\ \tau\epsilon\ \pi\varrho\acute{\alpha}\sigma\sigma o\upsilon\sigma\iota\nu\ \kappa\alpha\lambda\tilde{\omega}\varsigma \\ \kappa\alpha\grave{\iota}\ \tauo\tilde{\iota}\sigma\iota\ \delta\upsilon\sigma\tau\upsilon\chi o\tilde{\upsilon}\sigma\iota\nu,\ \tilde{\omega}\nu\ \pi\acute{\epsilon}\varphi\upsilon\chi'\ \dot{\epsilon}\gamma\acute{\omega}. \end{array}$$

Sie klagt wie bei Seneca über ihr vereinsamtes Leben und beschwert sich, um ihre sündhafte Liebe zu rechtfertigen, über die Untreue des Gemahls nach Plut. Mor. p. 28 A καὶ ὁ σύσκηνος αὐτοῦ (des Sophokles) πάλιν ὁρᾶς ὅτι τήν τε Φαίδραν καὶ προσεγκαλοῦσαν τῷ Θησεῖ πεποίηκεν ὡς διὰ τὰς ἐκείνου παρανομίας ἐρασθεῖσαν τοῦ Ἱππολύτου. Theseus war also hier gleichfalls mit Peirithoos in die Unterwelt gestiegen, um Persephone zu entführen. Diese Motivierung lag am nächsten, weil Theseus als tot gelten und Phädra sich als Witwe betrachten konnte. Was Phädra bei Seneca sagt:

Palladis telae vacant
et inter ipsas pensa labuntur manus,

wird auch bei Euripides vorgekommen sein, weil dieser Zug auf antiken Reliefs, auf welchen die leidende Phädra dargestellt

---

*) M. Mayer de Eur. mythopoeia cap. duo. 1883 p. 70 weist darauf hin, dafs in Attika die Stelle war, wo Theseus mit Peirithoos in die Unterwelt hinabgestiegen sein sollte (Soph. O. K. 1592).

**) Solches vermutet Kalkmann a. O. p. 27 nach Sarkophagreliefs, auf welchen ein solches Opfer des Hipp. dargestellt ist.

ist, durch den umgestürzten Wollkorb angedeutet wird.*)
Phädra beruft sich wie bei Seneca auf die unwiderstehliche
Macht des Eros fr. 433:

> ἔχω δὲ τόλμης καὶ θράσους διδάσκαλον
> ἐν τοῖς ἀμηχάνοισιν εὐπορώτατον
> Ἔρωτα, πάντων δυσμαχώτατον θεόν·

und 434:

> Ἔρως γὰρ ἄνδρας οὐ μόνους ἐπέρχεται
> οὐδ᾽ αὖ γυναῖκας, ἀλλὰ καὶ θεῶν ἄνω
> ψυχὰς χαράσσει κἀπὶ πόντον ἔρχεται·
> καὶ τόνδ᾽ ἀπείργειν οὐδ᾽ ὁ παγκρατὴς σθένει
> Ζεύς, ἀλλ᾽ ὑπείκει καὶ θέλων ἐγκλίνεται.

Sie beschönigt ihre Frechheit mit der Notwendigkeit fr. 436:

> ἔγωγε φημὶ καὶ νόμον γε μὴ σθένειν
> ἐν τοῖσι δεινοῖς τῶν ἀναγκαίων πλέον

und macht geltend, dafs rücksichtslosem Zugreifen aller Erfolg
des Lebens verdankt werde fr. 437:

> οὐ γὰρ κατ᾽ εὐσέβειαν αἱ θνητῶν τύχαι,
> τολμήμασιν δὲ καὶ χερῶν ὑπερβολαῖς
> ἁλίσκεταί τε πάντα καὶ θηρεύεται.

Die Amme leistet ihr Widerstand mit ähnlichen Gründen wie
bei Seneca fr. 441:

> ὕβριν τε τίκτει πλοῦτος, οὐ φειδὼ βίου

und 440:

> ὁρῶ δὲ τοῖς πολλοῖσιν ἀνθρώποις ἐγὼ
> τίκτουσαν ὕβριν τὴν πάροιθ᾽ εὐπραξίαν.

Auch bei Euripides mufs die Amme infolge des Entschlusses
ihrer Herrin zu sterben anderen Sinnes werden. Sie kann es
um so mehr für ihre Pflicht ansehen, alles zu thun, was die
Königin von ihrem Entschlufs abzubringen vermag, als sie
sich der Schuld bewufst ist, den Entschlufs herbeigeführt zu
haben. Sie kommt darum auf den ersten Plan ihrer Herrin
zurück und übernimmt es, die Liebeswerbung bei dem Jüngling vorzubereiten. — Sie trifft mit diesem vor dem Standbild
der Artemis zusammen. Dafs sie ihm ähnliche Vorstellungen
wie bei Seneca macht, zeigt fr. 431:

> οἱ γὰρ Κύπριν φεύγοντες ἀνθρώπων ἄγαν
> νοσοῦσ᾽ ὁμοίως τοῖς ἄγαν θηρωμένοις.

Das eigentliche Geständnis der Liebe übernimmt Phädra selbst.
Den Schwur, das mitzuteilende Geheimnis zu verschweigen,

---

*) Vgl. O. Jahn Arch. Beitr. S. 305, Leop. Schmidt Arch. Zeit. 1847
S. 69 Anm. 3.

welchen im zweiten Hippolytos der Jüngling der Amme vor dem Auftreten geleistet hat, nimmt hier Phädra ihm ab. Darauf bezieht sich fr. 438:

$$\tau i\ \delta',\ \mathring{\eta}\nu\ \lambda v\vartheta\varepsilon i\varsigma\ \mu\varepsilon\ \delta\iota\alpha\beta\acute{\alpha}\lambda\eta\varsigma,\ \pi\alpha\vartheta\varepsilon\tilde{\iota}\nu\ \sigma\varepsilon\ \delta\varepsilon\tilde{\iota};$$

denn die Frage $\tau i\ \pi\alpha\vartheta\varepsilon\tilde{\iota}\nu\ \sigma\varepsilon\ \delta\varepsilon\tilde{\iota};$ weist hin auf den Brauch, bei der Eidesabnahme den Schwörenden auf sich für den Fall des Meineids ein Unheil herabwünschen zu lassen (vgl. zu Med. 754). Es mußte sich also aus dem Zusammenhang $\H{o}\varrho\varkappa ov$ zu $\lambda v\vartheta\varepsilon i\varsigma$ ergänzen ('des Eides dich entledigend'). Wie Phädra ihre unsittlichen Anträge offenbart, verhüllt sich Hippolyt vor Scham das Haupt. So erklärt man am besten (mit Toup) den Titel $K\alpha\lambda v\pi\tau\acute{o}\mu\varepsilon vo\varsigma$. Das Umfassen der Kniee war dann ein geeignetes Mittel, den Jüngling sich wieder enthüllen und das Gespräch wieder aufnehmen zu lassen. So finden sich Anzeichen genug die musterhafte Komposition dieser Scene und die geschickte Fortleitung des Gesprächs bei Seneca auf Euripides zurückzuführen. Dafür spricht auch die komische Umbildung der Scene in der neuen Komödie, beziehungsweise im Miles Glor. des Plautus IV 5, wo sich Acroteleutium zum Scheine in gleichem Verlangen dem Pyrgopolinices nähert und bei dessen Anblick Ohnmacht heuchelt.*) Gleich im Anfang weist die geschickte Wendung:

HIPP. *conmitte curas auribus, mater, meis.*
PHAEDR. *matris superbum est nomen et nimium potens.*

auf den Dichter hin, welcher Hipp. 345 Phädra sagen läßt: $\pi\tilde{\omega}\varsigma\ \mathring{\alpha}\nu\ \sigma\acute{v}\ \mu o\iota\ \lambda\acute{\varepsilon}\xi\varepsilon\iota\alpha\varsigma\ \mathring{\alpha}\mu\grave{\varepsilon}\ \chi\varrho\tilde{\eta}\varsigma\ \lambda\acute{\varepsilon}\gamma\varepsilon\iota\nu;$ und 352 $\sigma o\tilde{v}\ \tau\acute{\alpha}\delta',\ o\mathring{v}\varkappa\ \mathring{\varepsilon}\mu o\tilde{v}\ \varkappa\lambda\acute{v}\varepsilon\iota\varsigma.$ Dieser Wendung gleicht die spätere, wo Hippolyt zum Schwerte greift und Phädra erwidert: *Hippolyte, nunc me compotem voti facis.* Es wird also auch bei Euripides Hippolyt sein Schwert weggeworfen und davon gestürzt sein, die Amme aber, welche die Zusammenkunft veranstaltet hat, die böse Verleumdung ersonnen haben**), worauf der Chor ausruft (fr. 432)***):

$$\mathring{\alpha}\nu\tau\grave{\iota}\ \pi v\varrho\grave{o}\varsigma\ \gamma\grave{\alpha}\varrho\ \mathring{\alpha}\lambda\lambda o\ \pi\tilde{v}\varrho$$
$$\mu\varepsilon\tilde{\iota}\zeta ov\ \mathring{\varepsilon}\beta\lambda\acute{\alpha}\sigma\tau o\mu\varepsilon\nu\ \gamma v\nu\alpha\tilde{\iota}\text{-}$$
$$\varkappa\varepsilon\varsigma\ \pi o\lambda\grave{v}\ \delta v\sigma\mu\alpha\chi\acute{\omega}\tau\varepsilon\varrho ov.$$

---

*) Auch die Darstellung auf einem Pompejanischen Wandgemälde (Helbig No. 1300) mag in ihrem Original auf diese Scene des Euripides zurückgehen: Phädra ist vor Hipp. auf die Kniee gesunken und streckt die rechte Hand nach ihm aus.

**) Daß im ersten Hipp. die Verleumdung von der Amme ausgeht, kann man aus Hipp. 705 $\mathring{\alpha}\lambda\lambda'\ \mathring{\varepsilon}\sigma\tau\iota\ \varkappa\mathring{\alpha}\varkappa\ \tau\tilde{\omega}\nu\delta'\ \H{\omega}\sigma\tau\varepsilon\ \sigma\omega\vartheta\tilde{\eta}\nu\alpha\iota,$ $\tau\acute{\varepsilon}\varkappa\nu ov$ in gewissem Sinn schließen.

***) Doch könnte dieses Bruchstück auch der Phädra gehören. Duran läßt wenigstens die Parodie im Polyidos des Aristophanes (fr. 453 Kock)

Vgl. Senec. 824 *quid sinat inausum feminae praeceps furor?* — Theseus kommt aus der Unterwelt zurück. Dem schlimmen Charakter der Phädra kommt es zu selbst die Anklage gegen Hippolyt zu führen.*) Wie Theseus das Schreckliche vernimmt, ruft er aus (fr. 439):

ὦ πότνι' αἰδώς, εἴθε τοῖς πᾶσιν βροτοῖς
συνοῦσα τἀναίσχυντον ἐξῇροͅυ φρενῶν.

Vgl. Senec. 903 *pro sancta Pietas.* Von da an weicht Seneca bedeutend ab. Bei Euripides tritt der Sohn dem Vater gegenüber. Da Seneca diese Scene beseitigt hat, so hat er vorher mit gutem Grunde auch den Schwur des Hippolyt weggelassen. Der Eid hebt den Charakter des Hippolyt ungemein: ein Wort könnte ihn retten, er spricht es nicht. In dieser Unterredung von Vater und Sohn kam fr. 442 vor:

φεῦ φεῦ, τὸ μὴ τὰ πράγματ' ἀνθρώποις ἔχειν
φωνήν, ἵν' ἦσαν μηδὲν οἱ δεινοὶ λέγειν.
νῦν δ' εὐτρόχοισι στόμασι τἀληθέστατα
κλέπτουσιν, ὥστε μὴ δυκεῖν ἃ χρὴ δοκεῖν.

Der Gedanke erinnert an Hipp. 925 ff. und ist ein Gemeinplatz des Euripides. Auch fr. 444:

χρόνος διέρπων πάντ' ἀληθεύειν φιλεῖ

wird dieser Scene angehört haben. Vgl. Hipp. 1051. Theseus verbannt und verflucht seinen Sohn. Nach einem Chorgesang meldet ein Bote dessen Untergang. Diesem Bericht ist fr. 445:

∪ _ πρὸς ἵππων εὐθὺς ὁρμήσας στάσιν

entnommen. Den Schluſs desselben bildete fr. 443:

Θησεῦ, παραινῶ σοι τὸ λῷστον, εἰ φρονεῖς,
γυναικὶ πείθου μηδὲ τἀληθῆ κλύων.

An die Stelle dieser Hyperbel 'einem Weibe glaube nicht einmal die Wahrheit', die besonders im Munde eines Mannes vom Volke nicht so sinnlos klingt, wenn man z. B. an den Ausspruch *errare malo cum Platone quam cum istis vera sentire* denkt, ist im zweiten Hipp. 1252 eine andere getreten: οὐδ' εἰ γυναικῶν πᾶν κρεμασθείη ´γένος κτέ. Vgl. fr. 673 πιστεύειν δὲ

---

denken: ἰδοὺ δίδωμι τήνδ' ἐγὼ γυναῖκά σοι Φαίδραν· ἐπὶ πῦρ δὲ πῦρ ἔοιγ' ἥκειν ἄγων.

*) Welcker will zwar die Notiz im Lexikon des Philemon v. βίβλος: οἱ δὲ παλαιοὶ καὶ ἐν τῇ κατ' Εὐριπίδην Φαίδρᾳ, ἔνθα μνήμη πεύκης κεῖται, φασὶ πεύκην ῥηθῆναι τὴν ἐν τῇ χειρὶ τῆς Φαίδρας δέλτον, τὴν κατὰ τοῦ Ἱππολύτου, ὡς ξυλίνην οὖσαν καὶ ἴσως ἐκ πεύκης auf den ersten Hipp. beziehen, weil in dem zweiten der verleumderische Brief immer δέλτος, nicht πεύκη heiſse, aber die Notiz bezieht sich augenscheinlich auf Hipp. 1254.

χρὴ γυναικὶ μηδὲν ὅστις εὖ φρονεῖ βροτῶν. Weiter hat man wohl anzunehmen, daſs Phädra sich erhängt, sobald sie das gräſsliche Schicksal des geliebten Jünglings vernommen hat, den sie nur verleumdete, um ihre Ehre zu retten. Artemis erscheint und erklärt dem Theseus die Unschuld seines Sohnes. Der dem Tode nahe Hippolyt wird herbeigebracht. Die Scene scheint im zweiten Hippolytos nicht wesentlich verändert zu sein. Die Stelle von Hipp. 1413—15 dürfte im ersten Hipp. fragm. inc. 977 eingenommen haben, so daſs etwa die Stelle lautete:

ΘΗ. ὡς μήποτ' ἐλθεῖν ὤφελ' εἰς τοὐμὸν στόμα.
ΙΠΠ. φεῦ.
εἶθ' ἦν ἄφωνον σπέρμα δυστήνων βροτῶν.

Artemis konnte darauf fortfahren mit fr. 448:

ἀλλ' οὐ γὰρ ὀρθῶς ταῦτα κρίνουσιν θεοί.

Die Göttin stiftete hohe Ehren und ein Erinnerungsfest für Hippolyt, worauf der Chor die Handlung schloſs mit fr. 449:

ὦ μάκαρ, οἵας ἔλαχες τιμάς,
Ἱππόλυθ' ἥρως, διὰ σωφροσύνην·
οὔποτε θνητοῖς
ἀρετῆς ἄλλη δύναμις μείζων·
ἦλθε γὰρ ἢ πρόσθ' ἢ μετόπισθεν
τῆς εὐσεβίας χάρις ἐσθλή.

Ob diese Worte darauf hindeuten, daſs Hippolyt durch Asklepios geheilt und von Artemis unsterblich gemacht worden sei[*]), muſs fraglich bleiben.

3. Der zweite Hippolytos ist eine Diaskeuase des ersten und zwar eine durchgreifende Umarbeitung, welche die Anlage der Handlung, die Charaktere und Motive in wesentlichen Punkten änderte und auch die sprachliche Form wenn nicht ganz, so doch gröſstenteils umgestaltete. Der erste Hippolytos war eine epochemachende Erscheinung auf der griechischen Bühne; denn er war wohl das erste Stück, in welchem das Wort 'ich liebe dich' vernommen wurde. Es war in demselben die verzehrende Macht der Leidenschaft dargestellt, welche den Menschen mit aller Gewalt ergreift und ihn über die Schranken der Vernunft und der Sitte hinwegführt. Die unverhüllte und schamlose Leidenschaft war widerwärtig. Euripides verbesserte den Fehler und stellte im zweiten Stück den Kampf der Vernunft gegen die Leidenschaft dar, der aber mit dem wenn

---

[*]) So meint Hiller a. O. S. 45. Diese Wendung des Mythus haben wir oben S. 4 bereits in den Ναυπάκτια ἔπη gefunden. Es erwähnt dieselbe auch Staphylos bei Sext. Emp. I 12, Schol. Pind. Pyth. III 96, Schol. Eur. Alk. 1, Hygin f. 49, Ovid Met. XV 534, Verg. Aen. VII 769 und Serv. zu Verg. Aen. VI 398.

auch nicht zugestandenen Sieg der Leidenschaft endet. Phädra
ist nicht mehr die Frau, welche ihren Begierden rückhaltlos
sich hingiebt und die Befriedigung derselben stürmisch verfolgt; sie ist von Scham und Ehrgefühl durchdrungen, sucht
darum ihre Krankheit zu verheimlichen, und nachdem ihr das
Geständnis entlockt ist, will sie lieber sterben als die Ehre
ihres Hauses beflecken. Aber sie hat nicht die sittliche Kraft,
den verführerischen Worten der Amme entschiedenen Widerspruch entgegenzusetzen und ihrem zweideutigen Beginnen
entschlossen Halt zu gebieten. Mehr willig als widerwillig*)
läfst sie die Dienerin gewähren nicht ohne die stille Hoffnung
ihres Herzens Wunsch schliefslich doch noch befriedigt zu
sehen und wahrt sich nur die Beruhigung, dafs sie die Pläne
der Amme nicht kenne, ihr keinen Auftrag gegeben habe und
darum sie im Falle des Mifslingens (vgl. 700) verleuguen
könne. Wie sie sich dann freilich durch das Vorgehen derselben blofsgestellt und dem Hohne dessen, den sie geliebt,
preisgegeben sieht, da erwacht in ihr wieder das Gefühl der
Scham und das frühere Verlaugen zu sterben wird zum festen
Entschlufs; aber die innere Erregung nimmt eine andere Richtung: um ihre und ihrer Kinder Ehre zu retten und nicht ungerächt verhöhnt zu sein, kommt sie der Beschuldigung zuvor
und klagt den an, welchen sie als Ankläger fürchtet. Diese
Änderung des Charakters der Phädra ist der Ausgangspunkt
für die weiteren Modifikationen der Ökonomie und Motive der
Handlung. Ihre Krankheit wird zu einem göttlichen-Ver-
hängnis gemacht und die Rache, welche sie vor ihrem Tode
nimmt, dient den Plänen der Aphrodite, welche ihren Ver-
ächter zu strafen unternimmt. Die Göttin tritt jetzt im Anfange auf, um ihren Racheplan darzulegen. Was früher die
Amme im Prolog berichtete, wird nunmehr im ersten Epeisodion den Augen der Zuschauer vorgeführt. Mit dieser Darstellung der Selbstqual der Leidenschaft ist der Stoff für den
Beginn der Handlung gegeben, da jetzt Phädra die Ursache
ihrer Krankheit geheim halten mufs. Um den Racheakt der
Göttin zu rechtfertigen, hat der Dichter im Prolog die Unterredung zwischen Hippolyt und dem alten Diener eingefügt:
der Übermut, mit welchem der Jüngling in seinem Tugendstolze
die vorsichtigen, zur Achtung der Kypris auffordernden Worte
des greisen Mannes in den Wind schlägt, erklären den Zorn
der mächtigen Gottheit. Wie die Rolle der Phädra, mufste
auch die der Amme umgestaltet werden. Der Grundzug des
Charakters ist derselbe: das Wohl ihres Pfleglings ist ihre
höchste und einzige Sorge (328, 496 f.). Aber da sich Phädra

---

*) οὐχ ἑκοῦσα sagt Artemis 1305 entschuldigend.

durchaus leidend verhält, ist die Aufgabe zu handeln ganz ihr
zugefallen. Die Mitteilung der sträflichen Liebe übt zwar auch
im ersten Augenblick eine niederschlagende Wirkung auf sie
aus, aber da Phädra nachher wie vorher nur zu sterben verlangt, faſst sie sich wieder und sinnt auf Mittel, ihre Herrin
am Leben zu erhalten. Nachdem ihr Wagnis so schmählich
miſslungen ist, kann Phädra keine gemeinschaftliche Sache
mehr mit ihr machen und verstöſst sie. Die Schande kann
die Phädra unseres Stücks nicht überleben. Das Schamgefühl,
das sie sich bewahrt hat, gestattet ihr nicht, dem Theseus
vor die Augen zu treten (416) und ihm in das Gesicht den
Sohn zu verleumden. Da die Verleumdung also weder von
der Amme noch von der lebenden Phädra ausgehen kann,
griff der Dichter zu dem auch anderswo gebrauchten Mittel
eines Briefes, den die Sterbende hinterläſst. Der Tod der
Gattin enthält für Theseus den stärksten Beweis ihrer Anklage (vgl. 964 ff.) und seine voreilige Verfluchung des Sohnes
ist eher gerechtfertigt als wenn Phädra noch lebt und Rede
und Gegenrede die Wahrheit ans Licht bringen kann (vgl.
1023 f.). Wie im ersten Stücke der Selbstmord der Phädra
veranstaltet war, wissen wir nicht. Theseus kommt hier nicht
aus der Unterwelt, sondern von einer Pilgerfahrt zurück: die
Frau, welche ihre Leidenschaft geheim halten und unter-
drücken will, bedarf nicht der Ausrede, daſs Theseus tot sei
oder Liebesabenteuern nachgehe. Im übrigen konnte der zweite
Teil der Handlung ohne wesentliche Änderungen bleiben.

Übersichtlich gliedert sich die Handlung in folgender
Weise:

I. Einleitung (Prolog): Hippolyt, der nur Artemis ehrt,
Aphrodite aber verachtet und nicht auf die warnende Stimme
des alten Dieners hört, soll die stolze Verschmähung der
Kypris büſsen. Dazu dient die Liebe, welche nach dem Plan
der Aphrodite die Stiefmutter zu ihm gefaſst hat.

II. Erster Teil (Parodos, 1. und 2. Epeisodion): Die
leidende Phädra. Die Wirkung geht von Hippolytos aus:

    a) Darstellung der krankhaften Stimmung, deren Ursache
       Phädra verheimlicht. Zuerst berichtet der Chor darüber
       vom Hörensagen, dann wird die Leidende selbst sichtbar.

    b) Geständnis der Liebe.

    c) Verlangen in Ehren zu sterben.

    d) Gegenwirkung der Amme und Erweckung geheimer
       Hoffnungen.

    e) Hippolyt macht den Plan der Amme zu Schanden.
       Phädra geht in den Tod.

III. Zweiter Teil (3. und 4. Epeisodion): Der leidende
Hippolyt. Die Wirkung geht von der toten Phädra aus.

a) Der getäuschte Theseus spricht Bann und Fluch über seinen Sohn aus.

b) Der Sohn rechtfertigt sich vergeblich.

c) Untergang des Hippolyt.

IV. Schlufs (Exodos). Erklärung des Zusammenhangs. Die Unschuld des Hippolyt wird ans Licht gebracht und ihm durch die Reue des Vaters, sowie durch die Stiftung eines Kultus und das Versprechen der Artemis Rache an Aphrodite zu nehmen Sühne und Genugthuung zu teil.

Wie die Hypothesis angiebt, rechneten alte Kunstrichter den zweiten Hippolytos zu den Hauptwerken des Euripides und trug der Dichter bei der Aufführung des Stücks (im J. 428 v. Chr.) den ersten Preis davon. Bei unserer Beurteilung müssen wir uns hüten, den antiken Standpunkt aufser acht zu lassen. Uns befremdet die Rachsucht einer Gottheit, die über die Leichen Unschuldiger hinweg ihr Mütchen kühlt. Aber die homerische Auffassung der Götter war den Alten geläufig. Freilich giebt der Dichter V. 120 zu erkennen, dafs solches Thun der Götter seiner Vorstellung göttlichen Wesens nicht entspricht. Homerisch ist es auch, wenn die Vorgänge des Innern zu Erscheinungen der Aufsenwelt gemacht werden, und wie in der Ilias nicht die Scheu vor der königlichen Majestät des Heerführers den Achilleus abhält gewaltsam auf Agamemnon einzudringen, sondern Athena, welche ihn am Haare fafst, so kann die plötzliche Anwandlung, welche über Phädra kommt, und die unbezwingliche Macht, mit der die Liebe sich ihres Herzens bemächtigt, als das Werk der Kypris betrachtet werden. Antik ist auch die Rachsucht, mit welcher Phädra den Geliebten verfolgt, und die Rücksicht auf Ehre und Kinder kann unserem Gefühle nicht genügen, um diesen Übergang von Liebe in Hafs zu erklären. Darum hat Racine die Gewalt der Eifersucht in Mitte gelegt auf Kosten des Charakters des Hippolyt, der durch seine Liebe zu Aricia jede Spur antiker Gröfse verliert. Aber die Liebe der Phädra wurde von den Alten blofs von der sinnlichen Seite aufgefafst und mit dem Verlust des Lebens hört die Sinnlichkeit auf. Von diesem Gesichtspunkte aus ist es begreiflich, dafs Phädra in höchster Erregung, nachdem sie eben die ärgsten Schmähungen hat anhören müssen, in dem Augenblick, wo sie nach ihrer Meinung der Hoffart des über sie triumphierenden Mannes das Leben opfert, den verderblichen Plan fafst ihn zu demütigen.

Stellen wir uns auf diesen antiken Standpunkt, so mufs uns der Hippolyt als ein bedeutendes Werk erscheinen. Trefflich ist der Kontrast zwischen dem lauteren, jungfräulich keuschen Sinn des Jünglings und den sündhaften Begierden der Frau. Auf der einen Seite das Siechtum und die ver-

zehrende Leidenschaft im schweren Kampf mit Pflicht und
Ehre, auf der anderen Seite Friede und Fröhlichkeit schuld-
losen Sinnes und reine Lust in der freien Natur und blühende
Jugendkraft. Dieser Kontrast spiegelt sich wieder in dem
Wesen der Göttin, welche das Stück eröffnet, und derjenigen,
welche am Ende des Stückes auftritt, wie der Gegensatz gleich
in den Bildern der Aphrodite und der Artemis, die zu beiden
Seiten des Palasteinganges aufgestellt sind, vor Augen tritt. In
Hippolyt hat der Dichter einen Charakter geschaffen, der fast
über antikes Maſs hinausgewachsen ist. Das Bild dieses edlen
Jünglings, des würdigen Gefährten der ewig jungfräulichen
Göttin, ist vielleicht das Anziehendste, das die Muse des Euripides hervorgebracht hat. Die Schuld, die ihm der Dichter giebt,
um den Groll der Aphrodite zu motivieren, nämlich die tugendstolze Überhebung, genügt nicht, um seinen Untergang zu erklären, so daſs dieser mehr elegische, als tragische Empfin-
dungen weckt (vgl. 1390 τὸ δ' εὐγενές σε τῶν φρενῶν ἀπώλεσεν). Der tragische Gehalt, der in dem Stoffe zu liegen
scheint, erfordert zu seiner Entfaltung andere Voraussetzungen.
Tragisch ist ja der Gedanke, daſs eine Liebende durch ihr
Verlangen den Geliebten zu gewinnen, diesen wie sich selbst
zu Grunde richtet. Aber dieser Gedanke konnte in einem
Stoffe ausgeführt werden, wie er in den Trachinierinnen des
Sophokles vorliegt, wo das unvorsichtige und unüberlegte
Streben der Deianira die Liebe des geliebten Gatten sich zu
wahren zur Katastrophe führt. Dagegen muſs in unserem
Stücke die Liebe sich erst in Haſs wandeln, um dem Geliebten
Verderben zu bereiten. Drum wird die Liebe nur das Mittel,
welches einem höheren Zwecke dient: der Mann, der alle
Liebe mit stolzer Entrüstung von sich weist, soll ein Opfer
der Liebe werden. — In dem Gedankengehalt und in den An-
schauungen, welche die einzelnen Personen entwickeln, ent-
faltet das Stück den vollen Glanz des Euripideischen Genies.
Der Dichter hat eine Fülle von Ideen geschaffen, an welcher
die Folgezeit zehrte. — Die Sprache steht noch der Weise
der älteren Tragödie näher und ist würdevoller gehalten als
in den jüngeren Stücken. Dem entsprechend ist auch das
Versmaſs regelmäſsiger und sind die Auflösungen seltener.*) —

*) Am häufigsten findet sich eine Auflösung im dritten Fuſse, der
Daktylus (‿ | ‿ ‿) 23mal, darunter dreimal bei Eigennamen, der Tri-
brachys (‿ | ‿ ‿) 6mal. Im ersten Fuſse kommt der Daktylus 9mal bei
dem Eigennamen Ἱππόλυτος, der Tribrachys, aus einem Worte bestehend, 5mal, der Anapäst 3mal (37 ἐνιαυσίαν, 83 ἀνάδημα, 454 Σεμέλης), im zweiten Fuſse der Tribrachys ‿, ‿ ‿ 4mal, im vierten Fuſse
der Tribrachys ‿, ‿ ‿ 1mal bei einem Eigennamen (389), sonst 2mal
(932, 1206), im fünften Fuſse ein Anapäst 1mal bei dem Eigennamen
Ἱππόλυτος (32) vor. Davon lassen sich 2 Auflösungen beseitigen, wenn

2*

Die Scenerie stellt den Königspalast in Trözen vor. Rechts und links vom Hauptthore des Palastes, der Mittelthüre, sind, wie schon erwähnt, die Statuen der Artemis (82 f.) und Aphrodite (101, 116) aufgestellt. Die linke Seitenthüre wird 108 benützt. Der Chor besteht aus Bürgersfrauen, welche Teilnahme fühlen für das Leid der Königin. Im Anfange tritt ein Nebenchor auf. Über diesen bemerkt der Schol. zu 58: ἕτεροι δέ εἰσι τοῦ χοροῦ, καθάπερ ἐν τῷ Ἀλεξάνδρῳ ποιμένες· ἐνταῦθα μὲν οὖν δύναται προαποχρήσασθαι τοῖς ἀπὸ τοῦ χοροῦ, ἐκεῖ δὲ συνεστῶτος τοῦ χοροῦ ἐπεισάγει τοῦτο τὸ ἄθροισμα ὡς καὶ ἐν Ἀντιόπῃ δύο χοροὺς εἰσάγει τόν τε Θηβαίων γερόντων διόλου (d. h. als eigentlichen Chor) καὶ τὸν μετὰ Θήβης ἢ Δίρκης (Θήβης ἢ fehlt in der besten Handschrift, es müfste heifsen: τὸν ἐκ Θήβης μετὰ Δίρκης), ὥστε βέλτιστον ἐπιγράφειν „χορὸς νεανιῶν τῶν συγκυνηγῶν Ἱππολύτου". Die Meinung des Schol., dafs der Jägerchor aus Personen des eigentlichen Chors gebildet war, entspricht der Beobachtung, dafs die Alten sich immer mit den einfachsten Mitteln begnügten. Nach 120 konnte eine kleine Pause sein, so dafs Zeit zur Umkleidung vorhanden war.*) In ähnlicher Weise verwandelt sich im Phaëthon der eigentliche Chor der Mägde in einen Jungfrauenchor, indem die Mägde bei fr. 781 V. 8 durch das Nebenthor in den Palast eilen, um nach V. 13 als Jungfrauen, die ein Hochzeitlied singen, aufzutreten, dann nach Absingung des Liedes (bei V. 32) durch die Mittelthüre in den Palast gehen und nach V. 56 wieder als Mägde aus dem Nebenthore heraus fliehen.

III. Der Einflufs der Euripideischen Dichtung.

Pausanias (I 22, 1) sagt, dafs jedem Barbaren, der griechisch verstehe, die Liebe der Phädra und der verwegene Dienst der Amme bekannt sei. Die Darstellung des Euripides wurde bestimmend für die weitere Behandlung und Auffassung der Sage. Es wurden sogar die Motive der Euripideischen Dichtung auf verwandte Sagenstoffe, die das Pathos der Liebe zum Gegenstand hatten, übertragen.**) Wir haben oben S. 13 schon die Einwirkung auf die neue Komödie durchschimmern sehen.

---

man 83 ἄνθημα, 1206 ἱρόν schreibt. Eine doppelte Auflösung findet sich nirgends. Hiernach kann es Konjekturen nicht zur Empfehlung dienen, wenn sie eine Auflösung in den Vers bringen, wie 375 ποτ' ἄυπνος, 507 χρή τί μ' ἑνὸς, 703 εἶθ' ὁμόσι χωρεῖν, 954 πολιῶν.

*) Arnoldt die chor. Technik des Eur. S. 7 Anm. glaubt, dafs das Lied 58—71 hinter der Bühne gesungen worden sei, so dafs der Chor es vortragen konnte, ohne hervorzutreten.

**) Vgl. Kalkmann a. O. S. 46 ff.

Der Einfluſs auf die alexandrinischen Dichter konnte nicht ausbleiben. Wahrscheinlich mehr aus diesen als aus erster Quelle schöpften die römischen Dichter. Von den alexandrinischen Dramatikern hat der gelehrte Lykophron einen Hippolytos geschrieben, von dem uns freilich nur der bei Suidas erhaltene Titel bekannt ist. Unter den römischen Dichtern hat die beliebte Sage Ovid in den Metam. XV 492 ff., in den Fast. III 259 ff., VI 737 ff. und in der vierten Heroide ausführlicher behandelt, Vergil in der Aen. VII 761 ff.*) kurz berührt. Von der dramatischen Bearbeitung des Seneca ist bereits oben die Rede gewesen.**)

Auch der bildenden Kunst bot die Dichtung des Euripides einen mit Vorliebe behandelten Stoff.***) Der Maler Antiphilos, ein Zeitgenosse des Apelles, stellte dar, wie der aus dem Meere hervorkommende Stier das Gespann des Hippolyt scheu macht (*Hippolytum tauro emisso expavescentem* Plin. N. H. XXXV 10, 37). Besonders zahlreich sind die Darstellungen auf Sarkophagen. Die schönsten sind zwei Sarkophage, welche sich jetzt in Petersburg†) und im Dom zu Girgenti ††) befinden und auf die gleiche Vorlage zurückgehen. Die Bilder der beiden Schmalseiten zeigen uns die liebeskranke Phädra und den Tod des Hippolyt, die der beiden Langseiten eine Eberjagd des Hippolyt und seiner Gefährten und die Versuchung des Hippolyt durch die Amme. Auf dem ersten Bilde des Agrigentiner Sarkophags (vgl. die beigegebene Abbildung) sehen wir Phädra auf einem Sessel sitzend, unter welchem der Arbeitskorb (*κάλαθος*) sichtbar ist, umgeben von sieben

---

*) Virbius ist bei Vergil der Sohn des Hippolytus und Aricia die Mutter des Virbius. Daher hat Racine die Aricia genommen.

**) Von modernen Bearbeitungen, welche Patin a. O. S. 106 ff. namhaft macht, verdient nur die Phèdre von Racine (1677) erwähnt zu werden, welche Schiller übersetzt hat. Vgl. A. W. Schlegel comparaison entre la Phèdre de Racine et celle d'Euripide, A. Weigert der Hipp. des Eur. und die Phaedra des Racine, Berlin 1869, Kunze comparaison entre la Phèdre de Racine et l'Hippolyte d'Euripide. Progr. von Schneidemühl 1874, Weck quelques remarques sur l'Hippolyte d'Euripide et la Ph. d. R. Ratibor 1874. H. Steiert Vergleichung der Phèdre des Racine mit dem Hipp. des Eur. Progr. v. Offenburg 1878 und 1879, H. Köchly über den Hipp. d. Eur. mit Bezugnahme auf die Phaedra des Racine. Ak. Vort. u. R. N. F. 1882 S. 51 ff.

***) Vgl. O. Jahn Hippolytos und Phaidra in den Arch. Beitr. 1847 S. 300 ff., Leop. Schmidt Hippolyt und Phädra in der Arch. Zeit. 1847 S. 66 ff., A. Kalkmann über Darstellungen der Hippolytos-Sage Arch. Zeitung 41 S. 38—80 und 105—154.

†) Abgebildet Monum. dell' Inst. VI Tav. 1—3. Dazu Brunn Annali dell' Inst. 1857 S. 36 ff.

††) S. die Abbildung in der Arch. Zeitung 1847 Taf. V u. VI.

Dienerinnen und der Amme. Während sie, in ihrer Miene und
ganzen Haltung Leid und Schwermut ausdrückend, sich mit
der linken Hand auf den Sessel stützt, wird ihre schlaffe
Rechte von einer Dienerin gehalten (vgl. Hipp. 200), welche
mit ausdrucksvoller trauriger Miene auf die übrigen Mädchen
blickt. Die Amme steht hinter ihr, mit der Rechten lüftet sie
das Kopftuch, mit der Linken faſst sie beruhigend das Haar
(vgl. Hipp. 201 f.). Zwei der Mädchen haben Saiteninstrumente,
die eine spielt, die andere giebt der Spielenden ein Zeichen,
als wolle sie sagen, daſs die Herrin nunmehr des Spieles
wieder überdrüssig sei. Neben dem Sessel steht ein kleiner
Eros, der mit der Linken den Bogen nach Phädra richtet,
mit der Rechten einen Pfeil aus seinem Köcher nimmt. Damit
ist die Natur des Leidens näher bezeichnet. Das zweite
Bild des Petersburger Sarkophags (vgl. die zweite Abbildung)
zeigt uns eine waldige und felsige Gegend. Das Viergespann
ist durch einen Stier, dessen schuppiger Kopf hinter den Rossen
sichtbar wird, scheu gemacht; die äuſseren Pferde springen
nach der Seite, die beiden inneren bäumen sich hoch empor,
Hippolyt ist von dem zerbrochenen Wagen herabgestürzt und
hängt noch lebend in den Leitseilen (vgl. Hipp. 1236 ff.). Ein
berittener Diener fällt dem Gespann in die Zügel, ein zweiter
hinter dem Gespanne zu Fuſs hält in der Linken eine Stange,
mit der Rechten macht er gegen den Stier hin eine abweh-
rende Bewegung. Auf dem dritten Bilde wird ein Eber von
Jägern und der Meute angefallen. Hippolyt auf einem Pferde
sitzend, das vor dem Eber sich bäumt, versetzt dem Tiere
mit der Lanze einen wuchtigen Stoſs. Auch auf dem vierten
Bilde ist Hippolyt von seinen Jagdgenossen mit Pferden und
Hunden umgeben. Er steht in der Mitte. Auf dem Petersburger Sarkophage hält er, mit Entrüstung nach der vor ihm
stehenden Amme blickend, mit der Linken sein Pferd am
Zügel, mit der Rechten weist er das Diptychon zurück, welches
ihm die Amme unter lebhaftem Zureden darreicht. Auf dem
Agrigentiner Bilde hält er in der Rechten eine Lanze, in der
Linken ein Diptychon, auf welches er traurig hinsieht. Die
Amme, die hier gleichfalls in gebückter Haltung und ihr
eifriges Zureden mit der Bewegung der rechten Hand unter-
stützend vor ihm steht, hält in der Linken ein zweites Diptychon für die Antwort bereit.*) — Von Wandgemälden er-
wähnen wir das schöne Bild der Titusthermen (Mirri terme
di Tito 43 oder Arch. Zeit. 41 Taf. 7, 2). In der Mitte

---

*) Der Brief scheint nur ein künstlerisches Mittel zu sein. Jeden-
falls darf man den Gebrauch eines solchen Briefes nicht für den ersten
Hipp. annehmen.

sehen wir Hippolyt, dem die Amme den Antrag macht. Rechts sitzt Phädra auf einem Lehnsessel, nachdenklich und erwartungsvoll, umgeben von drei Dienerinnen, von denen eine auf dem Boden sitzt. Diese Gruppe verbindet mit der Mittelscene der dazwischen stehende Eros, welcher einerseits nach Phädra hinblickt, andrerseits mit der linken Hand auf Hippolyt deutet. Auf der linken Seite des Bildes führt ein Diener das Pferd des Hippolyt, ein zweiter Diener folgt, ein Knabe hält zwei Jagdhunde an der Leine.

ΙΠΠΟΛΥΤΟΣ.

Ὑπόθεσις Ἱππολύτου.

Θησεὺς μὲν ἦν Αἴθρας καὶ Ποσειδῶνος, βασιλεὺς δ᾽ Ἀθηναίων·
γήμας δὲ μίαν τῶν Ἀμαζονίδων Ἱππολύτην, Ἱππόλυτον ἐγέννησε κάλ-
λει τε καὶ σωφροσύνῃ διαφέροντα. ἐπεὶ δὲ ἡ συνοικοῦσα τὸν βίον
μετήλλαξεν, ἐπεισηγάγετο Κρητικὴν γυναῖκα, τὴν Μίνω, τοῦ Κρητῶν
5 βασιλέως, θυγατέρα Φαίδραν. ὁ δὲ Θησεὺς Πάλλαντα, ἕνα τῶν συγ-
γενῶν, φονεύσας φεύγει εἰς Τροιζῆνα μετὰ τῆς γυναικός, οὗ συνέ-
βαινε τὸν Ἱππόλυτον παρὰ Πιτθεῖ τρέφεσθαι. θεασαμένη δὲ τὸν
νεανίσκον ἡ Φαίδρα εἰς ἐπιθυμίαν ὤλισθεν, οὐκ ἀκόλαστος οὖσα,
πληροῦσα δὲ Ἀφροδίτης μῆνιν, ἣ τὸν Ἱππόλυτον διὰ σωφροσύνην
10 ἀνελεῖν κρίνασα τέλος τοῖς προτεθεῖσιν ἐπέθηκε. στέγουσα δὲ τὴν
νόσον χρόνῳ πρὸς τὴν τροφὸν δηλῶσαι ἠναγκάσθη, κατεπαγγειλαμένην
αὐτῇ βοηθήσειν· ἥτις κατὰ τὴν προαίρεσιν λόγους προσήνεγκε τῷ
νεανίσκῳ. τραχυνόμενον δὲ αὐτὸν ἡ Φαίδρα καταμαθοῦσα τῇ μὲν
τροφῷ ἐπέπληξεν, αὐτὴν δὲ ἀνήρτησε. καθ᾽ ὃν καιρὸν φανεὶς Θησεὺς
15 καὶ καθελεῖν σπεύδων τὴν ἀπηγχονισμένην, εὗρεν αὐτῇ προσηρτη-
μένην δέλτον, δι᾽ ἧς Ἱππολύτου φθορὰν κατηγόρει κατ᾽ ἐπιβουλήν.
πιστεύσας δὲ τοῖς γεγραμμένοις τὸν μὲν Ἱππόλυτον ἐπέταξε φεύγειν,
αὐτὸς δὲ τῷ Ποσειδῶνι ἀρὰς ἔθετο, ὧν ἐπακούσας ὁ θεὸς τὸν Ἱππόλυτον διέφθειρεν. Ἄρτεμις δὲ τῶν γεγενημένων ἕκαστον διασαφήσασα
20 Θησεῖ, τὴν μὲν Φαίδραν οὐ κατεμέμψατο, τοῦτον δὲ παρεμυθήσατο

2. Für Ἱππολύτην giebt eine Handschrift Ἀντιόπην. Vgl. Plut. Thes.
c. 27 Ἱππολύτην οὗτος (nämlich
Κλείδημος) ὀνομάζει τὴν τῷ Θησεῖ
συνοικοῦσαν, οὐκ Ἀντιόπην. Bei
Euripides kommt der Name nicht
vor.
5. Πάλλαντα, vielmehr Παλλαντί-
δας nach V. 35, die Söhne des Pallas.
7. Anders wird dies V. 24 ff. erzählt.

10. τέλος .. ἐπέθηκε, ihren Vor-
satz zur Vollendung brachte. Der
Ausdruck scheint in Rücksicht auf
τὰ πολλὰ .. δεῖ 22 f. gewählt zu sein.

12. ihrem Plan gemäß, d. i. mit
besonderer Absicht.

15. καθελεῖν σπεύδων nicht genau;
denn bei dem Auftreten des Theseus
790 ist es bereits geschehen.

18. ἀρὰς ἔθετο wie ἐποιήσατο.

υἱοῦ καὶ γυναικὸς στερηθέντα· τῷ δὲ Ἱππολύτῳ τιμὰς ἔφη γῆς ἐγκαταστήσεσθαι.

ἡ σκηνὴ τοῦ δράματος ἐν Τροιζῆνι κεῖται. ἐδιδάχθη ἐπὶ Ἐπαμείνονος ἄρχοντος ὀλυμπιάδι πζ΄ ἔτει δ΄. πρῶτος Εὐριπίδης, δεύτερος Ἰοφῶν, τρίτος Ἴων. ἔστι δὲ οὗτος Ἱππόλυτος δεύτερος, ὁ καὶ 5 στεφανίας προσαγορευόμενος. ἐμφαίνεται δὲ ὕστερος γεγραμμένος· τὸ γὰρ ἀπρεπὲς καὶ κατηγορίας ἄξιον ἐν τούτῳ διώρθωται τῷ δράματι. τὸ δὲ δρᾶμα τῶν πρώτων.

1. τιμὰς γῆς, wenn die Lesart richtig ist, s. v. a. τιμὰς ἐγχωρίους, wie die ed. Ald. bietet.

3. Während der erste Teil der Hypothesis nicht die Kürze der summarischen Inhaltsangaben zeigt, welche Aristophanes von Byzanz, der alexandrinische Grammatiker, verfaſst hat, entsprechen die Angaben dieses zweiten Teils ganz dem gewöhnlichen Inhalte jener ὑποθέσεις (vgl. Einleitung zur Medea S. 32 f.), so daſs eine ὑπόθεσις von Aristophanes zu Grunde zu liegen und nur in ihrem ersten Teile erweitert zu sein scheint.

4. Ol. 87, 4 = 428 v. Chr.

5. Iophon, der Sohn des Sophokles, ein Tragiker zweiten Ranges, aber unter den jüngeren Dichtern vielleicht der bedeutendste. Suidas giebt die Zahl seiner Stücke auf 50 an. — Ion von Chios, ein vielseitig gebildeter und in verschiedenen Gattungen der Litteratur thätiger Mann. Aus seinem prosaischen Werke Ἐπιδημίαι hat uns Athenäus Bruchstücke aufbewahrt, welche interessante Notizen über Sophokles enthalten. Er führte mehrere Stücke zu Athen auf, was voraussetzen läſst, dafs er sich dort längere Zeit aufgehalten habe.

6. στεφανίας: Ἱππολύτῳ στεφανηφόρῳ bei Hesych. unter ἀνασειράζει, ebenso bei Priscian p. 1168 Putsch. Der hinterher aufgekommene Name unterscheidet das Stück von dem ersten Hippolytos, dem Ἱππόλυτος καλυπτόμενος (Poll. IX 50, Schol. zu Theokr. II 10). Diese Bezeichnungen der späteren Zeit sind, wie etwa die Benennungen der Madonnen in der Malerei, zufälligen Merkmalen entnomen: στεφανίας heiſst das zweite Stück, weil Hipp. mit einem Kranze auftritt, welchen er der Artemis weiht; καλυπτόμενος das erste wahrscheinlich deshalb, weil Hipp. sich bei den unsittlichen Anträgen der Phädra das Haupt verhüllte. Im cod. L führt unser Stück den Titel Φαίδρα, unter welchem es auch von dem Schol. zu Aristoph. Frö. 1043, bei Philemon lex. s. v. βίβλος, in Cramer. Anecd. Paris. III p. 218, von Eustathius zu Hom. p. 489, 53 u. 568, 19 citiert wird.

8. τῶν πρώτων d. i. ersten Ranges.

Τὰ τοῦ δράματος πρόσωπα·

Ἀφροδίτη.
Ἱππόλυτος.
θεράποντες.
θεράπων.*)
χορός.
τροφός.
Φαίδρα.
θεράπαινα.
Θησεύς.
ἄγγελος.
Ἄρτεμις.

---

*) πρέσβυς wäre eine passendere Bezeichnung als θεράπων.

Die Rollen konnten unter die drei Schauspieler in folgender Weise verteilt werden:

Protagonistes: Hippolytos. Bote.
Deuteragonistes: Aphrodite. Phädra. Theseus.
Tritagonistes: Diener (88). Amme. Magd (776). Artemis.

ΑΦΡΟΔΙΤΗ.

Πολλὴ μὲν ἐν βροτοῖσι κοὐκ ἀνώνυμος
θεὰ κέκλημαι Κύπρις οὐρανοῦ τ᾽ ἔσω·
ὅσοι τε πόντου τερμόνων τ᾽ Ἀτλαντικῶν
ναίουσιν εἴσω φῶς ὁρῶντες ἡλίου,
τοὺς μὲν σέβοντας τἀμὰ πρεσβεύω κράτη,   5
σφάλλω δ᾽ ὅσοι φρονοῦσιν εἰς ἡμᾶς μέγα.
ἔνεστι γὰρ δὴ κἀν θεῶν γένει τόδε·
τιμώμενοι χαίρουσιν ἀνθρώπων ὕπο.
δείξω δὲ μύθων τῶνδ᾽ ἀλήθειαν τάχα·

1—120 Prolog, bestehend aus fünf Teilen, einem Monolog, in welchem Aphrodite als persona protatica (von dem θεολογεῖον aus) die Exposition und das aufregende Moment der Handlung giebt und von dem Gang des Stücks so viel mitteilt, als zum klaren Überblick und richtigen Verständnis der Verwicklung dienlich ist, zweitens einem Gesang ἀπὸ σκηνῆς zu Ehren der Artemis, dann einem Gebete des Hippolytos bei der Bekränzung der Bildsäule der Artemis, ferner einem Zwiegespräch zwischen Hippolytos und einem alten Diener, endlich einem kurzen Monolog dieses Dieners.

1. πολλή (einflufsreich) wie Aristoph. Vö. 488 οὕτω δ᾽ ἰσχνέ τε καὶ μέγας ἦν τότε καὶ πολύς, Herod. VII 14 ὡς καὶ μέγας καὶ πολλὸς ἐγένετο ἐν ὀλίγῳ χρόνῳ, οὕτω καὶ ταπεινὸς ὀπίσω κατὰ τάχος ἔσεαι. Zur Hebung des Begriffs wird das negierte Gegenteil beigefügt. Vgl. Hom. Il. 3, 59 ἐπεί με κατ᾽ αἶσαν ἐνείκεσας οὐδ᾽ ὑπὲρ αἶσαν, bei Sophokles ἑκόντα κοὐκ ἄκοντα,

γνωτὰ κοὐκ ἄγνωτα, ἀγχοῦ κού μακράν, πάλαι κού νεωστί u. a.

3 f. ὅσοι τε: mit der Ausführung des Satzes 'ich bin zwar hochgeehrt im Himmel und auf Erden und alle Menschen, die mich verehren, bevorzuge ich' wird der Gegensatz 'es giebt aber auch solche, die mich verachten, und diese bringe ich zu Falle' unmittelbar verbunden, indem 5 mit τοὺς μὲν die Teilung eingefügt wird, welche bei der Fortsetzung mit ὅσοι τε noch nicht beabsichtigt war. — πόντου .. εἴσω, bis an das Meer. Vgl. εἴσω ὁρέων εἶναι. πόντου male intellegit Musgravius post scholiastam de Ponto Euxino. Montem Atlantem fingebant poetae et maris et naturae finem esse. Infra 1053 πέραν γε πόντου καὶ τόπων Ἀτλαντικῶν. Vide etiam v. 744 sqq. (Monk). Das ist richtig, denn 1053 wäre es unnatürlich an zwei verschiedene Richtungen, eine östliche und westliche, zu denken.

7. Vgl. Bacch. 319 ὁρᾷς σὺ (König Pentheus) χαίρεις, ὅταν ἐφεστῶσιν πύλαις πολλοί .. κἀκεῖνος (Dionysos), οἶμαι, τέρπεται τιμώμενος.

ὁ γάρ με Θησέως παῖς, Ἀμαζόνος τόκος, 10
Ἱππόλυτος, ἁγνοῦ Πιτθέως παιδεύματα,
μόνος πολιτῶν τῆσδε γῆς Τροιζηνίας
λέγει κακίστην δαιμόνων πεφυκέναι,
ἀναίνεται δὲ λέκτρα κοὐ ψαύει γάμων·
Φοίβου δ' ἀδελφὴν Ἄρτεμιν, Διὸς κόρην, 15
τιμᾷ μεγίστην δαιμόνων ἡγούμενος,
χλωρὰν δ' ἀν' ὕλην παρθένῳ ξυνὼν ἀεὶ
κυσὶν ταχείαις θῆρας ἐξαιρεῖ χθονός,
μείζω βροτείας προσπεσὼν ὁμιλίας.
τούτοισι μέν νυν οὐ φθονῶ· τί γάρ με δεῖ; 20
ἃ δ' εἰς ἔμ' ἡμάρτηκε, τιμωρήσομαι
Ἱππόλυτον ἐν τῇδ' ἡμέρᾳ· τὰ πολλὰ δὲ
πάλαι προκόψασ', οὐ πόνου πολλοῦ με δεῖ.
ἐλθόντα γάρ νιν Πιτθέως ποτ' ἐκ δόμων
σεμνῶν ἐς ὄψιν καὶ τέλη μυστηρίων . 25

10. Θησέως: Die Synizese ist am häufigsten bei εω in den Gen. von Wörtern auf ευς, in πόλεως, θεῶν, in λεώς fr. 362, 7, νεώς Kykl. 144, in ἕως, ἕωσπερ bei Sophokles. Bei εφ unten 56 in ἀνεωγμένας, Ion 1563 in ἀνεῴχθη. — παῖς — τόκος: vgl. Alk. 509 ὦ Διὸς παῖ Περσέως τ' ἀφ' αἵματος, Äsch. Prom. 142 τῆς πολυτέκνου Τηθύος ἔκγονα τοῦ περὶ πᾶσαν θ' εἱλισσομένου χθόν' .. παῖδες Ὠκεανοῦ πατρός.

11. ἁγνοῦ Πιτθέως: vgl. Med. 683 Πιτθεύς τις ἔστι, γῆς ἄναξ Τροιζηνίας — παῖς, ὡς λέγουσι, Πέλοπος εὐσεβέστατος. — παιδεύματα, abstr. pro concr., wodurch das sittliche Wesen des Hippolyt als Produkt der erzieherischen Thätigkeit des Pittheus bezeichnet wird. Daher auch der Plural von einer Person mit Bezug auf die vielfache Thätigkeit. Vgl Or. 1053 μνῆμα ἕν, κέδρου τεχνάσματα, Soph. Phil. 36 ἔκπωμα, φλαυρουργοῦ τινος τεχνήματ' ἀνδρός. Krüg. II § 44, 3, 4.

18. ἐξαιρεῖ (tilgt) χθονός, weil das Wild als Belästigung des Landes erscheint.

19. ὁμιλίας hat sich infolge der Stellung an βροτείας statt an μείζω angeschlossen. Er ist in einen Umgang hineingeraten, der für einen Sterblichen zu hoch ist. Auffallend ist προσπεσών mit Acc., erklärlicher wäre εἰσπεσών. Vgl. Ion 700 πολιὸν εἰσπεσοῦσα γῆρας, Androm. 983 ξυμφορὰν τήνδ' εἰσπεσοῦσα, fragm. 29 εἰς ὁμιλίαν πεσόντα.

21. Der Relativsatz steht nicht als Gen., sondern als Acc., da sich auch die Konstruktion τιμωρεῖσθαί τινά τι Kykl. 695, Alk. 733 findet.

23 προκόψασα, als ob δέομαι folgte. Schol. συνεχῶς δὲ τούτῳ τῷ σχήματι χρῆται ὁ Εὐριπίδης. Vgl. Kykl. 330 δοραῖσι θηρῶν σῶμα περιβαλὼν ἐμὸν καὶ πῦρ ἀναίθων, χιόνος οὐδέν μοι μέλει und zu Iph. T. 947, Krüg. I 56, 9, 4. — Über δεῖ μέ τινος, welches bei den Dramatikern (einmal bei Äschylus, öfter bei Euripides) vorkommt, ebd. 47, 16, 2.

25. Die Motivierung den Hipp. zu den Mysterien nach Attika kommen zu lassen, ist für dessen frommen Sinn passend erfunden.

Πανδίονος γῆν πατρὸς εὐγενὴς δάμαρ
ἰδοῦσα Φαίδρα καρδίαν κατέσχετο
ἔρωτι δεινῷ τοῖς ἐμοῖς βουλεύμασι.
καὶ πρὶν μὲν ἐλθεῖν τήνδε γῆν Τροιζηνίαν,
πέτραν παρ' αὐτὴν Παλλάδος κατόψιον   30
γῆς τῆσδε ναὸν Κύπριδος καθίσατο,
ἐρῶσ' ἔρωτ' ἔκδημον· Ἱππολύτῳ δ' ἐπι
τὸ λοιπὸν ὀνομάσουσιν ἱδρῦσθαι θεάν.
ἐπεὶ δὲ Θησεὺς Κεκροπίαν λείπει πόλιν,
μίασμα φεύγων αἵματος Παλλαντιδῶν,   35
καὶ τήνδε σὺν δάμαρτι ναυστολεῖ χθόνα,
ἐνιαυσίαν ἔκδημον αἰνέσας φυγήν,
ἐνταῦθα δὴ στένουσα κάκπεπληγμένη
κέντροις ἔρωτος ἡ τάλαιν' ἀπόλλυται
σιγῇ· σύνοιδε δ' οὔτις οἰκετῶν νόσον.   40

ὄψιν, zum Anschauen der heiligen Symbole, welche bei der Feier der eleusinischen Mysterien denjenigen, welche den höheren Grad der Weihe hatten (ἐπόπται), gezeigt wurden. τέλη, τελετάς, Weihen, Sühnungen.

27. κατέσχετο passivisch (κατεσχέθη Schol.) wie συνεσχόμην Herakleid. 634 und auch sonst, nicht blofs bei Homer, sondern auch attischen Schriftstellern wie Plato (ἐνέσχετο Lach. 183 E, κατασχομένῳ Phädr. 244 E, συνεσχόμεθα Soph. 250 D).

30 f. Vgl. Einleitung S. 4. — καθίσατο, ἰδρύσατο Hesych.

32 f. ἔκδημον: mit dieser Stiftung ist ausgedrückt, dafs der Gegenstand ihrer Liebe in der Ferne weile. — ἐπὶ Ἱππολύτῳ θεάν: das Heiligtum hiefs Ἀφροδίτη ἐπὶ Ἱππολύτῳ (Corp. Inscr. Att. I nr. 212). — ὀνομάσουσιν ἱδρῦσθαι, man wird in Zukunft das errichtete Heiligtum .. nennen. Ähnlich tritt zu ὀνομάζειν (z. B. μάντιν τινὰ) noch der Infin. εἶναι hinzu. Kr. I 55, 4, 5.

35. μίασμα φεύγων αἵματος, die Befleckung mit Blutschuld durch

Verbannung büfsend. Vgl. zu Med. 795 παίδων φόνον φεύγουσα. — Pallas war Bruder des Nisos und des Ägeus, des Vaters von Theseus, Sohn des Pandion. Pallas wollte Athen überfallen und während er auf der Sphettischen Strafse offen mit seiner Streitmacht vorrückte, legten sich seine Söhne bei Gargettos in einen Hinterhalt. Theseus erfuhr dies, überfiel und vernichtete sie. So erzählte Philochoros nach der Angabe des Schol.

37. ἐνιαυσίαν φυγήν: der Mörder mufste im Heroenzeitalter das Land verlassen (Hom. Od. 23, 118 καὶ γὰρ τίς θ' ἕνα φῶτα κατακτείνας ἐνὶ δήμῳ .. φεύγει πηούς τε προλιπὼν καὶ πατρίδα γαῖαν), wenn er nicht durch ein Bufsgeld (ποινή) die Verwandten des Getöteten versöhnte (Hom. Il. 9, 632 ff.). Die Zeitdauer von einem Jahre scheint von den Bestimmungen der späteren Blutgerichtsbarkeit (ἀπενιαυτισμός) übertragen zu sein. — αἰνέσας, sich verstehend zu. Vgl. Alk. 2 θῆσσαν τράπεζαν αἰνέσαι. Unten 1319 'zusagen, gewähren'.

39. ἀπόλλυται, grämt sich zu Tode, wie Soph. Trach. 652 πάγκλαυτος αἰὲν ὤλλυτο.

άλλ' ούτι ταύτη τόνδ' έρωτα δεῖ πεσεῖν·
δείξω δὲ Θησεῖ πρᾶγμα κάκφανήσεται.
καὶ τὸν μὲν ἡμῖν πολέμιον νεανίαν
κτενεῖ πατὴρ ἀραῖσιν, ἃς ὁ πόντιος
ἄναξ Ποσειδῶν ὤπασεν Θησεῖ γέρας,   45
μηδὲν μάταιον εἰς τρὶς εὔξασθαι θεῷ.
ἢ δ' εὐκλεὴς μέν, ἀλλ' ὅμως ἀπόλλυται,
Φαίδρα· τὸ γὰρ τῆσδ' οὐ προτιμήσω κακὸν
τὸ μὴ οὐ παρασχεῖν τοὺς ἐμοὺς ἐχθροὺς ἐμοὶ
δίκην τοσαύτην ὥστ' ἐμοὶ καλῶς ἔχειν.   50
ἀλλ' εἰσορῶ γὰρ τόνδε παῖδα Θησέως
στείχοντα θήρας μόχθον ἐκλελοιπότα,
Ἱππόλυτον, ἔξω τῶνδε βήσομαι τόπων.
πολὺς δ' ἅμ' αὐτῷ προσπόλων ὀπισθόπους
κῶμος λέλακεν Ἄρτεμιν τιμῶν θεὰν   55
ὕμνοισιν· οὐ γὰρ οἶδ' ἀνεῳγμένας πύλας
Ἅιδου, φάος δὲ λοίσθιον βλέπων τόδε.

41. ταύτη πεσεῖν, solchen Ausgang haben, so ohne alle Wirkung bleiben. Vgl. Herod. VII 163 καραδοκήσοντα τὴν μάχην τῇ πεσέεται.

42. Der Vers enthält nur eine allgemeine Andeutung ('die Sache wird ruchbar werden und ich werde sorgen, daſs sie auch dem Theseus zu Ohren kommt'), die einstweilen genügt, um daran das Folgende, das der Dichter zur Kenntnis der Zuschauer bringen will, anzuknüpfen.

46. εἰς τρίς: μίαν μὲν ᾐτήσατο ἀνελθεῖν ἐξ Ἅιδου, δευτέραν ἐκ Λαβυρίνθου, τρίτην τοῦ Ἱππολύτου. Schol. Vgl. Cic. de off. I 10, 32 ex tribus optatis, ut scribitur, hoc erat tertium, quod de Hippolyti interitu iratus optavit. Vgl. 887 ff., 1315 f., wo an eine bestimmte Reihenfolge der Wünsche nicht gedacht wird, da die Aufhebung der Wirkung des einen Wunsches durch den anderen nicht in Betracht kommt. — εὔξασθαι ist von dem in ὤπασεν γέρας liegenden Begriff des Gewährens abhängig.

47. εὐκλεὴς μὲν (ἀπόλλυται), ἀλλ' ὅμως ἀπόλλυται, vgl. Phön. 1421 μόλις μέν, ἐξέτεινε δ' εἰς ἧπαρ ξίφος, Aristoph. Wo. 1369 κἀγὼ μόλις μέν, ἀλλ' ὅμως ἠνεσχόμην. — ἀπόλλυται, ist dem Untergang geweiht. Vgl. Krüger I § 53, 1, 6, Koch § 98 Anm. 2, El. 1265 ἴσαι δὲ σ' ἐκσώζουσι μὴ θανεῖν δίκῃ ψῆφοι τεθεῖσαι (wenn nicht ἐκσώσουσι zu schreiben ist).

48 f. τὸ γὰρ τῆσδ' οὐ προτιμήσω κακὸν τὸ μὴ οὐ κτέ.: ihr Untergang wird mir nicht so viel mehr gelten als meine Rache, um ein Hindernis zu sein u. s. w. — τοὺς ἐ. ἐχθρούς: der Plural macht den einzelnen Fall zur allgemeinen Regel.

53. Ἱππόλυτον: der Name wird beigefügt, damit die Zuschauer ja über die auftretende Person nicht im unklaren sind.

55. λέλακεν vom lauten Gesang.

56. οὐκ οἶδεν (Ἱππόλυτος) ἀνεῳγμένας πύλας Ἅιδου, ein tragisches Moment.

ΙΠΠΟΛΥΤΟΣ.

ἔπεσθ' ἄδοντες ἔπεσθε
τὰν Διὸς οὐρανίαν
Ἄρτεμιν, ᾷ μελόμεσθα.　　　　60

ΘΕΡΑΠΟΝΤΕΣ.

πότνια πότνια σεμνοτάτα,
Ζανὸς γένεθλον,
χαῖρε χαῖρέ μοι, ὦ κόρα
Λατοῦς Ἄρτεμι καὶ Διός,　　　　65
καλλίστα πολὺ παρθένων,
αἰγλάεντα κατ' οὐρανὸν
ναίουσ' εὐπατέρειαν αὐ-
λὰν Ζανὸς πολύχρυσον [οἶκον].

χαῖρέ μοι, ὦ καλλίστα　　　　70
καλλίστα τῶν κατ' Ὄλυμπον,
Ἄρτεμι, παρθένων.

III.　　σοὶ τόνδε πλεκτὸν στέφανον ἐξ ἀκηράτου
λειμῶνος, ὦ δέσποινα, κοσμήσας φέρω,

---

58. Hipp. tritt auf in Jagdkostüm, begleitet von Jagdgefolge. Er hält in der Hand einen Kranz von Blumen (στεφανηφόρος). Ähnlich fordert Aristoph. Thesm. 114 Agathon den Chor auf: τάν τ' ἐν ὄρεσι δρυογόνοισι κόραν ἀείσατ' Ἄρτεμιν ἀγροτέραν und erwidert der Chor: ἕπομαι κλήζουσα σεμνὸν γόνον ὀλβίζουσα Λατοῦς Ἄρτεμιν ἀπειρολεχῆ.

60. μελόμεσθα, am Herzen liegen, ein Gegenstand der Sorge (lieb) sind. Vgl. zu Iph. T. 182, 644 und Äsch. Cho. 234 ὦ φίλτατον μέλημα δώμασιν πατρός.

61. Da die Verse 70—72 die Weise eines Ephymnion haben, so scheint 61—69 ein einzelner von dem Gefolge, 70—72 der gesamte Jägerchor zu singen.

66. καλλίστα: in Arkadien war auf einem Hügel am Mänalischen Gebirg ein Tempel der Ἄρτεμις Καλλίστη (Paus. VIII 35, 8) und in einem Hymnus auf Artemis feierte der alte Sänger Pamphos die Göttin unter dem Namen Καλλίστη.

67. αἰγλάεντα οὐρανόν nach dem homerischen αἰγλήεντος Ὀλύμπου (Il. I 532).

68. εὐπατέρειαν αὐλάν, die Halle eines edlen Vaters. Gewöhnlich bedeutet εὐπατέρεια 'Tochter eines edlen Vaters' wie Hom. Il. 6, 292 Ἑλένην . . εὐπατέρειαν. Vgl. aber zu Iph. T. 1234 über die verschiedene Bedeutung von εὔπαις und Ion 1073 ἁ τᾶν εὐπατριδᾶν γεγῶσ' οἴκων.

69. πολύχρυσον: vgl. Hom. Il. IV 1 οἱ δὲ θεοὶ πὰρ Ζηνὶ καθήμενοι ἠγερόωντο χρυσέῳ ἐν δαπέδῳ.

73 f. ἀκηράτου, aus heiliger, gottgeweihter Au, die nicht durch menschliche Arbeit entweiht werden durfte. Vgl. Soph. Trach. 200 ὦ Ζεῦ, τὸν Οἴτης ἄτομον ὃς λειμῶν' ἔχεις. In Kreta bestand das Gesetz: ἵνα μηθεὶς ἐν τῷ ἱερῷ τοῦ Διὸς τοῦ Δικταίου μήτε ἐννέμῃ μήτε ἐναυλοστατῇ μήτε σπείρῃ μήτε ξυλεύῃ (Corp. Inscr. Gr. II p. 1103).

ἔνθ' οὔτε ποιμὴν ἀξιοῖ φέρβειν βοτὰ 75
οὔτ' ἦλθέ πω σίδηρος, ἀλλ' ἀκήρατον
μέλισσα λειμῶν' ἐαρινὴ διέρχεται·
Αἰδὼς δὲ ποταμίαισι κηπεύει δρόσοις,
ὅστις διδακτὸν μηδέν, ἀλλ' ἐν τῇ φύσει
τὸ σωφρονεῖν εἴληχεν εἰς τὰ πάνθ' ὁμῶς, 80
τούτοις δρέπεσθαι· τοῖς κακοῖσι δ' οὐ θέμις.
ἀλλ', ὦ φίλη δέσποινα, χρυσέας κόμης
ἀνάδημα δέξαι χειρὸς εὐσεβοῦς ἄπο.
μόνῳ γάρ ἐστι τοῦτ' ἐμοὶ γέρας βροτῶν·
σοὶ καὶ ξύνειμι καὶ λόγοις σ' ἀμείβομαι, 85
κλύων μὲν αὐδήν, ὄμμα δ' οὐχ ὁρῶν τὸ σόν.
τέλος δὲ κάμψαιμ' ὥσπερ ἠρξάμην βίου.

ΘΕΡΑΠΩΝ.

ἄναξ· θεοὺς γὰρ δεσπότας καλεῖν χρεών·
ἆρ' ἄν τί μου δέξαιο βουλεύσαντος εὖ;

75. Vgl. die Schilderung bei Ovid
Met. III 407 fons erat inlimis, ni-
tidis argenteus undis, quem neque
pastores neque pastae monte ca-
pellae contigerant, aliudve pecus,
quem nulla volucris nec fera tur-
barat neo lapsus ab arbore ramus.
76. σίδηρος: vgl. Hesych. ἀδρέ-
πανον· ἄδρεπτον, θεοῖς ἀνακεί-
μενον. Σοφοκλῆς.
77. ἐαρινή als temporales Ad-
jektiv wie ὄρθριος ἥκεις. Kr. I 57,
5, 4. Koch 71, 1.
78. Αἰδώς begiefst die Au der
jungfräulichen Artemis und nur für
die Sittsamen sind die von der Göttin
der Sittsamkeit gepflegten Blumen
bestimmt. Die etwas mystische Symbolik dieser Stelle charakterisiert
den schwärmerischen und in Or-
phische Lehren eingeweihten (953)
Jüngling.
79 f. διδακτὸν μηδέν (μὴ διδα-
κτόν) steht prädikativ zu τὸ σωφρονεῖν ('nicht als etwas Angelerntes').
Vgl. Pind. Ol. IX 151 τὸ δὲ φυᾷ
κράτιστον ἅπαν· πολλοὶ δὲ διδακταῖς
ἀνθρώπων ἀρεταῖς κλέος ὤρουσαν
ἀρέσθαι, Nem. III 70. Mit dem
Gedanken wirft der Dichter einen

Seitenblick auf den Tugendunter-
richt der Sophisten seiner Zeit.
81. τούτοις nach dem kollektiven
ὅστις. Vgl. Kr. I 58, 4, 5. — δρέ-
πεσθαι: der Inf. bezeichnet den
Zweck der Handlung, Kr. I 55, 3, 20.
84. τοῦτο, das Folgende.
86. Vgl. Soph. Ai. 14 ὦ φθέγμ'
Ἀθάνας, φιλτάτης ἐμοὶ θεῶν, ὡς
εὐμαθές σου, κἂν ἄποπτος ᾖς ὅμως,
φώνημ' ἀκούω u. zu Iph. T. 1447.
87. τέλος βίου κάμψαιμι ὥσπερ
ἠρξάμην (βίου), möge der Ausgang
meines Lebens sein, wie der Ein-
gang war. Der Ausdruck ist hergenommen von dem Umbiegen um
die νύσσα am Ende der Rennbahn.
Vgl. El. 955 πρὶν ἂν πέλας γραμ-
μῆς ἵκηται καὶ τέλος κάμψῃ βίου,
Hel. 1666 ὅταν δὲ κάμψῃς καὶ τε-
λευτήσῃς βίον. Der Gedanke erweckt nach 43 f. u. 56 f. wehmütige
Teilnahme.
88. Aus dem Jagdgefolge tritt ein
älterer Mann heraus, der vielleicht
als Pädagog zu denken ist, wie er
z. B. in der Darstellung von Hipp.
Tod auf einem Krater aus Ruvo (Arch.
Zeit. 1883 Taf. 6) erscheint. (Die
übliche Darstellung ist kurzer Ärmel-
chiton, ein Mantel, der auf der

ΙΠ.　καὶ κάρτα γ'· ἦ γὰρ οὐ σοφοὶ φαινοίμεθ' ἄν.　　90
ΘΕ.　οἶσθ' οὖν βροτοῖσιν ὃς καθέστηκεν νόμος;
ΙΠ.　οὐκ οἶδα· τοῦ δὲ καί μ' ἀνιστορεῖς πέρι;
ΘΕ.　μισεῖν τὸ σεμνὸν καὶ τὸ μὴ πᾶσιν φίλον;
ΙΠ.　ὀρθῶς γε· τίς δ' οὐ σεμνὸς ἀχθεινὸς βροτῶν;
ΘΕ.　ἐν δ' εὐπροσηγόροισιν ἔστι τις χάρις;　　95
ΙΠ.　πλείστη γε, καὶ κέρδος γε σὺν μόχθῳ βραχεῖ.
ΘΕ.　ἦ κἀν θεοῖσι ταὐτὸν ἐλπίζεις τόδε;
ΙΠ.　εἴπερ γε θνητοὶ θεῶν νόμοισι χρώμεθα.
ΘΕ.　πῶς οὖν σὺ σεπτὴν δαίμον' οὐ προσεννέπεις;
ΙΠ.　τίν'; εὐλαβοῦ δὲ μή τί σου σφαλῇ στόμα.　　100
ΘΕ.　τήνδ' ἣ πύλαισι σαῖς ἐφέστηκεν Κύπρις.
ΙΠ.　πρόσωθεν αὐτὴν ἁγνὸς ὢν ἀσπάζομαι.
ΘΕ.　σεπτή γε μέντοι κἀπίσημος ἐν βροτοῖς.　　103
ΙΠ.　οὐδείς μ' ἀρέσκει νυκτὶ θαυμαστὸς θεῶν.　　106
ΘΕ.　τιμαῖσιν, ὦ παῖ, δαιμόνων χρῆσθαι χρεών.　　107
ΙΠ.　ἄλλοισιν ἄλλος θεῶν τε κἀνθρώπων μέλει.　　104

---

rechten Schulter geknüpft ist, hohe Stiefel, Krummstab, Glatze.) — θεοὺς γὰρ κτέ., d. h. ich sage ἄναξ, nicht δέσποτα, weil u. s. w. Vgl. Xen. Anab. III 2, 13 οὐδένα ἄνθρωπον δεσπότην, ἀλλὰ τοὺς θεοὺς προσκυνεῖτε.

90. γὲ steht häufig, wenn zur Bejahung der Frage eine nähere Bestimmung oder Beschränkung gegeben wird. Vgl. 94, 98 u. ö.

92. Über καὶ ('eigentlich') nach einem Fragewort und mit Bezug auf dieses vgl. Kr. I 69, 32, 16.

93. τὸ σεμνόν, das hochmütige Wesen des stolz auf sich Zurückgezogenen, welcher sich für andere zu gut hält und den Grundsatz hat: profanum volgus arceo. Vgl. zu Med. 216.

94. τίς δὲ steht wie τίς γὰρ, doch erhält durch δὲ die Erklärung die Eigenschaft einer neuen für sich stehenden Angabe, so daß die Beistimmung des Hippolyt noch mehr als dessen selbständige Ansicht erscheint. — οὐ zu ἀχθεινός.

95. χάρις, gratia, die Gunst die man sich bei anderen erwirbt.

97. ταὐτόν, nämlich den Haß des σεμνόν.

98. D. i. da die sittlichen Gesetze der Menschen nur ein Ausfluß göttlicher Gesetze sind, so kann man von einem menschlichen Gesetze auf ein göttliches schließen. Vgl. frg. 893 πῶς οὖν τάδ' εἰσορῶντες ἢ θεῶν γένος εἶναι λέγωμεν ἢ νόμοισι χρώμεθα.

101. τήνδε .. Κύπρις: Der Name schließt sich, wie häufig bei Dichtern, an den dazwischen tretenden Relativsatz an. Kr. II 57, 10, 2.

102. πρόσωθεν (nur aus der Ferne) .. ἀσπάζομαι, eine ironische Wendung in dem Sinne 'ich halte mich fern von ihr' wie Soph. Phil. 454 τηλόθεν τό τ' Ἴλιον καὶ τοὺς Ἀτρείδας εἰσορῶν φυλάξομαι, Trach. 1003 θαῦμ' ἂν πόρρωθεν ἰδοίμαν.

106. ἀρέσκειν (ansprechen, befriedigen) mit Acc. bei den attischen Dichtern und Plato.

107. Auf die Worte 'kein Gott gefällt mir, dem in der Nacht gehuldigt wird' erwidert der Diener: 'ehren müssen wir die Götter, nicht unser Gefallen an ihnen haben', womit er den Standpunkt der Sub-

ΘΕ. εὐδαιμονοίης νοῦν ἔχων ὅσον σε δεῖ. 105

ΙΠ. χωρεῖτ᾽, ὀπαδοί, καὶ παρελθόντες δόμους
σίτων μέλεσθε· τερπνὸν ἐκ κυναγίας
τράπεζα πλήρης· καὶ καταψήχειν χρεὼν 110
ἵππους, ὅπως ἂν ἅρμασι ζεύξας ὕπο
βορᾶς κορεσθεὶς γυμνάσω τὰ πρόσφορα·
τὴν σὴν δὲ Κύπριν πόλλ᾽ ἐγὼ χαίρειν λέγω.

ΘΕ. ἡμεῖς δέ — τοὺς νέους γὰρ οὐ μιμητέον —
λέγοντες οὕτως ὡς πρέπει δούλοις λέγειν, 115
προσευξόμεσθα τοῖσι σοῖς ἀγάλμασι,
δέσποινα Κύπρι. χρὴ δὲ συγγνώμην ἔχειν,
εἴ τίς σ᾽ ὑφ᾽ ἥβης σπλάγχνον ἔντονον φέρων
μάταια βάζει· μὴ δόκει τούτου κλύειν·
σοφωτέρους γὰρ χρὴ βροτῶν εἶναι θεούς. 120

ΧΟΡΟΣ.

Ὠκεανοῦ τις ὕδωρ   str. 1.
στάζουσα πέτρα λέγεται

jektivität verwirft. Vgl. Bacch. 200 οὐδὲν σοφιζόμεσθα τοῖσι δαίμοσι.
105. ὅσον σε δεῖ d. i. die genügende Einsicht fehlt dir noch.
108 f. Über das dem alten Atticismus angehörige ᾱ in ὀπαδοί, κυναγία u. s. s. zu Aesch. Prom. 61.
111 f. Die Absicht des Hippolytos bereitet den Schluß des Stückes vor, was Goethe eine Verzahnung nennt. — γυμνάσω τὰ πρόσφορα wie γ. τὰ πρόσφορα γυμνάσματα.
113. τὴν σὴν verächtlich wie Rhes. 866 οὐκ οἶδα τοὺς σοὺς οὓς λέγεις Ὀδυσσέας, Herakl. 284 τὸ σὸν γὰρ Ἄργος οὐ δέδοικ᾽ ἐγώ. Soph. Phil. 1251 ξὺν τῷ δικαίῳ τὸν σὸν οὐ ταρβῶ φόβον.
115. λέγοντες κτέ. bezieht sich auf das vorhergehende τοὺς .. μιμητέον: 'womit wir uns so ausdrücken, wie es Sklaven zusteht'. Vgl. Med. 61 ὦ μῶρος, εἰ χρὴ δεσπότας εἰπεῖν τόδε, Hek. 1237 δεσπότας δ᾽ οὐ λοιδορῶ. Wenn der Diener sagt, daß er sich keiner schärferen Bezeichnung in Bezug auf den Sinn seines Herrn bedienen dürfe, so wird damit die Schuld

des Hippolytos den Zuschauern nachdrücklich zum Bewußtsein gebracht.
120. Vgl. Bacch. 1348 ὀργὰς πρέπει θεοὺς οὐχ ὁμοιοῦσθαι βροτοῖς.
121—170 Parodos. Der Chor motiviert sein Auftreten und führt das aufregende Moment der Handlung weiter aus durch die Schilderung der unglückseligen Stimmung der Phädra, deren Grund die Zuschauer kennen, der Chor aber zu erraten sucht.
121 f. Ὠκεανοῦ .. λέγεται, Okeanos' Wasser sprudelnder Fels heißt ein Ort, wo (125). Vgl. Hom. Il. 11, 757 Ἀλεισίου ἔνθα κολώνη κέκληται, Eur. Or. 331 ἵνα μεσόμφαλοι λέγονται μυχοί, Soph. Trach. 638 ἔνθ᾽ Ἑλλάνων ἀγοραὶ Πυλάτιδες κλέονται, Oed. T. 1451 ἔνθα κλήζεται οὑμὸς Κιθαιρών, Oed. K. 56 ὃν δ᾽ ἐπιστείβεις τόπον, χθονὸς καλεῖται τῆσδε χαλκόπους ὁδός. Okeanos war der Urquell alles Wassers (ἐξ οὗ περ πάντες ποταμοὶ καὶ πᾶσα θάλασσα καὶ πᾶσαι κρῆναι καὶ φρείατα μακρὰ νάουσιν Hom. Il. 21, 196).

βαπτὰν κάλπισι ῥυτὰν
παγὰν προϊεῖσα κρημνῶν,
ὅθι μοί τις ἦν φίλα,   125
πορφύρεα φάρη
ποταμίᾳ δρόσῳ
τέγγουσα, θερμᾶς δ' ἐπὶ νῶτα πέτρας
εὐαλίου κατέβαλλ'· ὅθεν μοι
πρῶτα φάτις ἦλθε δεσποίνας,   130

τειρομέναν νοσερᾶς   ˉantistr. 1.
αὐτὰν δέμας ἐντὸς ἔχειν
κοίτας, λεπτὰ δὲ φάρη
ξανθὰν κεφαλὰν σκιάζειν.
τριτάταν δέ νιν κλύω   135
τάνδ' ἀβρωσίᾳ
στόματος ἀμέραν
Δάματρος ἀκτᾶς δέμας ἁγνὸν ἴσχειν,
κρυπτῷ πάθει θανάτου θέλουσαν
κέλσαι ποτὶ τέρμα δύστανον.   140

---

123 f. laticem tam copiosum (ῥυτὰν), ut urnis aquam haurire potuerint ὑδροφόροι Troezeniae (Valcken.). — Die Notiz des Dionysodor bei dem Schol. περὶ τὴν Τροιζηνίαν τοιαύτη τίς ἐστι πέτρα, ἐξ ἧς τὸ καταφερόμενον ὕδωρ βάπτει τὰς ὑδρίας, ὡς Διονυσόδωρος ἐν τῷ περὶ ποταμῶν φησι ist unnötig zur Erklärung von βαπτὰν κάλπισι.

125. Vom Trocknen der Wäsche kommt der Chor Hel. 179 ff. her. Wegen solcher der Prosa des alltäglichen Lebens entnommenen Gedanken läßt Aristophanes Frö. 959 in ironischer Weise den Euripides den Realismus seiner Tragödie dem Idealismus des Aschylus gegenüber rühmen mit den Worten: οἰκεῖα πράγματ' εἰσάγων, οἷς χρώμεθ', οἷς ξύνεσμεν, wie ebd. 1339 κάλπισί τ' ἐκ ποταμῶν δρόσον ἄρατε, θέρμετε δ' ὕδωρ das Motiv der Wäsche verhöhnt wird.

126. πορφύρεα ist dreisilbig zu lesen.

129. ὅθεν, von welcher Seite (von der Freundin). Vgl. Kr. 1 66, 3, 2.

130. φάτις δεσποίνας wie φάτις εἶσιν ἀνδρῶν μνηστήρων Hom. Od. 23, 362 und sonst λόγος, μῦθος, βάξις, ἀγγελία, unten 858 ἐπιστολαί τινος. Kr. II 47, 7, 6.

131 ff. νοσερᾶς κοίτας wie 179 f. Zu δέμας ἐντὸς ἔχειν κοίτας vgl. εὐναία δέδεται 160.

135 ff. κλύω δέ νιν τάνδε τριτάταν ἀμέραν ἀβρωσίᾳ στόματος (indem der Mund keine Speise zu sich nimmt) ἴσχειν δέμας ἁγνὸν (rein, unberührt, mit Gen. wie 1003) ἀκτᾶς Δάματρος. Die homerische Form τριτάτος findet sich bei Aschylus und Sophokles nicht. Homerisch ist auch der Ausdruck Δάματρος ἀκτᾶς, vgl. Il. 13, 322 ὃς θνητός τ' εἴη καὶ ἔδοι Δημήτερος ἀκτήν. Eur. frgm. 884 ἐπεὶ τί δεῖ βροτοῖσι πλὴν δυοῖν μόνον, Δήμητρος ἀκτῆς πώματός θ' ὑδρηχόου;

139 f. θανάτου (gen. def.) τέρμα: zu Med. 920. — κέλσαι ποτὶ τέρμα: vgl. Äsch. Prom. 197 πᾷ ποτε τῶνδε πόνων χρή σε τέρμα κέλσαντ' ἐσιδεῖν.

οὐ γὰρ ἔνθεος, ὦ κούρα,   str. 2.
εἶτ’ ἐκ Πανὸς εἴθ’ Ἑκάτας
ἢ σεμνῶν Κορυβάντων
φοιτᾷς καὶ ματρὸς ὀρείας
οὐδ’ ἀμφὶ τὰν πολύθηρον   145
Δίκτυνναν ἀμπλακίαις
ἀνίερος ἀθύτων πελάνων τρύχῃ.
φοιτᾷ γὰρ καὶ διὰ λίμνας
χαροῦσ’ ὑπὲρ πελάγους
δίναις ἐν νοτίαις ἅλμας.   150

ἢ πόσιν, τὸν Ἐρεχθειδᾶν   antistr. 2.
ἀρχαγόν, τὸν εὐπατρίδαν,

141. γὰρ als Begründung zu κρυπτῷ πάθει. 'Denn du bist doch wohl nicht gestörten Sinnes, verzückt von Pan u. s. w., oder doch?' Diese Möglichkeit wird nicht ohne weiteres abgewiesen, daher nicht οὔτε .. οὔτε für εἴτε .. εἴτε. — Eine Anrede Abwesender auch unten 1181, Soph. Ai. 134 ff., 172, wo der Chor in ähnlicher Weise wie hier sich das auffallende Benehmen des Aias zu erklären sucht, Ant. 949, 987, Äsch. Ag. 83.

142. Über die lähmende und sinnbethörende Einwirkung des Pan vgl. zu Med. 1172, über das unheimliche, Geistesschwärmerei erregende Wesen der Hekate ebd. 397.

143 f. Über die Korybanten, welche im Dienste der Rhea Kybele (ματρὸς ὀρείας) durch rauschende Musik und orgiastische Tänze in schwärmerische Verzückung versetzten, vgl. Bacch. 120 ff. Die Korybanten im Dienste der Rhea Kybele wurden mit den Kureten im Dienste des kretischen Zeus identifiziert.

145 f. ἀμφὶ .. ἀμπλακίαις wie ἀμφὶ τάν .. Δίκτυνναν ἀμπλακοῦσα. — Diktynna, eine kretische Gottheit (vgl. Kallim. Hymn. Art. 189 ff.), als Jagdgöttin (οὐρεία Iph. T. 127) mit Artemis identifiziert.

147. ἀνίερος ἀθύτων πελάνων (der Unterlassung des Opferns eines Fladens, der nicht dargebracht worden, schuldig) giebt die Erklärung zu ἀμπλακίαις. Mit ἀνίε-

ρος ἀθύτων πελάνων vgl. ἄνοσος κακῶν ἐμῶν Iph. A. 982, ἄπεπλος φαρέων λευκῶν Phön. 324, ἀνίορτος ἱερῶν El. 310, ἄγαλκος ἀσπίδων Soph. Oed. T. 191, ἀψόφητος ὀξίων κωκυμάτων Ai. 321 u. a., Kr. I 47, 26, 10 u. II 47, 26, 9. Mit dem proleptischen ἀθύτων vgl. Med. 435 τᾶς ἀνάνδρου κοίτας ὀλέσασα λέκτρον, Äsch. Pers. 298 ἄνανδρον τάξιν ἠρήμου θανών, Soph. Ant. 881 τὸν δ’ ἐμὸν πότμον ἀδάκρυτον οὐδεὶς φίλων στενάζει.

148 ff. Diktynna wandelt auch über die See, schreitet über die Fläche auf den Wasserstrudeln der Salzflut dahin. Die Rache der kretischen Göttin kann also Phädra auch in Trözen erreichen. Vgl. Soph. Ant. 785 Ἔρως .. φοιτᾷς ὑπερπόντιος und die ähnliche Schilderung ebd. 335 καὶ πολιοῦ πέραν πόντου χειμερίῳ νότῳ χωρεῖ περιβρυχίοισιν περῶν ὑπ’ οἴδμασιν. — Λίμνη von dem Meere auch unten 744, Hek. 446, Tro. 442 nach dem homerischen ἥλιος δ’ ἀνόρουσε λιπὼν περικαλλέα λίμνην.

151. Eine andere Möglichkeit wäre Kummer über Untreue des Theseus (eine Erinnerung an den ersten Hipp., s. Einleitung S. 11) oder Schmerz infolge einer Trauerkunde aus der kretischen Heimat. — Über Ἐρεχθειδᾶι als dichterische Bezeichnung der Athener zu Med. 824.

152. εὐπατρίδης heißt Theseus

ποιμαίνει τις ἐν οἴκοις
κρυπτὰ κοίτα λεχέων σοῦ;
ἢ ναυβάτας τις ἔπλευσεν   155
Κρήτας ἔξορμος ἀνὴρ
λιμένα τὸν εὐξεινότατον ναύταις,
φάμαν πέμπων βασιλείᾳ,
λύπᾳ δ᾽ ὑπὲρ παθέων
εὐναία δέδεται ψυχᾶς;   160

φιλεῖ δὲ τᾷ δυστρόπῳ γυναικῶν   epod.
ἁρμονίᾳ κακᾷ δύστανος
ἀμηχανία συνοικεῖν
ὠδίνων τε καὶ ἀφροσύνας.
δι᾽ ἐμᾶς ἦξέν ποτε νηδύος ἅδ᾽ αὔρα·   165
τὰν δ᾽ εὔλοχον οὐρανίαν
τόξων μεδέουσαν αὔτευν

in besonderer Weise als erster von dem Stande der Eupatriden.

153. ποιμαίνει, βουκολεῖ, βόσκει, pascit. Vgl. Augenweide.

154. κρυπτή regiert den Gen. σοῦ wie κρύφα, ein vor dir geheimgehaltener Genufs des Lagers. Vgl. Soph. El. 159 κρυπτᾷ τ᾽ ἀχέων ἐν ἥβᾳ, (Äsch. Suppl. 301 κάκρυπτά γ᾽ Ἥρας ταῦτα τἀμπαλάγματα). Mit κοίτα λεχέων vgl. λέκτρων εὐναί Herc. 798 u. zu Med. 435.

155. Vgl. Hel. 1191 ἢ φάτιν τιν᾽ οἴκοθεν κλύουσα λύπῃ σὰς διέφθαρσαι φρένας;

156. Κρήτας ἔξορμος statt des einfachen ἐκ Κρήτης. Über diese Ausdrucksweise vgl. die zu δωμάτων ἐξάπιος Med. 624 gegebenen Beispiele und unten 935.

157. λιμένα τὸν εὐξεινοτάταν: der Bote von Kreta mufste Phädra zunächst in Athen suchen; es ist also, wie auch das Epitheton erkennen läfst, der Hafen von Athen gemeint.

159 f. λύπᾳ ψυχᾶς ὑπὲρ παθέων wie λυπούμενος ψυχὴν ὑπὲρ παθέων, vgl. 145 f. Über ὑπέρ in der Bedeutung 'über, halber, wegen' Kr. I 68, 28, 3. — εὐναία für ἐν ὑνῇ, vgl. Iph. T. 1424 παράκτιοι δραμεῖσθε, Hik. 93 βωμίαν ἐφημέ-

νην, Soph. Oed. T. 1411 θαλάσσιον ἐκρίψατε, Kr. II 57, 5, 2, Koch 71, 1, 1.

161. Das Nahen von Geburtswehen, meint der Chor, könnte auch der Grund der Verstimmung sein.

162. Der Begriff von ἁρμονία wird durch δύστροπος aufgehoben; δύστροπος ἁρμονία bedeutet die Störung in dem Wesen und der Natur des Weibes, die Verstimmung. Es tritt also an die Stelle des einfachen γυναικί ein Ausdruck, der gewissermafsen proleptisch die Folge dessen bezeichnet, was nachher ausgesagt wird.

163 f. ἀμηχανία ὠδίνων τε καὶ ἀφροσύνας, Hilflosigkeit in den wahnsinnigen Schmerzen der Geburtswehen.

165. αὔρα, schneidender Luftzug (Sturm).

166. εὔλοχον: Ἄρτεμις λοχία (Iph. T. 1097) oder λοχεία stand den Gebärenden hilfreich zur Seite. Vgl. Hor. carm. III 22, 2.

167. τόξων μεδέουσαν: schon bei Homer (Il. 11, 269) werden die Wehen als ὀξὺ βέλος der μογοστόκοι εἰλείθυιαι bezeichnet und nach dem Schol. hiefs es von der Frau, die in den Wehen starb, sie sei

['Ἄρτεμιν], καί μοι πολυζήλωτος αἰεὶ
σὺν θεοῖσι φοιτᾷ.

ἀλλ' ἥδε τροφὸς γεραιὰ πρὸ θυρῶν   170
τήνδε κομίζουσ' ἔξω μελάθρων·
στυγνὸν δ' ὀφρύων νέφος αὐξάνεται.
τί ποτ' ἔστι, μαθεῖν ἔραται ψυχά,
τί δεδήληται
δέμας ἀλλόχροον βασιλείας.   175

ΤΡΟΦΟΣ.

ὦ κακὰ θνητῶν στυγεραί ετ νόσοι.
τί σ' ἐγὼ δράσω; τί δὲ μὴ δράσω;
τόδε σοι φέγγος, λαμπρὸς ὅδ' αἰθήρ·
ἔξω δὲ δόμων ἤδη νοσερᾶς
δέμνια κοίτης.   180
δεῦρο γὰρ ἐλθεῖν πᾶν ἔπος ἦν σοι·
τάχα δ' εἰς θαλάμους σπεύσεις τὸ πάλιν.

von den Geschossen der erzürnten Artemis getroffen worden. Der Chor will also sagen: 'ich dachte daran, daß Artemis mit ihren Pfeilen treffen könne, und flehte um ihre Huld.' μεδέουσα auch Or. 1690 (θαλάσσης). Diesem epischen Worte entspricht die Vernachlässigung des Augments und die jonische Kontraktion in dem gleichfalls bloß poetischen Verbum ἀντεῖν. Vgl. zu Med. 422.

168 f. 'und mir immerdar vielgepriesen wandelt sie unter den Göttern', Wirkung statt der Ursache ('und sie half mir').

170—524 erstes Epeisodion. Die Handlung beginnt damit, daß Phädra zum Geständnis ihrer Liebe gebracht wird. Damit ist die Grenze keuscher Scham überschritten und während der Kampf gegen die Leidenschaft unter dem Einfluß der verführenden Rede der Amme immer schwächer wird, sinnt diese auf Mittel, die Leidenschaft zu befriedigen. — Für die Illusion bringt die Amme mit Hilfe anderer Dienerinnen das Bett, auf welchem Phädra (verschleiert vgl. 201) liegt, vor das Haus. In Wirklichkeit wird der Boden, auf welchem das Bett und die am Bett beschäftigten Personen stehen, durch eine Maschinerie (Ekkyklema) hervorgerollt. Schol. τοῦτο σεσημείωται τῷ Ἀριστοφάνει, ὅτι καίτοι τῷ ἐκκυκλήματι χρώμενος τὸ ἐκκομίζουσα προσέθηκεν περισσῶς. Der Dichter will eben die Illusion festhalten.

170. ἥδε, scil. ἐστίν. In γεραιά ist αι verkürzt, wie in γεραιᾶς Hek. 64 u. a., hie und da in δείλαιος, παλαιός, οι in τοιοῦτος, ποιεῖν (vgl. Krüg. II 3, 3, 1). Wie für Πειραιεύς auch die Form Πειραεύς, für ποιεῖν auch ποεῖν gefunden wird, so hat man γεραά zu lesen, wie es vielleicht ursprünglich auch geschrieben war.

172. Das düstere Aussehen des Gesichts erweckt die Vorstellung einer sich zusammenballenden schwarzen Wolke. Vgl. Äsch. Prom. 150 δνοφερὰ δ' ἐμοῖσιν ὅσσοις ὁμίχλα προσῇξε, Soph. Ant. 528 νεφέλη δ' ὀφρύων ὕπερ αἱματόεν ῥέθος αἰσχύνει.

178. τόδε σοι φέγγος d. i. da hast du das Licht, nach welchem du verlangtest. Vgl. fr. 446 Einl. S. 11.

181. πᾶν ἔπος ἦν σοι, du sprachst von nichts anderem als.

ταχὺ δ' ἀσχάλλεις κοὐδενὶ χαίρεις,
οὐδέ σ' ἀρέσκει τὸ παρόν, τὸ δ' ἀπὸν
φίλτερον ἡγῇ. 186

κρεῖσσον δὲ νοσεῖν ἢ θεραπεύειν·
τὸ μέν ἐστιν ἁπλοῦν, τῷ δὲ συνάπτει
λύπη τε φρενῶν χερσίν τε πόνος.
πᾶς δ' ὀδυνηρὸς βίος ἀνθρώπων,
κοὐκ ἔστι πόνων ἀνάπαυσις. 190
ἀλλ' ὅ τι τοῦ ζῆν φίλτερον ἄλλο
σκότος ἀμπίσχων κρύπτει νεφέλαις.
δυσέρωτες δὴ φαινόμεθ' ὄντες
τοῦδ' ὅ τι τοῦτο στίλβει κατὰ γῆν,
δι' ἀπειροσύνην ἄλλου βιότου 196
κοὐκ ἀπόδειξιν τῶν ὑπὸ γαίας·
μύθοις δ' ἄλλως φερόμεσθα.

ΦΑΙΔΡΑ.

ἄρατέ μου δέμας, ὀρθοῦτε κάρα·
λέλυμαι μελέων σύνδεσμα, φίλαι.
λάβετ' εὐπήχεις χεῖρας, πρόπολοι. 200

183. ἀσχάλλεις, du wirst widerwärtig.
187. συνάπτει intransitiv (haftet
an). So auch Hik. 1014, Äsch.
Pers. 890, προσῆψεν Soph. fr. 348.
188. χερσίν (für die Hände) zur
Abwechslung statt χειρῶν.
189 ff. Über die philosophischen
Reflexionen im Munde der Amme
hier u. 252 ff. vgl. zu Med. 119.
191. Ähnliche Gedanken über
das Dasein im Jenseits, das wahre
Leben, während das jetzige Leben
Sterben sei, frg. 830 τίς δ' οἶδεν
εἰ ζῆν τοῦθ' ὃ κέκληται θανεῖν,
τὸ ζῆν δὲ θνήσκειν ἐστί; oder 639
τίς δ' οἶδεν εἰ τὸ ζῆν μέν ἐστι
κατθανεῖν, τὸ κατθανεῖν δὲ ζῆν
κάτω νομίζεται.
193. δυσέρωτες: vgl. frg. 813 ὦ
φιλόζωοι βροτοί, οἳ τὴν ἐπιστείχου-
σαν ἡμέραν ἰδεῖν ποθεῖτ' ἔχοντες
μυρίων ἄχθος κακῶν· οὕτως ἔρως
βροτοῖσιν ἔγκειται βίου. τὸ ζῆν
γὰρ ἴσμεν, τοῦ θανεῖν δ' ἀπειρίᾳ
πᾶς τις φοβεῖται φῶς λιπεῖν τόδ'
ἡλίου.
194. ὅ τι τοῦτο στίλβει, was auch

immer das sein mag, was da glänzt.
Vgl. Iph. T. 340 ὅστις ποτὲ .. ἦλθεν, 350 οἵτινές ποθ' ἥκετε. Wir
haben eine blinde Liebe (δυσέρωτες)
zu dem Lichtglanz der Oberwelt,
was es auch immer sein mag (Licht
oder vielmehr Dunkelheit).
196. οὐκ ἀπόδειξιν bildet einen
Begriff (οὐκ tritt an die Stelle des
α privat.). Vgl. Bacch. 1288 ἐν οὐ
καιρῷ (Unzeit) πάρει, Aristoph.
Ekkl. 115 ἡ μὴ 'μπειρία, öfter bei
Thuk. z. B. I 137 τὴν τῶν γεφυ-
ρῶν οὐ διάλυσιν, ähnlich Lucr. II
929 scire licet gigni posse ex non
sensibus sensus.
197. Darüber haben wir nur
schwankende und trügerische (ἄλλως, μάτην) Überlieferungen.
198. ἄρατε, richtet auf (momentan). — ὀρθοῦτε, haltet aufrecht
und stützet (fortdauernd).
199. λέλυμαι μελέων σύνδεσμα:
Kr. I 52, 4, 2. Koch 93, 1, 4.
200. εὐπήχεις χεῖρας wie δεξιᾶς
εὐωλένου 605, κακοτυχεῖς πότμοι
669: über diese Redeweise, welche
Fülle und Färbung des Stils be-

βαρύ μοι κεφαλᾶς ἐπίκρανον ἔχειν·
ἄφελ᾽, ἀμπέτασον βόστρυχον ὤμοις.

ΤΡ. θάρσει, τέκνον, καὶ μὴ χαλεπῶς
μετάβαλλε δέμας.
ῥᾷον δὲ νόσον μετά θ᾽ ἡσυχίας   205
καὶ γενναίου λήματος οἴσεις·
μοχθεῖν δὲ βροτοῖσιν ἀνάγκη.

ΦΑΙ. αἰαῖ·
πῶς ἂν δροσερᾶς ἀπὸ κρηνῖδος
καθαρῶν ὑδάτων πῶμ᾽ ἀρυσαίμαν,
ὑπό τ᾽ αἰγείροις ἔν τε κομήτῃ   210
λειμῶνι κλιθεῖσ᾽ ἀναπαυσαίμαν;

ΤΡ. τί ποτ᾽, ὦ τέκνον, τάδε κηραίνεις;   223
[τί κυνηγεσίων καὶ σοὶ μελέτη;]
τί δὲ κρηναίων νασμῶν ἔρασαι;   225
πάρα γὰρ δροσερὰ πύργοις συνεχὴς
κλιτύς, ὅθεν σοι πῶμα γένοιτ᾽ ἄν.   227

ΦΑΙ. πέμπετέ μ᾽ εἰς ὄρος· εἶμι πρὸς ὕλαν   215
καὶ παρὰ πεύκας, ἵνα θηροφόνοι
στείβουσι κύνες

---

zweckt, vgl. Bacch. 1206 *λευκοπή-
χεσι χειρῶν ἀκμαῖσι* und die zu
εὔδειπνοι δαῖτες Med. 200 und *λευ-
κοτρίχων πλοκάμων* Bacch. 112 angeführten Beispiele.
201. *βαρύ*, drückend, lästig. —
Über die dorischen Formen in den
Anapästen der Phädra im Gegensatz zu denen der Amme s. zu Med.
96 f. — *ἐπίκρανον*, eine Art Schleier
(*κρήδεμνον*), um den Kopf gebunden,
um die Haare zusammenzuhalten
wie die Mitra (Hek. 923 *ἐγὼ δὲ
πλόκαμον ἀναδέτοις μίτραισιν ἐρ-
ρυθμιζόμαν*).
203. *χαλεπῶς*, ungeduldig.
207. Vgl. frg. 37 *μοχθεῖν ἀνάγκη·
τὰς δὲ δαιμόνων τύχας ὅστις φέρει
κάλλιστ᾽, ἀνὴρ οὗτος σοφός*, 719
*μοχθεῖν ἀνάγκη τοὺς θέλοντας
εὐτυχεῖν*, C. Inscr. 4310 und 4379
*μοχθεῖν ἀνάγκη· μεταβολὴ δ᾽ ἔσται
καλή*.
208. *πῶς ἄν*: über diese bei den
Tragikern, besonders Euripides,
häufige Form des Wunsches zu Med.

97. Dicebat ista Phaedra, dum
furtivus ignis venas populabatur
(Valcken.). Die wechselnden Wünsche malen die krankhafte, senti-
mentale Stimmung der von Sehn-
sucht gequälten Seele. Vgl. zu 215.
223. *τάδε* (Acc. des Inhalts) *κηραίνεις*, hast solche Sorgen, als ob
ein solches Verlangen nicht gleich
befriedigt werden könnte.
224. *καὶ σοί*, d. i. das besorgen
schon andere.
226. *πύργοις συνεχής*, in Zusammenhang mit dem Palaste.
215. *πέμπετε*, geleitet. Vgl. zu
Iph. T. 1130. — Schol. *εἰς ὄρος
βούλεται προπέμπεσθαι πρὸς θέαν
τοῦ ἐρωμένου, κυνηγετεῖν τε ἐπι-
θυμεῖ πρὸς συνομιλίαν τοῦ ποθουμένου*. Ovid. Her. IV 41 schreibt
Phädra an Hippolyt: in nemus ire
libet, pressisque in retia cervis
Hortari celeris per iuga summa
canes, Aut tremulum excusso ia-
culum vibrare lacerto, Aut in gra-
mina ponere corpus humo.

βαλιαῖς ἐλάφοις ἐγχριμπτόμεναι·
πρὸς θεῶν, ἔραμαι κυσὶ θωΰξαι
καὶ παρὰ χαίταν ξανθὰν ῥῖψαι					220
Θεσσαλὸν ὅρπακ᾿, ἐπίλογχον ἔχουσ᾿
ἐν χειρὶ βέλος.

ΤΡ.	ὦ παῖ, τί θροεῖς;									212
	οὐ μὴ παρ᾿ ὄχλῳ τάδε γηρύσῃ
	μανίας ἔποχον ῥίπτουσα λόγον;					214

ΦΑΙ.	δέσποιν᾿ ὁμαλᾶς Ἄρτεμι Λίμνας				228
	καὶ γυμνασίων τῶν ἱπποκρότων,
	εἴθε γενοίμαν ἐν σοῖς δαπέδοις,					230
	πώλους Ἐνέτας δαμαλιζομένα.

ΤΡ.	τί τόδ᾿ αὖ παράφρων ἔρριψας ἔπος;
	νῦν δὴ μὲν ὄρος βᾶσ᾿ ἐπὶ θήρας
	πόθον ἐστέλλου, νῦν δ᾿ αὖ ψαμάθοις

---

219. θωύσσειν ist das eigentliche Wort für den hellen Jägerruf.

220. παρὰ χαίταν: vgl. Verg. Aen. IX 417 ecce aliud summa telum vibrabat ab aure.

221. Schol. Θεσσαλῶν γὰρ εὕρεμα τὸ δόρυ. Vgl. Bacch. 1205 ἀγκυλητοῖς Θεσσαλῶν στοχάσμασιν von den Wurfspießen, welche man mit Riemen schleuderte, um ihnen mehr Schwungkraft zu geben. ἐπίλογχον βέλος, praefixum cuspide telum. Vgl. Sen. Phaedr. 396 laeva se pharetrae dabit, hastile vibret dextra Thessalicum manus.

222. βέλος ist vor ὦ als Jambus gebraucht. Diese Verletzung der συνάφεια ist durch den Personenwechsel entschuldigt wie Med. 1396.

213. οὐ μή: Kr. I 53, 7, 5. Koch 130. 10 b. (οὐ μὴ γράψεις; wirst du es nicht unterlassen zu schreiben?)

214. ἔποχον μανίας (auf der Bahn des Wahnsinns fahrend) wie εὐσεβίας ἐπιβαίνοντες Soph. O. K. 189, δόξης ἐπιβάντες Phil. 1463, vgl. Hom. Od. 22, 424 ἀναιδείης ἐπέβησαν, 23, 13 σαοφροσύνης ἐπέβησαν.

228. Λίμνη hieß in Trözen eine Gegend, wo ein Gymnasion und ein Stadion war, der Ἄρτεμις Λιμνᾶτις geweiht. Vgl. 1132. Artemis heißt bei Pindar Ol. III 47 Λατοῦς ἱπποσόα θυγάτηρ. — ὁμαλᾶς wie Hom. Il. 23, 330 λεῖος ἱππόδρομος.

229. Vgl. Hel. 207 ἱππόκροτα λέλοιπε δάπεδα γυμνάσιά τε δονακόεντος Εὐρώτα, νεανιᾶν πόνον.

231. Ἐνέτας: vgl. 1131. Die Rosse vom Lande der Veneter am Adriatischen Meere waren gefeierte Rennpferde (Hesych. citiert aus einem dorischen Dichter die Worte Ἐνετίδος πώλω στηφανηφόρω). Übrigens siegte zum ersten Male mit venetischen Rossen der Lakedämonier Leon Ol. 85, weshalb der Schol. von einem Anachronismus spricht.

233 f. (εἰς) ὄρος βᾶσα ist dem Gedanken nach dem ἐπὶ θήρας πόθον untergeordnet, wie wenn es hieße: ὄρος βᾶσα θηρᾶσαι ἐπόθεις ('eben noch nach der Höhe hinaus zu des Jagens Lust trieb es dich fort'). — πώλων ἐπ᾿ ἀκυμάντοις ψαμάθοις ἔρασαι kurz wie Phön. 333 ἀνῆξε .. ἐπ᾿ αὐτόχειρά τε σφαγὰν ὑπὲρ τέραμνά τ᾿ ἀγχόνας, vgl. zu Med. 135. — Weil ψαμάθοι das sandige Meerufer bezeichnet, wird durch ἀκυμάντοις davon die Sandfläche des Stadion unterschieden, ähnlich wie Äschylus (Sieb. 64) von einem κῦμα χερσαῖον στρατοῦ spricht.

ἐπ᾽ ἀκυμάντοις πώλων ἔρασαι.   235
τάδε μαντείας ἄξια πολλῆς,
ὅστις σε θεῶν ἀνασειράζει
καὶ παρακόπτει φρένας, ὦ παῖ.

ΦΑΙ. δύστανος ἐγώ, τί ποτ᾽ εἰργασάμαν;
ποῖ παρεπλάγχθην γνώμας ἀγαθᾶς;   240
ἐμάνην, ἔπεσον δαίμονος ἄτᾳ.
φεῦ φεῦ, τλάμων.

μαῖα, πάλιν μου κρύψον κεφαλάν·
αἰδούμεθα γὰρ τὰ λελεγμένα μοι.
κρύπτε· κατ᾽ ὄσσων δάκρυ μοι βαίνει,   245
καὶ ἐπ᾽ αἰσχύνην ὄμμα τέτραπται.
τὸ γὰρ ὀρθοῦσθαι γνώμην ὀδυνᾷ,
τὸ δὲ μαινόμενον κακόν· ἀλλὰ κρατεῖ
μὴ γιγνώσκοντ᾽ ἀπολέσθαι.

ΤΡ. κρύπτω· τὸ δ᾽ ἐμὸν πότε δὴ θάνατος   250
σῶμα καλύψει;

πολλὰ διδάσκει μ᾽ ὁ πολὺς βίοτος.
χρῆν γὰρ μετρίας εἰς ἀλλήλους

---

236. D. i. das ist schwer zu erraten.

237. ἀνασειράξει: Schol. ἀπὸ μεταφορᾶς τῶν ταῖς σειραῖς ἀνακρουομένων ἵππων καὶ τοῦ εὐθέος δρόμου παρεκβαλλομένων.

243. κρύψον: zu 473.

244. αἰδούμεθα .. μοι, Plural ueben Singular, wie Iph. A. 833 ἐγώ σοι δεξιάν; αἰδοίμεθ᾽ ἄν. Vgl. zu Iph. T. 349.

248. τὸ μαινόμενον, τὸ μανιῶδες, wie Hek. 299 τὸ θυμούμενον, bei Thuk. τὸ ὀργιζόμενον, τὸ βουλόμενον, unten 696 τὸ δάκνον, Kr. I 48, 4, 28.

248 f. κρατεῖ, κρεῖσσόν ἐστι. — μὴ .. ἀπολέσθαι, unwissentlich dem Unheil zu verfallen d. i. von seinem Unglück kein Bewußtsein zu haben. Zum Gedanken vgl. frg. 204 τὸ μὴ εἰδέναι γὰρ ἡδονὴν ἔχει τινὰ νοσοῦντα, κέρδος δ᾽ ἐν κακοῖς ἀγνωσία, Bacch. 1259 ff., Soph. Ai. 269 ff., Hor. epist. II 2 126 praetulerim scriptor delirus inersque videri, dum mea delectent mala me vel denique fallant, quam sa-

pere et ringi, Wieland 'ein Wahn, der mich beglückt, ist eine Wahrheit wert, die mich zu Boden drückt'.

252. ὁ πολὺς βίοτος, das lange Leben, das zunehmende Alter. Vgl. Asch. Pro. 449 τὸν μακρὸν βίον ἔφυρον εἰκῇ πάντα, Soph. O. T. 518 οὔτοι βίου μοι τοῦ μακραίωνος πόθος, Ai. 473 αἰσχρὸν γὰρ ἄνδρα τοῦ μακροῦ χρῄζειν βίου.

253. Die folgenden egoistischen Reflexionen bekämpft Cicero de amic. XIII 45: quibusdam, quos audis sapientes habitos in Graecia, placuisse opinor mirabilia quaedam, partim fugiendas nimias amicitias, ne necesse sit unum sollicitum esse pro pluribus (ὑπὲρ δισσῶν μίαν ὠδίνειν ψυχήν 258); satis superque esse sibi suarum cuique rerum; alienis nimis implicari molestum esse; commodissimum esse quam laxissimas habenas habere amicitiae, quas vel adducas cum velis vel remittas; caput enim esse ad beate vivendum securitatem, qua frui non possit animus si tam-

φιλίας θνητοὺς ἀνακίρνασθαι
πρὸς ἄκρον καὶ μὴ μυελὸν ψυχῆς,   255
εὔλυτα δ᾽ εἶναι στέργηθρα φρενῶν
ἀπό τ᾽ ὤσασθαι καὶ ξυντεῖναι.
τὸ δ᾽ ὑπὲρ δισσῶν μίαν ὠδίνειν
ψυχὴν χαλεπὸν βάρος, ὡς κἀγὼ
τῆσδ᾽ ὑπεραλγῶ.   260
βιότου δ᾽ ἀτρεκεῖς ἐπιτηδεύσεις
φημὶ σφάλλειν πλέον ἢ τέρπειν
τῇ θ᾽ ὑγιείᾳ μᾶλλον πολεμεῖν.
οὕτω τὸ λίαν ἧσσον ἐπαινῶ
τοῦ μηδὲν ἄγαν·   265
καὶ ξυμφήσουσι σοφοί μοι.

ΧΟ.   γύναι γεραιά, βασιλίδος πιστὴ τροφέ,
Φαίδρας ὁρῶμεν τάσδε δυστήνους τύχας,

quam parturiat (ὠδίνειν 258) unus pro pluribus etc.

254. ἀνακίρνασθαι wie Herod. IV 152 φιλίαι συνεκρήθησαν, VII 151 φιλίην συνεκεράσαντο.

255. πρὸς ἄκρον καὶ μὴ (πρὸς) μ. ψ., so daß es nur die Oberfläche berührt und nicht bis zum Marke der Seele dringt. Schol. τροπικῶς δὲ εἶπεν, ὡς ἐπὶ σώματος καὶ ὀστέου, τὸ βάθος τῆς ψυχῆς. Zu πρὸς ἄκρον vgl. Hek. 242 old᾽· οὐ γὰρ ἄκρας καρδίας ἔψαυσέ μου.

256 f. στέργηθρα, Bann der Liebe. Die Infin. ἀπώσασθαι und ξυντεῖναι stehen konsekutiv zu εὔλυτα. Wie Plutarch περὶ πολυφιλίας p. 95 E (VI 24) καθάπερ πόδα νεὼς hinzufügt, so schwebt hier die Vorstellung von der Schote des Schiffes vor, welche leicht lösbar sein muß, um je nach dem Stande des Windes das Segel mehr oder weniger straff anzuziehen. — Zum Gedanken vgl. Soph. Ai. 679 ὅ τ᾽ ἐχθρὸς ἡμῖν ἐς τοσόνδ᾽ ἐχθαρτέος ὡς καὶ φιλήσων αὖθις, ἔς τε τὸν φίλον τοσαῦθ᾽ ὑπουργεῖν ὠφελεῖν βουλήσομαι ὡς αἰὲν οὐ μενοῦντα, Cicero de amic. § 59 negabat (Scipio) ullam vocem inimiciorem amicitiae potuisse reperiri quam eius, qui dixisset ita amare oportere ut si aliquando esset osurus; nec vero se adduci posse ut hoc, quemadmodum putaretur, a Biante esse dictum crederet, qui sapiens habitus esset unus e septem; impuri cuiusdam aut ambitiosi aut omnia ad suam potentiam revocantis esse sententiam.

258. Vgl. Alk. 882 ζηλῶ δ᾽ ἀγάμους ἀτέκνους τε βροτῶν· μία γὰρ ψυχή, τῆς ὑπεραλγεῖν μέτριον ἄχθος.

261 ff. 'Das Beste ist der Feind des Guten.' 'Man muß nicht mit dem Kopf durch die Wand wollen.'

263. ὑγιείᾳ, der leiblichen, noch mehr der geistigen Gesundheit (ὑγίεια φρενῶν Aesch. Eum. 538). μᾶλλον πολεμεῖν scil. ἢ συμφέρειν.

265 f. Der Spruch μηδὲν ἄγαν wurde bald dem Chilon, bald einem anderen der sieben Weisen (deshalb καὶ ξυμφήσουσι σοφοί μοι) beigelegt. Der Schol. citiert eine Stelle des Pindar (fr. 235): σοφοὶ δὲ καὶ τὸ μηδὲν ἄγαν ἔπος αἴνησαν περισσῶς. Vgl. Palladas Anthol. II 48, 1 μηδὲν ἄγαν τῶν ἑπτὰ σοφῶν ὁ σοφώτατος εἶπεν.

267. Die Unterredung über die gegenwärtige Phädra ist nicht ungeeignet, da Phädra verhüllt ist (250). Bei 288 enthüllt die Amme sie wieder.

ἄσημα δ' ἡμῖν ἥτις ἐστὶν ἡ νόσος·
σοῦ δ' ἂν πυθέσθαι καὶ κλύειν βουλοίμεθ' ἄν. 270

ΤΡ. οὐκ οἶδ' ἐλέγχουσ'· οὐ γὰρ ἐννέπειν θέλει.

ΧΟ. οὐδ' ἥτις ἀρχὴ τῶνδε πημάτων ἔφυ;

ΤΡ. εἰς ταὐτὸν ἥκει· πάντα γὰρ σιγᾷ τάδε.

ΧΟ. ὡς ἀσθενεῖ τε καὶ κατέξανται δέμας.

ΤΡ. πῶς δ' οὔ, τριταίαν γ' οὖσ' ἄσιτος ἡμέραν; 275

ΧΟ. πότερον ὑπ' ἄτης ἢ θανεῖν πειρωμένη;

ΤΡ. θανεῖν· ἀσιτεῖ δ' εἰς ἀπόστασιν βίου.

ΧΟ. θαυμαστὸν εἶπας, εἰ τάδ' ἐξαρκεῖ πόσει.

ΤΡ. κρύπτει γὰρ ἥδε πῆμα κοὔ φησιν νοσεῖν.

ΧΟ. ὁ δ' εἰς πρόσωπον οὐ τεκμαίρεται βλέπων; 280

ΤΡ. ἔκδημος ὢν γὰρ τῆσδε τυγχάνει χθονός.

ΧΟ. σὺ δ' οὐκ ἀνάγκην προσφέρεις, πειρωμένη
νόσον πυθέσθαι τῆσδε καὶ πλάνον φρενῶν;

ΤΡ. εἰς πᾶν ἀφῖγμαι κοὐδὲν εἴργασμαι πλέον·
οὐ μὴν ἀνήσω γ' οὐδὲ νῦν προθυμίας, 285
ὡς ἂν παροῦσα καὶ σύ μοι ξυμμαρτυρῇς
οἷα πέφυκα δυστυχοῦσι δεσπόταις.

ἄγ', ὦ φίλη παῖ, τῶν πάροιθε μὲν λόγων
λαθώμεθ' ἄμφω, καὶ σύ θ' ἡδίων γενοῦ
στυγνὴν ὀφρὺν λύσασα καὶ γνώμης ὁδόν, 290

269. ἄσημα dichterisch für ἄση-μον wie 854, 371. Kr. II 44, 3, 9.
271. ἐλέγχουσα, ἀνακρίνουσα, trotz peinlichen Verhörs.
272. Vgl. Soph. Ai. 282 τίς γὰρ ποτ' ἀρχὴ τοῦ κακοῦ προσέπτατο.
273. εἰς ταὐτὸν ἥκει, sie stimmt mit sich überein, sie bleibt sich gleich. Vgl. Hek. 747 εἴ τοί με βούλει τῶνδε μηδὲν εἰδέναι, εἰς ταὐτὸν ἥκεις· καὶ γὰρ οὐδ' ἐγὼ κλύειν.
274. κατέξανται: zu Med. 1030. — δέμας: Kr. I 52, 4, 2. Koch 93, 1, 4.
275. τριταίαν ἡμέραν wie Hek. 32 τριταῖον φέγγος.
276. ὑπ' ἄτης, infolge von Verblendung (Sinnesbethörung).
277. θανεῖν würde passender in der Erwiderung sein, wenn statt ὑπ' ἄτης ein von πειρωμένη abhängiger Infinitiv stünde. Vgl. den Anhang.

278. ἐξαρκεῖ, sich das gern gefallen läſst d. h. nicht entschiedenen Einspruch erhebt.
281. Schol. εἰς Πυθίαν ἦν θεωρός, vgl. 792. — Die Form wie Bacch. 215 ἔκδημος ὢν μὲν τῆσδ' ἐτύγχανον χθονός.
284. εἰς πᾶν ἀφῖγμαι: vgl. Soph. O. T. 265 κἀπὶ πᾶν ἀφίξομαι. Zu κοὐδὲν εἴργασμαι πλέον (nec quidquam profeci) vgl. Iph. A. 1373 καὶ πλέον πράξομεν οὐδέν, Soph. O. T. 918 οὐδὲν ἐς πλέον ποιῶ, Plat. Apol. p. 19 A πλέον τί με ποιῆσαι ἀπολογούμενον.
287. δεσπόταις: dem verallgemeinernden Plural entspricht das Mask., bei welchem der Unterschied des Geschlechts nicht hervorgehoben wird (Herrschaft). Vgl. νέοι θανόντες 798 und zu Med. 61.
290. λύσασα: vgl. Hor. carm. III 29, 16 sollicitam explicuere fron-

ἐγώ θ' ὅπη σοι μὴ καλῶς τόθ' εἰπόμην
μεθεῖσ' ἐπ' ἄλλον εἶμι βελτίω λόγον.

κεἰ μὲν νοσεῖς τι τῶν ἀπορρήτων κακῶν,
γυναῖκες αἵδε συγκαθιστάναι νόσον·
εἰ δ' ἐκφορός σοι συμφορὰ πρὸς ἄρσενας,   295
λέγ', ὡς ἰατροῖς πρᾶγμα μηνυθῇ τόδε.

εἶεν· τί σιγᾷς; οὐκ ἐχρῆν σιγᾶν, τέκνον,
ἀλλ' ἤ μ' ἐλέγχειν, εἴ τι μὴ καλῶς λέγω,
ἢ τοῖσιν εὖ λεχθεῖσι συγχωρεῖν λόγοις.
φθέγξαι τι, δεῦρ' ἄθρησον. — ὦ τάλαιν' ἐγώ. —   300
γυναῖκες, ἄλλως τούσδε μοχθοῦμεν πόνους,
ἴσον δ' ἄπεσμεν τῷ πρίν· οὔτε γὰρ τότε
λόγοις ἐτέγγεθ' ἥδε νῦν τ' οὐ πείθεται.

ἀλλ' ἴσθι μέντοι (πρὸς τάδ' αὐθαδεστέρα
γίγνου θαλάσσης)· εἰ θάνῃ, προδοῦσα σοὺς   305
παῖδας πατρῴων μὴ μεθέξοντας δόμων,
μὰ τὴν ἄνασσαν ἱππίαν Ἀμαζόνα,
ἢ σοῖς τέκνοισι δεσπότην ἐγείνατο,

tem. — λῦσαι (laxare) γνώμης ὁδόν, des Denkens Gang lüften d. i. mitteilsam werden und nicht den Sinn fest verschlossen halten. Mit γνώμης ὁδόν vgl. 390, Hek. 744 ἐξιστορῆσαι σῶν ὁδὸν βουλευμάτων.

291 f. εἰπόμην σοι, der Richtung deiner Gedanken nachging. Das Objekt zu μεθεῖσα bildet der Relativsatz ὅπη .. εἰπόμην, 'von der Weise .. lassend'.

294. αἵδε mit Infin. (sind da, um zu) wie Hom. Π. 9, 688 εἰσὶ καὶ οἵδε τάδ' εἰπέμεν, 19, 140 δῶρα δ' ἐγὼν ὅδε πάντα παρασχέμεν. Vgl. auch Or. 1472 ποῦ δῆτ' ἀμύνειν οἱ κατὰ στέγας Φρύγες; Kr. II 55, 3, 7.

297. εἶεν dient oft wie εἶα, wovon es eine Nebenform ist, die Aufmerksamkeit zu erregen. — οὐκ ἐχρῆν, vorwurfsvoller als οὐ χρή, weil der Gegensatz der Wirklichkeit betont wird.

302. ἴσον τῷ πρίν: vgl. Soph. Trach. 322 τῷ γε πρόσθεν οὐδὲν ἐξ ἴσου χρόνῳ. — οὔτε .. τε οὐ, wie Herakl. 605, Tro. 487, Asch.

Prom. 185, Soph. Ant. 763, Thuk. I 126.

303. ἐτέγγετο, ἐμαλάσσετο. Schol. Vgl. Äsch. Prom. 1040 τέγγῃ γὰρ οὐδὲν οὐδὲ μαλθάσσῃ λιταῖς und ἄτεγκτος Soph. O. T. 386.

304 ff. ἴσθι, 'höre was ich dir sage (magst du darauf hin zurückhaltender und unempfindlicher sein als das Meer d. i. ich will sehen, ob die Worte, die du zu hören bekommen sollst, deiner Unempfindlichkeit nicht ein Ende machen): wenn du' u. s. w. Der mit μὰ τὴν ἄνασσαν beginnende Nachsatz kommt nicht zum Abschluß, weil die Amme unterbrochen wird. — πρὸς τάδε: vgl. zu πρὸς ταῦτα Med. 1358. αὐθαδεστέρα θαλάσσης: über die Unempfindlichkeit der Meereswoge vgl. die zu Med. 28 ὡς δὲ πέτρος ἢ θαλάσσιος κλύδων ἀκούει νουθετουμένη φίλων angeführten Beispiele.

306. μὴ μεθέξοντας: die unter solchen Umständen von der Herrschaft werden verdrängt werden.

307. Schol. πρὸς πλείονα ἐρεθισμὸν κατ' ἐκείνης ὄμνυσιν.

νόθον φρονοῦντα γνήσι’, οἶσθά νιν καλῶς,
Ἱππόλυτον — ΦΑΙ. οἴμοι. ΤΡ. θιγγάνει σέθεν τόδε; 810

ΦΑΙ. ἀπώλεσάς με, μαῖα, καί σε πρὸς θεῶν
τοῦδ’ ἀνδρὸς αὖθις λίσσομαι σιγᾶν πέρι.

ΤΡ. ὁρᾷς; φρονεῖς μὲν εὖ, φρονοῦσα δ’ οὐ θέλεις
παῖδάς τ’ ὀνῆσαι καὶ σὸν ἐκσῶσαι βίον.

ΦΑΙ. φιλῶ τέκν’· ἄλλῃ δ’ ἐν τύχῃ χειμάζομαι. 815

ΤΡ. ἁγνὰς μέν, ὦ παῖ, χεῖρας αἵματος φορεῖς;

ΦΑΙ. χεῖρες μὲν ἁγναί, φρὴν δ’ ἔχει μίασμά τι.

ΤΡ. μῶν ἐξ ἐπακτοῦ πημονῆς ἐχθρῶν τινος;

ΦΑΙ. φίλος μ’ ἀπόλλυσ’ οὐχ ἑκοῦσαν οὐχ ἑκών.

ΤΡ. Θησεύς τιν’ ἡμάρτηκεν εἰς σ’ ἁμαρτίαν; 320

ΦΑΙ. μὴ δρῶσ’ ἔγωγ’ ἐκεῖνον ὀφθείην κακῶς.

ΤΡ. τί γὰρ τὸ δεινὸν τοῦθ’ ὅ σ’ ἐξαίρει θανεῖν;

ΦΑΙ. ἔα μ’ ἁμαρτεῖν· οὐ γὰρ εἰς σ’ ἁμαρτάνω.

ΤΡ. οὐ δῆθ’ ἑκοῦσά γ’, ἐν δὲ σοὶ λελείψομαι.

ΦΑΙ. τί δρᾷς; βιάζῃ χειρὸς ἐξαρτωμένη; 325

ΤΡ. καὶ σῶν γε γονάτων, κοὐ μεθήσομαί ποτε.

ΦΑΙ. κάκ’, ὦ τάλαινα, σοὶ τάδ’, εἰ πεύσῃ, κακά.

ΤΡ. μεῖζον γὰρ ἢ σοῦ γ’ ἀμπλακεῖν τί μοι κακόν;

---

309. νόθος war Hippolytos, weil seine Mutter eine Nichtathenerin war. Wie Perikles das Gesetz gab oder vielmehr erneuerte, μόνους Ἀθηναίους εἶναι τοὺς ἐκ δυοῖν Ἀθηναίων γεγονότας (Plut. Per. 37), so haftete an dem νόθος ein Makel der Geburt, der nicht nur die bürgerlichen Rechte, sondern auch die Stellung in der Gesellschaft beeinträchtigte. — φρονοῦντα γνήσια d. i. der zwar νόθος ist, aber die Gesinnung eines γνήσιος hat. Vgl. Soph. Trach. 63 δούλη μέν, εἴρηκεν δ’ ἐλεύθερον λόγον.

310. Die Amme täuscht sich über die Empfindung der Phädra.

312. αὖθις, ein ander Mal.

314. Ἀκάμας καὶ Δημοφῶν παῖδε Φαίδρας καὶ Θησέως. Schol.

315. Eine Sorge, die aus der Liebe zu den Kindern hervorgeht, ist es nicht, was mich quält; in einem andern Geschick ist die Unruhe meines Lebens begründet.

316. ἁγνὰς μέν: 'von Blutschuld rein sind deine Hände? das kann nicht der Grund deiner Unruhe sein?' Vgl. zu Med. 676.

317. Vgl. Or. 1604 ΜΕ. ἁγνὸς γάρ εἰμι χεῖρας. ΟΡ. ἀλλ’ οὐ τὰς φρένας und unten 612.

318. Schol. διὰ φαρμακείας γεγενημένης. ἐπακτὴ γὰρ κημονὴ ἡ ἔξωθεν ἐπαγομένη ἐγγινομένη γοητεία παρὰ τῶν ἐχθρῶν. 'Ist es dir angethan?'

322. ἐξαίρει, excitat ('qua significatione saepius dicitur ἐπαίρειν' Monk).

324. ἐν δὲ σοὶ κτέ., an dir wird es liegen, wenn ich meine Absicht nicht erreiche. Vgl. Äsch. Cho. 769 ἐν ἀγγέλῳ γὰρ κρυπτὸς ὀρθοῦται λόγος, Soph. Oed. K. 153 ἀλλ’ οὐ μὰν ἐν γ’ ἐμοὶ προσθήσεις τάσδ’ ἀράς, Kr. I 68, 12, 6. — Mit diesen Worten faßt die Amme inständig bittend ihre Herrin bei den Händen und an den Knieen.

325. Vgl. Med. 329 τί δ’ αὖ βιάζῃ κοὐκ ἀπαλλάσσῃ χερός;

328. σοῦ ἀμπλακεῖν: Schol. τοῦ

ΦΑΙ. ὀλῇ· τὸ μέντοι πρᾶγμ' ἐμοὶ τιμὴν φέρει.

ΤΡ. κἄπειτα κρύπτεις χρῆσθ', ἱκνουμένης ἐμοῦ;   330

ΦΑΙ. ἐκ τῶν γὰρ αἰσχρῶν ἐσθλὰ μηχανώμεθα.

ΤΡ. οὐκοῦν λέγουσα τιμιωτέρα φανῇ.

ΦΑΙ. ἄπελθε πρὸς θεῶν δεξιᾶς τ' ἐμῆς μέθες.

ΤΡ. οὐ δῆτ', ἐπεί μοι δῶρον οὐ δίδως ὃ χρῆν.

ΦΑΙ. δώσω· σέβας γὰρ χειρὸς αἰδοῦμαι τὸ σόν.   335

ΤΡ. σιγῷμ' ἂν ἤδη· σὸς γὰρ οὐντεῦθεν λόγος.

ΦΑΙ. ὦ τλῆμον, οἷον, μῆτερ, ἠράσθης ἔρον,

ΤΡ. ὃν ἔσχε ταύρου, τέκνον, ἢ τί φῂς τόδε;

ΦΑΙ. σύ τ', ὦ τάλαιν' ὅμαιμε, Διονύσου δάμαρ,

ΤΡ. τέκνον, τί πάσχεις; συγγόνους κακορροθεῖς.   340

ΦΑΙ. τρίτη δ' ἐγὼ δύστηνος ὡς ἀπόλλυμαι.

ΤΡ. ἒκ τοι πέπληγμαι· ποῖ προβήσεται λόγος;

ΦΑΙ. ἐκεῖθεν ἡμεῖς κοὐ νεωστὶ δυστυχεῖς.

ΤΡ. οὐδέν τι μᾶλλον οἶδ' ἃ βούλομαι κλύειν.

ΦΑΙ. φεῦ·

   πῶς ἂν σύ μοι λέξειας ἀμὲ χρῇς λέγειν;   345

ΤΡ. οὐ μάντις εἰμὶ τἀφανῆ γνῶναι σαφῶς.

δὲ στερηθῆναί σου μεῖζον οὐκ ἔστι μοι κακόν. — τί ist Fragewort.

329 ff. ἀπολῇ ἀκούσασα τὸ πάθος. Schol. Dies wird illustriert durch die Worte der Amme 353 ff. τὸ πρᾶγμα κτέ., es bringt mir Ehre, dafs ich unter den obwaltenden Umständen den Tod suche. Weniger klar ist in diesem Zusammenhang der Sinn der beiden folgenden Verse, da für das Verlangen nach dem Tode ἐσθλὰ μηχανᾶσθαι ein wenig geeigneter Ausdruck ist. Auch aus anderen Gründen (vgl. den Anhang) scheinen die beiden Verse nicht hierher zu gehören.

335. σέβας χειρός: die bittende Hand ist ein Gegenstand der Scheu, da Ζεὺς ἱκέσιος das Abweisen derselben ahndet. Vgl. zu Med. 710.

336. Vgl. Hik. 109 οἶδ'. ἀλλὰ τῶνδε μῦθος οὐντεῦθεν, τέκνον.

337. Die Mutter war Pasiphaë, vgl. Einl. S. 2. — Schol. αἰνιγματικῶς θέλει φράσαι τὸν ἔρωτα. πιθανώτατα δὲ ἅμα τῷ αἰνιγμῷ καὶ τὴν συγγνώμην ᾐτήσατο, ὡς προγονικὸν κεκτημένη τὸ πάθος καὶ οὐκ ἰδίας φύσεως ἁμάρτημα. Vgl.

843. ἔρον wie 449: die Form ἔρος (mit dem Acc. ἔρον) kommt bei Sophokles u. Euripides öfter vor.

339. Θησέως γὰρ ἠράσθη Ἀριάδνη, ἡ ἀδελφὴ Φαίδρας. Vgl. Hom. Od. 11, 321. Theseus liefs sie bei der Rückkehr von Kreta treulos auf Naxos zurück, wo sie dann die Gattin des Dionysos wurde.

840. τί πάσχεις; 'was wandelt dich an?' 'was ist dir?'

841. τρίτη δ', nicht τρίτη τ', weil ein neuer Gedanke an die Stelle von οἷον ἠράσθης ἔρον tritt.

845. πῶς ἂν: zu 208. Der V. ist von Aristoph. Ri. 15 parodiert und von Menander benützt worden, wie sich aus Plaut. Bacch. 35 quid si hoc potis est ut tu taceas, ego loquar? ergiebt.

846. Vgl. Hek. 743 οὔτοι πέφυκα μάντις, ὥστε μὴ κλύων ἐξιστορῆσαι σῶν ὁδὸν βουλευμάτων.

ΦΑΙ. τί τοῦθ' ὃ δή λέγουσιν ἀνθρώπους ἐρᾶν;
ΤΡ. ἥδιστον, ὦ παῖ, ταὐτὸν ἀλγεινόν θ' ἅμα.
ΦΑΙ. ἡμεῖς ἂν εἶμεν θατέρῳ κεχρημένοι.
ΤΡ. τί φής; ἐρᾷς, ὦ τέκνον; ἀνθρώπων τίνος;   350
ΦΑΙ. ὅστις ποθ' οὗτός ἐσθ' ὁ τῆς Ἀμαζόνος
ΤΡ. Ἱππόλυτον αὐδᾷς; ΦΑΙ. σοῦ τάδ', οὐκ ἐμοῦ κλύεις.
ΤΡ. οἴμοι, τί λέξεις, τέκνον; ὥς μ' ἀπώλεσας.
γυναῖκες, οὐκ ἀνασχέτ', οὐκ ἀνέξομαι
ζῶσ'· ἐχθρὸν ἦμαρ, ἐχθρὸν εἰσορῶ φάος.   355
ῥίψω μεθήσω σῶμ', ἀπαλλαχθήσομαι
βίου θανοῦσα· χαίρετ'· οὐκέτ' εἴμ' ἐγώ.
οἱ σώφρονες γὰρ οὐχ ἑκόντες, ἀλλ' ὅμως
κακῶν ἐρῶσι. Κύπρις οὐκ ἄρ' ἦν θεός,
ἀλλ' εἴ τι μεῖζον ἄλλο γίγνεται θεοῦ,   360
ἢ τήνδε κἀμὲ καὶ δόμους ἀπώλεσεν.

ΧΟ. ἄιες ὤ, ἔκλυες ὤ   str.
ἀνήκουστα τᾶς
τυράννου πάθεα μέλεα θρεομένας;
ὀλοίμαν ἔγωγε, πρὶν σὰν ὀφλεῖν

---

347. ἀνθρώπους (Subjekt zu ἐρᾶν) ἐρᾶν statt des einfachen ἐρᾶν.

348. ἥδιστον .. ἀλγεινόν τε ('Himmelslust und Höllenpein'): vgl. Sappho fr. 43 ἔρος .. ὁ λυσιμελής .. γλυκύπικρον ἀμάχανον ὄρπετον.

349. κεχρημένοι: wenn eine Frau von sich in der Mehrzahl spricht, wird wegen der Verallgemeinerung das Mask. gebraucht. Vgl. zu Med. 314. Aus gleichem Grunde heißt es 700 ἐν σοφοῖσιν. Vgl. zu 287.

351. ὅστις ποθ' κτέ. mit Bezug auf die Frage ἀνθρώπων τίνος; 'vielleicht ist er kein Mensch, sondern ein Gott.'

353. οἴμοι, τί λέξεις: über diese, wie es scheint, der Umgangssprache entnommene Wendung zu Med. 1810.

355. ἐχθρὸν scil. ἐστίν. — ἦμαρ, der Tag, das Leben.

358. voces ἀλλ' ὅμως in fine senarii frequentabat Euripides: quem morem ridens saepe imitatus est Aristophanes (Monk). Vgl. z. B. Aristoph. Ach. 402, 408.

359. ἄρ' ἦν: vgl. Kr. I 53, 2, 5 'ein allgemein oder doch in der Gegenwart noch gültiger Satz wird durch das Imperfekt ausgedrückt, insofern er als Inhalt früherer Auffassung vorzustellen ist. Am häufigsten erscheint ein solches Imperfekt, besonders mit ἄρα verbunden, um anzudeuten, daß man die Wahrheit des Satzes früher nicht erkannt habe, jetzt aber enttäuscht einsehe.' Vgl. 1169.

362. Wie die Antistr. 668 eine einzige Person (Phädra) vorträgt, so scheint hier die Strophe der Koryphaios zu singen. Das dochmische Maß entspricht der inneren Aufregung.

362 ff. Verb. ἔκλυες τᾶς τυράννου ἀνήκουστα πάθεα μέλεα θρεομένας. Des Gegensatzes halber ist ἀνήκουστα zu ἔκλυες vorgesetzt.

364 f. πρὶν ὀφλεῖν σὰν κατάλυσιν φρενῶν, bevor ich in den Ruf gleicher Sinneszerrüttung komme. Vgl. μωρίαν, δειλίαν ὀφλισκάνειν.

κατάλυσιν φρενῶν. ἰώ μοι, φεῦ φεῦ.   365
ὦ τάλαινα τῶνδ᾽ ἀλγέων·
ὦ πόνοι τρέφοντες βροτούς.
ὄλωλας, ἐξέφηνας εἰς φάος κακά.
τίς σε παναμέριος ὅδε χρόνος μένει;
τελευτάσεταί τι καινὸν δόμοις.   370
ἄσημα δ᾽ οὐκέτ᾽ ἐστὶν οἷ φθίνει τύχα
Κύπριδος, ὦ τάλαινα παῖ Κρησία.

ΦΑΙ. Τροιζήνιαι γυναῖκες, αἳ τόδ᾽ ἔσχατον
οἰκεῖτε χώρας Πελοπίας προνώπιον,
ἤδη ποτ᾽ ἄλλως νυκτὸς ἐν μακρῷ χρόνῳ   375
θνητῶν ἐφρόντισ᾽ ᾗ διέφθαρται βίος.
καί μοι δοκοῦσιν οὐ κατὰ γνώμης φύσιν
πράσσειν κάκιον· ἔστι γὰρ τό γ᾽ εὖ φρονεῖν
πολλοῖσιν· ἀλλὰ τῇδ᾽ ἀθρητέον τόδε·
τὰ χρήστ᾽ ἐπιστάμεσθα καὶ γιγνώσκομεν,   380

366. τάλαινα τ. ἀλγέων: Kr. I 47, 8, 2.
367. πόνοι τρέφοντες, in Mühen leben, bewegen sich und sind die Menschen. Vgl. Soph. O. T. 374 μιᾶς τρέφῃ πρὸς νυκτός.
369. 'was für eine Zeit noch am heutigen Tage erwartet dich da', d. h. 'was erwartet dich noch in der Zeit des heutigen Tages'. παναμέριος in der gleichen Bedeutung wie πανάμερος Soph. Trach. 660 ὅθεν μόλοι πανάμερος. Zu χρόνος vgl. Asch. Cho. 963 τάχα δὲ παντελὴς χρόνος ἀμείψεται πρόθυρα δωμάτων. Die Dichter deuten gern darauf hin, daß der Gang der Handlung auf den gegenwärtigen Tag beschränkt ist. Vgl. 22, 110 f. mit 1174, Med. 340 μίαν με μεῖναι τήνδ᾽ ἔασον ἡμέραν, Soph. Ai. 753 εἷρξαι κατ᾽ ἦμαρ τοὐμφανὲς τὸ νῦν τόδε κτέ.
370. τελευτήσομαι hat immer passive Bedeutung. — καινόν wie besonders häufig νέον, Schlimmes.
371. ἄσημα: zu 269. — οἷ φθίνει für οἱ τελευτᾷ ('was das Ende ist von dem Geschick, das die Kypris verhängt'), von dem Untergange der Gestirne (φθινάσματα) hergenommen.
373. Vgl. Med. 214 Κορίνθιαι

γυναῖκες, ἐξῆλθον δόμων. — Schol. ἐγνωσμένου τοῦ πάθους ἀφεμένη τῶν ὑπ᾽ αἰδοῦς αἰνιγματωδῶν διανοιῶν ἀπολογεῖσθαι διαρρήδην ἄρχεται, ὡς κατὰ φύσιν νοήσασα τὸν ἔρωτα καὶ βουλομένη ἐγκρατῶς ἑαυτὴν ἀνελεῖν. οἰκείως δὲ τοῖς ἀπολογουμένοις πολλῷ τῷ γνωμικῷ χρῆται. Dem entsprechend hat Phädra auch ihre körperliche Kraft wiedererlangt und sich von dem Ruhebett erhoben (welches von den Dienerinnen hineingetragen d. h. mit denselben zurückgerollt wird).
374. προνώπιον, Schol. πρόθυρον. Das ist Troizen für Attika.
375. ἤδη ποτ᾽ ἄλλως, schon manchmal sonst, χωρὶς νόσου τυγχάνουσα δηλονότι Schol., vielmehr 'ohne daß ich durch meine eigenen Verhältnisse dazu veranlaßt war'. Sprichwörtlich ἐν νυκτὶ βουλή. Vgl. Herakl. 993.
377 f. οὐ κατὰ . . κάκιον, 'nicht gemäß der Natur ihrer Erkenntnis schlimmer daran zu sein', d. h. das Unglück des Lebens hängt nicht von der mangelnden Erkenntnis des Guten ab. πράσσειν κάκιον entspricht dem vorhergehenden διέφθαρται βίος.
380 f. Die rhetorische Erweiterung

οὐκ ἐκπονοῦμεν δ', οἳ μὲν ἀργίας ὕπο,
οἳ δ' ἡδονὴν προθέντες ἀντὶ τοῦ καλοῦ
ἄλλην τιν'. εἰσὶ δ' ἡδοναὶ πολλαὶ βίου,
μακραί τε λέσχαι καὶ σχολή, τερπνὸν κακόν,
αἰδώς τε. δισσαὶ δ' εἰσίν, ἡ μὲν οὐ κακή,   385
ἡ δ' ἄχθος οἴκων. εἰ δ' ὁ καιρὸς ἦν σαφής,
οὐκ ἂν δύ' ἤστην ταὔτ' ἔχοντε γράμματα.
    ταῦτ' οὖν ἐπειδὴ τυγχάνω προγνοῦσ' ἐγώ,
οὐκ ἔσθ' ὁποίῳ φαρμάκῳ διαφθερεῖν
ἔμελλον, ὥστε τοὔμπαλιν πεσεῖν φρενῶν.   390
λέξω δὲ καὶ σοὶ τῆς ἐμῆς γνώμης ὁδόν·

des Begriffs durch Synonyma ist besonders häufig bei Ausdrücken des Erkennens. So bei den Rednern εἰδέναι καὶ ἐγνωκέναι, ὁρᾶν καὶ σκοπεῖν, ὁρᾶν καὶ λογίζεσθαι, σκοπεῖν καὶ θεωρεῖν, ὁρᾶν καὶ εὖ εἰδέναι u. a. Namentlich Demosthenes liebt diese Verbindung (vgl. Rehdantz Index I unter Erweiterung). — Zum Gedanken vgl. fragm. 837 λέληθεν οὐδὲν τῶνδέ μ' ὧν σὺ νουθετεῖς, γνώμην δ' ἔχοντά μ' ἡ φύσις βιάζεται und zu Med. 1078. Senec. Phaedr. 177 quae memoras scio vera esse, nutrix; sed furor cogit sequi peiora. Das Gegenteil behauptet Sokrates, welcher Plat. Prot. 352 D bemerkt: οἶσθα οὖν ὅτι οἱ πολλοὶ τῶν ἀνθρώπων ἐμοί τε καὶ σοὶ οὐ πείθονται (nämlich daß das Wissen die Herrschaft im Menschen habe), ἀλλὰ πολλούς φασι γιγνώσκοντας τὰ βέλτιστα οὐκ ἐθέλειν πράττειν ἐξὸν αὐτοῖς.
382. προθέντες ἀντὶ τοῦ καλοῦ: vgl. Herakl. 57 πάροιθ' αἱρήσεται . . ἀντ' Εὐρυσθέως.
383 f. ἡδονὴν ἄλλην τινά für ἄλλο τι κακόν, ἡδονήν nach dem bekannten Gebrauch von ἄλλος (wie von alius). Vgl. Kr. I 50, 4, 11. Koch 81, 2, 3. Den Begriff von ἡδονή kann man etwa mit 'Neigung' wiedergeben. — σχολή, Müſsiggang.
385. αἰδώς: die falsche Scham scheint der Dichter als weichliche Schlaffheit und Hingabe an die unwillkürlichen Neigungen zu den ἡδοναί zu rechnen. Zum Gedanken vgl. fragm. 367 αἰδοῦς τε καὐτὸς

δυσκρίτως ἔχω πέρι· καὶ δεῖ γὰρ αὐτῆς κἄστιν αὖ κακὸν μέγα, Hes. Op. 318 αἰδὼς ἥτ' ἄνδρας μέγα σίνεται ἠδ' ὀνίνησιν.
386. ὁ καιρός, das richtige Verhältnis der Begriffe. Wenn man die Begriffe scharf und deutlich unterschiede, würde man nicht für zwei wesentlich verschiedene Begriffe ein und dasselbe Wort haben. — ἔχοντε: die maskuline Form des Dual wird öfter gen. comm. gebraucht, doch wie es scheint, vorzugsweise um des Versmaſses willen, wie es Soph. O. K. 1676 ἰδόντε καὶ παθοῦσα, nicht ἰδόντε καὶ παθόντε heißt. Hier würde ἐχούσα eine metrische Härte ergeben (vgl. zu Med. 758). Alk. 902, wo διαβάντε zu δύο ψυχάς gehört, wäre διαβάσα nach ψυχάς unklar.
389 f. οὐκ ἔσθ' ὁποίῳ φαρμάκῳ für οὐκ ἔστι τοιοῦτον φάρμακον οἴῳ. — Objekt zu διαφθερεῖν ist ταῦτα, vgl. γνώμην διαφθείρειν, seiner Überzeugung untreu werden, schwach werden u. seiner besseren Einsicht zuwider handeln (Äsch. Ag. 923 γνώμην μὲν ἴσθι μὴ διαφθεροῦντ' ἐμέ). Phädra sagt also: 'nachdem ich im voraus solche Einsicht gewonnen, war nicht zu erwarten (ἔμελλον), daß irgend eine Lockung stark genug sein werde, um mich meinen Grundsätzen untreu zu machen und mir den Verstand zu rauben'.
391. καὶ σοί d. i. damit auch du erfährst, was ich weiß. Ebenso δείξω δὲ καὶ σοί Soph. Ai. 66.

ἐπεί μ' ἔρως ἔτρωσεν, ἐσκόπουν ὅπως
κάλλιστ' ἐνέγκαιμ' αὐτόν. ἠρξάμην μὲν οὖν
ἐκ τοῦδε, σιγᾶν τήνδε καὶ κρύπτειν νόσον.
γλώσσῃ γὰρ οὐδὲν πιστόν, ἣ θυραῖα μὲν   395
φρονήματ' ἀνδρῶν νουθετεῖν ἐπίσταται,
αὐτὴ δ' ὑφ' αὑτῆς πλεῖστα κέκτηται κακά.
τὸ δεύτερον δὲ τὴν ἄνοιαν εὖ φέρειν
τῷ σωφρονεῖν νικῶσα προυνοησάμην.
τρίτον δ', ἐπειδὴ τοισίδ' οὐκ ἐξήνυτον   400
Κύπριν κρατῆσαι, κατθανεῖν ἔδοξέ μοι,   .
κράτιστον, οὐδεὶς ἀντερεῖ, βουλευμάτων.
ἐμοὶ γὰρ εἴη μήτε λανθάνειν καλὰ
μήτ' αἰσχρὰ δρώσῃ μάρτυρας πολλοὺς ἔχειν.
τὸ δ' ἔργον ἤδη τὴν νόσον τε δυσκλεᾶ,   405
γυνὴ δὲ πρὸς τοῖσδ' οὖσ' (ἐγίγνωσκον καλῶς)
μίασμα πᾶσιν. ὡς ὄλοιτο παγκάκως
ἥτις πρὸς ἄνδρας ἤρξατ' αἰσχύνειν λέχη
πρώτη θυραίους. ἐκ δὲ γενναίων δόμων
τόδ' ἦρξε θηλείαισι γίγνεσθαι κακόν.   410
ὅταν γὰρ αἰσχρὰ τοῖσιν ἐσθλοῖσιν δοκῇ,
ἦ κάρτα δόξει τοῖς κακοῖς εἶναι καλά.
μισῶ δὲ καὶ τὰς σώφρονας μὲν ἐν λόγοις,
λάθρᾳ δὲ τόλμας οὐ καλὰς κεκτημένας.
αἳ πῶς ποτ', ὦ δέσποινα ποτνία Κύπρι,   415
βλέπουσιν εἰς πρόσωπα τῶν ξυνευνετῶν
οὐδὲ σκότον φρίσσουσι τὸν ξυνεργάτην

---

395 ff. Der Zunge ist nicht zu
trauen, da sie, während sie die nicht
verschwiegenen (θυραῖα) Gedanken
von anderen (ἀνὴρ steht häufig in
dem abgeschwächten Sinne von τὶς)
bekritelt, selber nichts verschweigen
kann.

398. τὴν ἄνοιαν, τὸν ἔρωτα.

403 f. καλὰ abhängig von δρώσῃ.

406 f. πρὸς τοῖσδ' οὖσα, welche
damit sich abgiebt, solcher Leidenschaft ergeben ist. — μίσημα, odium,
ist ein Gegenstand des Widerwillens.
ὡς ὄλοιτο, 'Fluch über sie', formel-
haft ohne bestimmte Beziehung auf
die Vergangenheit.

408. Nach dem Schol. waren in
einer Schrift des Herodian περὶ
κυρίων καὶ ἐπιθέτων καὶ προσηγορικῶν die Töchter eines gewissen
Eurypylos, Morphe und Klyte, als
die ersten Ehebrecherinnen bezeichnet. Der Schol. bemerkt dazu, die
Herleitung von edlen Häusern be-
ruhe auf der Reflexion, daß Üppigkeit zum Laster führe und die
Verbreitung der Unsitte sich aus
dem verführerischen Beispiel Vor-
nehmer erkläre. Dieser Gedanke
war weiter ausgeführt im ersten
Hipp., s. Einl. S. 12 und 7.

415. ποντία, weil aus dem Schaum
des Meeres geboren. Vgl. Hes.
Theog. 190 ff.

τέρεμνά τ' οἴκων μή ποτε φθογγὴν ἀφῇ;
ἡμᾶς γὰρ αὐτὸ τοῦτ' ἀποκτείνει, φίλαι,
ὡς μήποτ' ἄνδρα τὸν ἐμὸν αἰσχύνασ' ἁλῶ,　　　　420
μὴ παῖδας οὓς ἔτικτον· ἀλλ' ἐλεύθεροι
παρρησίᾳ θάλλοντες οἰκοῖεν πόλιν
κλεινῶν Ἀθηνῶν, μητρὸς εἴνεκ' εὐκλεεῖς.
δουλοῖ γὰρ ἄνδρα, κἂν θρασύσπλαγχνός τις ᾖ,
ὅταν ξυνειδῇ μητρὸς ἢ πατρὸς κακά.　　　　425
μόνον δὲ τοῦτό φασ' ἁμιλλᾶσθαι βίῳ,
γνώμην δικαίαν κἀγαθήν, ὅτῳ παρῇ.
κακοὺς δὲ θνητῶν ἐξέφην', ὅταν τύχῃ,
προθεὶς κάτοπτρον ὥστε παρθένῳ νέᾳ
χρόνος· παρ' οἷσι μήποτ' ὀφθείην ἐγώ.　　　　430

ΧΟ.　φεῦ φεῦ· τὸ σῶφρον ὡς ἀπανταχοῦ καλὸν
καὶ δόξαν ἐσθλὴν ἐν βροτοῖς καρπίζεται.

ΤΡ.　δέσποιν', ἐμοί τοι συμφορὰ μὲν ἀρτίως
ἡ σὴ παρέσχε δεινὸν ἐξαίφνης φόβον·
νῦν δ' ἐννοοῦμαι φαῦλος οὖσα· κἂν βροτοῖς　　　　435
αἱ δεύτεραί πως φροντίδες σοφώτεραι.
οὐ γὰρ περισσὸν οὐδὲν οὐδ' ἔξω λόγου

---

418. τέρεμνα, Decke (vgl. τέραμνα
Phön. 333). Zum Gedanken vgl.
1074, Androm. 928 δοκοῦσί τε δόμοι
γ' ἐλαύνειν φθέγμ' ἔχοντες οἶδε με
κτέ., Äsch. Ag. 37 οἶκος δ' αὐτός,
εἰ φθογγὴν λάβοι, σαφέστατ' ἂν
λέξειεν, Cicero pro Cael. 24, 60
nonne ipsam domum metuet, ne
quam vocem eiciat? non parietes
conscios? Iuven. IX 102 o Corydon,
Corydon, secretum divitis ullum esse
putas? servi ut taceant, iumenta
loquentur et canis et postes et
marmora.
419. αὐτὸ τοῦτ' ἀποκτείνει, eben
diese Furcht treibt mich in den
Tod.
422. παρρησίᾳ θάλλοντες: die
nähere Erklärung giebt 424 f.
424. δουλοῖ: es ist ihm ein nieder-
drückendes Gefühl und raubt ihm
die παρρησία.
426 ff. Ein reines Gewissen hält
gleichen Schritt mit dem Leben,
erhält sich aufrecht im Leben,
während die Niederträchtigkeit der

Gesinnung bei der ersten besten
Gelegenheit (ὅταν τύχῃ) zu Schanden
wird.
427. παρῇ: über den Konjunktiv
ohne ἄν Kr. I 54, 15, 3 u. zu Med.
516.
428. ἐξέφην': der Aor. drückt
das Plötzliche und Überraschende
aus. Es geschieht, bevor der Be-
treffende sich dessen versieht. Ebenso καθύβρισεν 446.
431. φεῦ dient wie öfter zum
Ausdruck der Verwunderung. Vgl.
Herakl. 535 φεῦ φεῦ, τί λέξω παρθένου μέγαν λόγον κλύων.
435. ἐννοοῦμαι φαῦλος (Schol.
μωρά, ungeschickt) οὖσα: Kr. I 56,
7, 5. Koch 127. — κἂν βροτοῖς, u.
unter Sterblichen, deren Wissen
mangelhaft ist.
436. Cic. Phil. XII § 5 posteriores
enim cogitationes, ut aiunt, sapien-
tiores solent esse.
437. περισσόν, Außergewöhnliches,
Absonderliches (vgl. Soph. O. T. 841
ποῖον δέ μου περισσὸν ἤκουσας

πέπονθας· ὀργαὶ δ’ εἰς σ’ ἀπέσκηψαν θεᾶς.
ἐρᾷς· τί τοῦτο θαῦμα; σὺν πολλοῖς βροτῶν.
κἄπειτ’ ἔρωτος εἵνεκα ψυχὴν ὀλεῖς;   440
οὐ τἄρα λύει τοῖς ἐρῶσι τοὺς πέλας
νόσον μαλάσσειν, εἰ θανεῖν αὐτοὺς χρεών·
Κύπρις γὰρ οὐ φορητός, ἢν πολλὴ ῥυῇ·
ἢ τὸν μὲν εἴκονθ’ ἡσυχῇ μετέρχεται,
ὃν δ’ ἂν περισσὸν καὶ φρονοῦνθ’ εὕρῃ μέγα,   445
τοῦτον λαβοῦσα, πῶς δοκεῖς; καθύβρισεν.
φοιτᾷ δ’ ἀν’ αἰθέρ’, ἔστι δ’ ἐν θαλασσίῳ
κλύδωνι Κύπρις, πάντα δ’ ἐκ ταύτης ἔφυ·
ἥδ’ ἐστὶν ἡ σπείρουσα κἀνιεῖσ’ ἔρον,
οὗ πάντες ἐσμὲν οἱ κατὰ χθόν’ ἔκγονοι.   450
ὅσοι μὲν οὖν γραφάς τε τῶν παλαιτέρων

λόγον), ἔξω λόγου, παράλογον, Unerklärliches.
438. Die Amme entschuldigt ihre Herrin, indem sie dieselbe als unschuldiges Opfer der Kypris und ihre unnatürliche Liebe als eine nicht ungewöhnliche Folge göttlichen Zornes hinstellt. — ἀπέσκηψαν: vgl. 1418 u. zu 1346.
439. τί . . θαῦμα: wird durch σὺν πολλοῖς βροτῶν erklärt: es ist nichts Absonderliches darin, weil es vielen Menschen begegnet. Vgl. Herod. VI 68 οὔτε γάρ, εἰ πεποίηκάς τι τῶν λεγομένων, μούνη δὴ πεποίηκας, μετὰ πολλέων δέ.
441. λύει, λυσιτελεῖ wie Med. 566 u. ö. Die Liebenden haben keinen Vorteil davon, daß die anderen ihnen die Krankheit zu lindern suchen, wenn das Sterben eine Notwendigkeit für sie ist.
443. 'Widerstreben gegen die Liebe ist ja nicht ratsam' als Begründung zu dem im Vorausgehenden liegenden Gedanken: 'man kann nichts Besseres thun als beschwichtigend auf die Krankheit einzuwirken.' πολλὴ ῥυῇ hergenommen von der unwiderstehlichen Wucht des mächtig fließenden Stromes. Vgl. Thuc. II 5 ὁ Ἀσωπὸς ποταμὸς ἐρρύη μέγας, Demosth. π. στεφ. 136 Πύθωνι πολλῷ ῥέοντι, Hor. sat. I 7, 28 multoque fluenti.

Außerdem vgl. Iph. A. 556 καὶ μετέχοιμι τᾶς Ἀφροδίτας, πολλὰν δ’ ἀποθείμαν (zu Med. 630), Hor. carm. I 19, 9 in me tota ruens Venus Cyprum deseruit.
445. περισσόν, der etwas vor den anderen voraus haben will.
446. πῶς δοκεῖς: die gleiche Parenthese Hek. 1160 κάτ’ ἐκ γαληνῶν, πῶς δοκεῖς; προσφθεγμάτων, Iph. A. 1590, Aristoph. Ach. 24. Noch andere Stellen der Art bei Aristophanes (Frö. 53 πῶς οἴει, Ekkl. 399 πόσον δοκεῖς;) zeigen, daß darin eine Wendung der Umgangssprache vorliegt. — καθύβρισεν: zu ἐξέφην 428.
447. Vgl. Lucr. I 2 alma Venus, caeli subter labentia signa quae mare navigerum, quae terras frugiferentis concelebras, per te quoniam genus omne animantum concipitur visitque exortum lumina solis.
449. σπείρουσα καὶ ἀνιεῖσα, den Samen der Liebe ausstreuend und emporsprossen lassend.
451. γραφάς, Schriftwerke, ἱστορίας, ποιήματα Schol. Der Schol. zu Hom. λ 321, welcher die Sage von Kephalos und Prokris erzählt, gibt Pherekydes als Quelle an. Die Sage von der Entführung des Kephalos durch Eos erzählt Ovid Met. VII 694 ff. Vgl. Einl. S. 1.

ἔχουσιν αὐτοί τ' εἰσὶν ἐν μούσαις ἀεί,
ἴσασι μὲν Ζεὺς ὡς ποτ' ἠράσθη γάμων
Σεμέλης, ἴσασι δ' ὡς ἀνήρπασέν ποτε
ἡ καλλιφεγγὴς Κέφαλον εἰς θεοὺς Ἕως   455
ἔρωτος εἴνεκ'· ἀλλ' ὅμως ἐν οὐρανῷ
ναίουσι κοὐ φεύγουσιν ἐκποδὼν θεούς,
στέργουσι δ', οἶμαι, συμφορᾷ νικώμενοι.

σὺ δ' οὐκ ἀνέξῃ; χρῆν σ' ἐπὶ ῥητοῖς ἄρα
πατέρα φυτύειν ἢ 'πὶ δεσπόταις θεοῖς   460
ἄλλοισιν, εἰ μὴ τούσδε γε στέρξεις νόμους.
πόσους δοκεῖς δὴ κάρτ' ἔχοντας εὖ φρενῶν
νοσοῦνθ' ὁρῶντας λέκτρα μὴ δοκεῖν ὁρᾶν;
πόσους δὲ παισὶ πατέρας ἡμαρτηκόσι
συνεκκομίζειν Κύπριν; ἐν σοφοῖσι γὰρ   465
τάδ' ἐστὶ θνητῶν, λανθάνειν τὰ μὴ καλά.

οὐδ' ἐκπονεῖν τοι χρὴ βίον λίαν βροτούς·
οὐδὲ στέγην ἂν εἰς κατηρεφεῖς δοκοὺς

452. ἐν μούσαις, als Dichter oder Freunde der Litteratur. Beides gilt von Euripides selbst.

458. στέργουσι .. νικώμενοι, sie ergeben sich drein unterlegen zu sein.

459. σὺ δ' οὐκ ἀνέξῃ: ebenso Phön. 547. — ἐπὶ ῥητοῖς, unter der vorher ausgemachten Bedingung, dafs für dich nicht die gleichen Gesetze gelten, wie für die übrigen Menschen. Über die Verlängerung der zweiten Silbe von ἐπί in der Arsis vor ῥ zu Iph. T. 253.

460 f. ἐπὶ δεσπόταις .. ἄλλοισιν, unter denen andere Gesetze bestünden (vgl. 98). Daher nachher γέ. Vgl. Med. 493 οὐδ' ἔχω μαθεῖν, ἢ θεοὺς νομίζεις τοὺς τότ' οὐκ ἄρχειν ἔτι ἢ καινὰ κεῖσθαι θέσμι' ἀνθρώποις τὰ νῦν. — Die Sophistik der Amme versteht es, die Unsittlichkeit zu einem sittlichen Gebote zu machen. Vgl. besonders auch 474 f.

462. εὖ ἔχοντας φρενῶν: Kr. 47, 10, 5. . Koch 84, 17 c.

463. μὴ δοκεῖν ὁρᾶν, dissimulare se videre.

465. συνεκκομίζειν, behilflich sein damit fertig zu werden, d. i. die geheimen Pläne fördern und kein Aufhebens von der Sache machen; ähnlich συνεκφέρειν fragm. 340 πατέρα τε παισὶν ἡδέως συνεκφέρειν ὄφελος ἔρωτας ἐκβαλόντ' αὐθαδίαν, παῖδάς τε πατρί· καὶ γὰρ οὐκ αὐθαίρετοι βροτοῖς ἔρωτες οὐδ' ἑκουσία νόσος. Vgl. Or. 685 τῶν ὁμαιμόνων κακὰ συνεκκομίζειν, El. 72 μόχθον 'πικουφίζουσαν, ὡς ῥᾷον φέρῃς, συνεκκομίζειν σοί πόνους, Androm. 1269 τὸ γὰρ πεπρωμένον δεῖ σ' ἐκκομίζειν. — ἐν σοφοῖς κτέ., es ist ein Grundsatz weiser Menschen, dafs .. verborgen bleibe. Vgl. frg. 463 λύπη μὲν ἄτῃ περιπεσεῖν αἰσχρᾷ τινι· εἰ δ' οὖν γένοιτο, χρὴ περιστεῖλαι καλῶς κρύπτοντα καὶ μὴ πᾶσι κηρύσσειν τάδε· γέλως γὰρ ἐχθροῖς γίγνεται τὰ τοιάδε.

467. βίον λίαν ἐκπονεῖν (Schol. ἐξακριβάζεσθαι), allzu peinliche Ordnungen und Vorschriften für das Leben geben und in der Beurteilung des sittlichen Verhaltens zu rigoros sein. Die Amme empfiehlt damit Emancipation von den Geboten der Moral und guten Sitte.

468 ff. 'auch ein Gemach dürfte in Bezug auf die Balken der Decke das Richtscheit nicht ganz genau

κανὼν ἀκριβώσειεν· εἰς δὲ συμφορὰν
πεσοῦσ' ὅσην σὺ πῶς ἂν ἐκνεῦσαι δοκεῖς;   470
ἀλλ', εἰ τὰ πλείω χρηστὰ τῶν κακῶν ἔχεις,
ἄνθρωπος οὖσα κάρτα γ' εὖ πράξειας ἄν.
ἀλλ', ὦ φίλη παῖ, λῆγε μὲν κακῶν φρενῶν,
λῆξον δ' ὑβρίζουσ'· οὐ γὰρ ἄλλο πλὴν ὕβρις
τάδ' ἐστί, κρείσσω δαιμόνων εἶναι θέλειν·   475
τόλμα δ'. ἐρῶσα· θεὸς ἐβουλήθη τάδε.
νοσοῦσα δ' εὖ πως τὴν νόσον καταστρέφου.
εἰσὶν δ' ἐπῳδαὶ καὶ λόγοι θελκτήριοι·
φανήσεταί τι τῆσδε φάρμακον νόσου.
ἦ τἄρ' ἂν ὀψέ γ' ἄνδρες ἐξεύροιεν ἄν,   480
εἰ μὴ γυναῖκες μηχανὰς εὑρήσομεν.
ΧΟ. Φαίδρα, λέγει μὲν ἥδε χρησιμώτερα
πρὸς τὴν παροῦσαν συμφοράν, αἰνῶ δὲ σέ.
ὁ δ' αἶνος οὗτος δυσχερέστερος ψόγων,
τῶν τῆσδε καὶ σοὶ μᾶλλον ἀλγίων κλύειν.   485
ΦΑΙ. τοῦτ' ἔσθ' ὃ θνητῶν εὖ πόλεις οἰκουμένας

einrichten.' 'Wie in den Werken der Kunst manches krumm und schief ausfällt, so mufst du, um in diesem Sturm nicht unterzugehen, dich über einiges Krumme in deinem Handeln hinwegsetzen, wenn nur des Geraden mehr ist als des Krummen.' — Genau genommen müfste es heifsen: εἰς δὲ συμφορὰν πεσών τις ὅσην σὺ πῶς ἂν ἐκνεῦσαί σοι δοκεῖ; die gleiche Vermischung der Vorstellungen hat man Soph. O. K. 747 τὴν ἐγὼ τάλας οὐκ ἄν ποτ' ἐς τοσοῦτον αἰκίας πεσεῖν ἔδοξ', ὅσον πέπτωκεν ἥδε δύσμορος. — Zu ἐκνεῦσαι (enatare) vgl. 823.
471. τὰ πλείω: vgl. Soph. Ant. 313 τοὺς πλείονας ἀτωμένους ἴδοις ἂν ἢ σεσωμένους, Kr. I 50, 4, 13. — Hor. sat. I 3, 69 amicus dulcis, ut aequum est, cum mea compenset vitiis bona, pluribus hisce, si modo plura mihi bona sunt, inclinet etc. vgl. 823.
473 f. λῆγε . . λῆξον wie 243 ff. κρύψον . . κρύπτε.
476. τόλμα ἐρῶσα: das Particip wegen des Sinnes: 'wage das zu sein, was du bist'.

477. Die Amme meint: 'wir haben nur für die Linderung deiner Liebeskrankheit zu sorgen (vgl. 442) u. dafür werden sich Mittel finden'. — εὖ πως wie Phön. 1126, 1466. — καταστρέφου, suche zu überwinden.
478. Hor. epist. I 1, 33 fervet avaritia miseroque cupidine pectus: sunt verba et voces quibus hunc lenire dolorem possis et magnam morbi deponere partem.
480. Vgl. Iph. T. 1032 δειναὶ γὰρ αἱ γυναῖκες εὑρίσκειν τέχνας.
483. πρὸς (angesichts) τὴν παροῦσαν συμφοράν: vgl. Asch. Prom. 1032 τόλμησόν ποτε πρὸς τὰς παρούσας πημονὰς ὀρθῶς φρονεῖν, Soph. Phil. 884 ὡς οὐκέτ' ὄντος γὰρ τὰ συμβόλαιά σου πρὸς τὰς παρούσας ξυμφορὰς ἐφαίνετο.
485. μᾶλλον ἀλγίων: über diesen schon bei Homer (Il. 24, 243 ῥηΐτεροι μᾶλλον) vorkommenden Pleonasmus vgl. Kr. I 49, 7, 5 u. II 49, 6, 3.
486. Über solche Seitenblicke auf die sophistische Rhetorik der Zeit zu Bacch. 266. Der Dichter hat gewissermafsen damit die Idee zu Platons Gorgias angegeben.

δόμους τ' ἀπόλλυσ', οἱ καλοὶ λίαν λόγοι.
οὐ γάρ τι τοῖσιν ὠσὶ τερπνὰ χρὴ λέγειν,
ἀλλ' ἐξ ὅτου τις εὐκλεὴς γενήσεται.

ΤΡ. τί σεμνομυθεῖς; οὐ λόγων εὐσχημόνων   490
δεῖ σ', ἀλλὰ τἀνδρὸς — ὡς τάχος διιστέον,
τὸν εὐθὺν ἐξειπόντας ἀμφὶ σοῦ λόγον.
εἰ μὲν γὰρ ἦν σοι μὴ 'πὶ συμφοραῖς βίος
τοιαῖσδε, σώφρων δ' οὖσ' ἐτύγχανες γυνή,
οὐκ ἄν ποτ' εὐνῆς εἵνεχ' ἡδονῆς τε σῆς   495
προῆγον ἄν σε δεῦρο· νῦν δ' ἀγὼν μέγας
σῶσαι βίον σόν, κοὐκ ἐπίφθονον τόδε.

ΦΑΙ. ὢ δεινὰ λέξασ', οὐχὶ συγκλήσεις στόμα
καὶ μὴ μεθήσεις αὖθις αἰσχίστους λόγους;

ΤΡ. αἴσχρ' ἀλλ' ἀμείνω τῶν καλῶν τάδ' ἐστί σοι.   500
κρεῖσσον δὲ τοὔργον, εἴπερ ἐκσώσει γέ σε,
ἢ τοὔνομ', ᾧ σὺ κατθανῇ γαυρουμένη.

ΦΑΙ. μή μοί γε πρὸς θεῶν, εὖ λέγεις γάρ, αἰσχρὰ δέ,
πέρα προβῇς τῶνδ'· ὡς ὑπείργασμαι μὲν οὐ
ψυχὴν ἔρωτι, τἀσχρὰ δ' ἢν λέγῃς καλῶς,   505
εἰς τοῦθ' ὃ φεύγω νῦν ἀναλωθήσομαι.

---

490 f. τί σεμνομυθεῖς; auch
Androm. 234. — Die Stellung der
Worte und das Absetzen der Stimme
nach τἀνδρός giebt der Rede Zweideutigkeit, etwa: 'nicht der schönen
Worte bedarf es, sondern des
Mannes — Sinn muſs man erfahren'.
διειδέναι τινός wie πυνθάνεσθαί
τινος, z. B. Soph. Trach. 387 πυθοῦ
μολοῦσα τἀνδρός.
492. τὸν εὐθὺν ἀμφὶ σοῦ λόγον
ἐξειπόντας, indem man deine Sache
gerade heraussagt. Oft bezeichnet
λόγος den Inhalt einer Mitteilung.
Obwohl ἀμφὶ σοῦ attributiv steht,
ist es doch von ἐξειπόντας beein-
fluſst. Vgl. Äsch. Prom. 728 τὸν
ἀμφ' ἑαυτῆς ἆθλον ἐξηγουμένης. —
ἐξειπόντας nach διιστέον wie nach
διειδέναι δεῖ. Vgl. Kr. I 56, 18, 3.
Kr. 94, 2 Anm. 2.
493. ἐπὶ (bestimmt zu) συμφοραῖς: vgl. Med. 931 γυνὴ δὲ θῆλυ
κἀπὶ δακρύοις ἔφυ, frg. 324 ἔρως
γὰρ ἀργὸν κἀπὶ τοῖς ἀργοῖς ἔφυ.
494. σώφρων, verständig. Phädra
erscheint der Amme nicht als ver-

ständig, weil sie sich nicht be-
herrschen kann und sterben will.
496. νῦν δ' ἀγὼν μέγας: vgl.
Phön. 859 ἐν γὰρ κλύδωνι κείμεθ'
. . καὶ μέγας Θήβαις ἀγών, Hek. 229
παρέστηχ' ὡς ἔοιχ' ἀγὼν μέγας,
Med. 235, Äsch. Pers. 408 νῦν ὑπὲρ
πάντων ἀγών, Aristoph. Frie. 276
νῦν ἀγὼν μέγας, Thuc. II 89 ὁ δὲ
ἀγὼν μέγας ὑμῖν, Plat. Pol. 608 B.
499. οὐ . . μή: zu 213. Vgl.
Hel. 437 οὐκ ἀπαλλάξῃ δόμων καὶ
μὴ . . ὄχλον παρέξεις; Soph. Oed.
T. 637 οὐκ εἶ σύ τ' οἴκους σύ τε
. . καὶ μὴ . . οἴσετε;
501 f. In sophistischer Weise wird
die Sittlichkeit (τὰ καλά) als etwas,
was bloſs in der Idee existiert
(ὄνομα vgl. 'die Tugend, sie ist
kein leerer Schall'), der rettenden
That als dem Realen und nicht
bloſs in der Einbildung Vorhan-
denen gegenübergestellt.
504 f. ὡς kausal. — Noch habe
ich mein Herz der Liebe nicht ganz
unterthan gemacht.
506. ἀναλωθήσομαι, Schol. δια-

ΤΡ. εἴ τοι δοκεῖ σοι, χρὴ μὲν οὖ σ' ἁμαρτάνειν·
  εἰ δ' οὖν, πιθοῦ μοι· δευτέρα γὰρ ἡ χάρις.
  ἔστιν κατ' οἴκους φίλτρα μοι θελκτήρια
  ἔρωτος, ἦλθε δ' ἄρτι μοι γνώμης ἔσω,   510
  ἃ σ' οὔτ' ἐπ' αἰσχροῖς οὔτ' ἐπὶ βλάβῃ φρενῶν
  παύσει νόσου τῆσδ', ἢν σὺ μὴ γένῃ κακή.
  [δεῖ δ' ἐξ ἐκείνου δή τι τοῦ ποθουμένου
  σημεῖον, ἢ πλόκον τιν' ἢ πέπλων ἄπο,
  λαβεῖν, συνάψαι τ' ἐκ δυοῖν μίαν χάριν.]   515
ΦΑΙ. πότερα δὲ χριστὸν ἢ ποτὸν τὸ φάρμακον;

φθαρήσομαι, schwach werdend versinken. Vgl. Soph. Ant. 1229 ἐν τῷ συμφορᾶς διεφθάρης.

507 f. 'wenn du's denn so willst, so mußt du dich nicht vergeben; wenn das aber doch geschehen soll, so folge mir; an zweiter Stelle steht dieser Dienst', d. i. 'wenn du meinem ersten Vorschlag nicht folgen und doch nicht auf deine Wünsche verzichten willst, so habe ich einen zweiten Vorschlag'. Die Amme weiß, daß sie nach den Worten der Phädra 506 sich solche Sprache gestatten darf. Zu εἰ δ' οὖν vgl. Soph. Ant. 722 φήμ' ἔγωγε πρεσβεύειν πολὺ φῦναι τὸν ἄνδρα πάντ' ἐπιστήμης πλέων· εἰ δ' οὖν, φιλεῖ γὰρ τοῦτο μὴ ταύτῃ ῥέπειν, καὶ τῶν λεγόντων εὖ καλὸν τὸ μανθάνειν.

509 ff. Die Worte der Amme sind zweideutig: sie versteht darunter Mittel, um die Liebe des Hippolyt zu gewinnen. Es können aber auch Mittel zur Heilung der Krankheit der Phädra wie 478 f. gemeint sein. Diese Zweideutigkeit wird zerstört durch die V. 513—515, zu denen auch die Frage der Phädra 516 schlecht stimmt. — θελκτήρια ἔρωτος wie Äsch. Cho. 666 πόνων θελκτήριος στρωμνή, Ag. 1155 γάμοι Πάριδος ὀλέθριοι φίλων, Kr. II 47, 26, 7.

511. ἐπ' αἰσχροῖς κτέ.: vgl. Phön. 1555 οὐκ ἐπ' ὀνείδεσιν οὐδ' ἐπιχάρμασιν, ἀλλ' ὀδύναισι λέγω, Hek. 822 αὐτὴ δ' ἐπ' αἰσχροῖς αἰχμάλω-

τος οἴχομαι, Soph. El. 108 ἐπὶ κωκυτῷ .. ἠχὼ πᾶσι προφωνεῖν, Oed. K. 1554 ἐπ' εὐπραξίᾳ, Trach. 951 ἐπ' ἐλπίσιν, wo ἐπί (unter, in) die begleitenden Umstände bezeichnet. — βλάβῃ φρενῶν, in Wahnsinn, wie du jetzt dich durch den Tod davon erlösen wolltest. — Der Amme ist der Gedanke gekommen, den Jüngling erst schwören zu lassen, bevor sie ihm das Geheimnis mitteile. Dadurch, meint sie, werde die Schande vermieden, während ihre Worte ganz anders klingen, wie sie auch unter der Heilung der Krankheit nur die Befriedigung der Leidenschaft versteht (vgl. 698 f.).

512. κακή, Gegensatz γενναία. In Wirklichkeit verlangt die Amme einen gewissen Grad von Frechheit.

514. σημεῖον, etwas was ihn anzeigt, an ihn erinnert. — ἢ πλόκον τιν' ἢ πέπλων ἄπο (Stück von einem Kleide): vgl. Theokr. id. II 53 τοῦτ' ἀπὸ τᾶς χλαίνας τὸ κράσπεδον ὤλεσε Δέλφις, ὤγὼ νῦν τίλλοισα κατ' ἀγρίου ἐν πυρὶ βάλλω, Lucian dial. meretr. IV 4 δεήσει δέ τι αὐτοῦ τοῦ ἀνδρός, οἷον ἱμάτια ἢ κρηπῖδας ἢ ὀλίγας τῶν τριχῶν ἤ τι τῶν τοιούτων, Verg. ecl. VIII 91 has olim exuvias mihi perfidus ille reliquit, pignora cara sui.

515. συνάψαι ἐκ δυοῖν μίαν χάριν weist auf den Zweck des Liebeszaubers hin, zwei Herzen zu einer Liebe zu vereinigen.

516. Vgl. Schol. zu Aristoph. Plut. 717 φάρμακον καταπλαστόν: τῶν

TP. οὐκ οἶδ᾽· ὄνασθαι, μὴ μαθεῖν βούλου, τέκνον.
ΦΑΙ. δέδοιχ᾽ ὅπως μοι μὴ λίαν φανῇς σοφή.
TP. πάντ᾽ ἂν φοβηθεῖσ᾽ ἴσθι· δειμαίνεις δὲ τί;
ΦΑΙ. μή μοί τι Θησέως τῶνδε μηνύσῃς τόκῳ. 520
TP. ἔασον, ὦ παῖ· ταῦτ᾽ ἐγὼ θήσω καλῶς.
     μόνον σύ μοι, δέσποινα ποντία Κύπρι,
     συνεργὸς εἴης. τἄλλα δ᾽ οἷ᾽ ἐγὼ φρονῶ
     τοῖς ἔνδον ἡμῖν ἀρκέσει λέξαι φίλοις.

XO. Ἔρως Ἔρως, ὁ κατ᾽ ὀμμάτων   str. 1. 525
     στάζων πόθον, εἰσάγων γλυκεῖαν
     ψυχᾷ χάριν οὓς ἐπιστρατεύσῃ,
     μή μοί ποτε σὺν κακῷ φανείης
     μηδ᾽ ἄρρυθμος ἔλθοις.
     οὔτε γὰρ πυρὸς οὔτ᾽   530
     ἄστρων ὑπέρτερον βέλος,
     οἷον τὸ τᾶς Ἀφροδίτας

φαρμάκων τὰ μέν ἐστι καταπλαστά,
τὰ δὲ χριστά, τὰ δὲ ποτά.

519. ἂν φοβηθεῖσ᾽ entspricht dem
unabhängigen φοβηθείης ἄν. Vgl.
Rhes. 80 πάντ᾽ ἂν φοβηθεὶς ἴσθι,
δειμαίνων τόδε.

522. σύ: sie wendet sich zur
Statue der Aphrodite. — Die Worte
δέσποινα ποντία Κύπρι erinnern
bezeichnend an 415, wo Phädra
heimliche Untreue geißelt.

524 τοῖς ἔνδον φίλοις zweideutig:
die Amme hat Hipp. im Sinne
(φίλον ὀνομάζει τὸν Ἱππόλυτον καθ᾽
ἡδονὴν ἡ γραῦς, προλαμβάνουσα
ταῖς ἐλπίσιν). Es kann aber auch
bedeuten, daß sie in das Geheimnis nur besondere Vertrauensper-
sonen einweihen will.

525—564 erstes Stasimon.
Der Chor besingt die Macht des
Eros, dessen Gnade man durch
Opfer ebenso wie die der obersten
Götter sich erwerben sollte. Bei-
spiele für seine Macht sind die
Schicksale der Iole und der Semele.
— Der Inhalt erinnert an den Chor-
gesang in Soph. Ant. 781 Ἔρως
ἀνίκατε μάχαν κτέ. und Trach. 497
μέγα τι σθένος ἁ Κύπρις ἐκφέρεται
νίκας ἀεὶ κτέ. Vgl. unten 1268 ff.

527. οὓς ἐπιστρατεύσῃ ohne ἄν
zu 427. Der Relativsatz vertritt
die Stelle eines Gen. zu ψυχᾷ. Vgl.
Kr. I 51, 13, 4.

528 f. σὺν κακῷ: von Unheil ist
er begleitet, wenn er ἄρρυθμος
(maßlos, ἄμετρός τις καὶ ἄτακτος
Schol.) über den Menschen kommt.
Das rechte Maß (μέτριον) empfiehlt
der Dichter öfter: zu Med. 630.

531. ἄστρων allgemein für ἡλίου.
— ὑπέρτερον, geht darüber (an der
Kraft seiner Wirkung). — βέλος
von den Glutstrahlen wie κῆλα.
Diese βέλη wie das βέλος der Aphrodite bringen θάλπος hervor. Vgl.
Äsch. Prom. 676 Ζεὺς γὰρ ἱμέρου
βέλει πρὸς σοῦ τέθαλπται.

532 f. οἷον .. ἵησιν: Der Satz
schließt sich in freier Weise an
statt der Verbindung durch ἤ ('das
Geschoß der Aphrodite wie es Eros
entsendet — nicht Feuer, nicht
Sonne brennt so heiß'). Vgl. Alk.
879 τί γὰρ ἀνδρὶ κακὸν μεῖζον
ἁμαρτεῖν πιστῆς ἀλόχου; Äsch. Ag.
606 τί γὰρ γυναικὶ τούτου φέγγος
ἥδιον δρακεῖν, ἀπὸ στρατείας ἄνδρα
σώσαντος θεοῦ πύλας ἀνοῖξαι, Hor.
epist. I 4, 8, quid voveat dulci
nutricula maius alumno, qui sapere
et fari possit quae sentiat.

ἴησιν ἐκ χερῶν
Ἔρως, ὁ Διὸς παῖς.

ἄλλως ἄλλως παρά τ᾽ Ἀλφεῷ   antistr. 1.   535
Φοίβου τ᾽ ἐπὶ Πυθίοις τεράμνοις
βούταν φόνον Ἑλλὰς αἳ ἀέξει,
Ἔρωτα δέ, τὸν τύραννον ἀνδρῶν,
τὸν τᾶς Ἀφροδίτας
φιλτάτων θαλάμων   540
κληδοῦχον, οὐ σεβίζομεν,
πέρθοντα καὶ διὰ πάσας
ἰόντα συμφορᾶς
θνατοῖς, ὅταν ἔλθῃ.

τὰν μὲν Οἰχαλίᾳ   str. 2.   545
πῶλον ἄζυγα λέκτρων,
ἄνανδρον τὸ πρὶν καὶ ἄνυμφον, οἴκων

---

534. Euripides hat vielleicht zuerst Eros zum Sohne des Zeus gemacht.

535. ἄλλως (in anderer Weise als es sein sollte, verkehrt) bezieht sich, wie wenn es παρὰ μὲν Ἀλφεῷ .. ἀέξει hiefse, auf das gegensätzliche Verhältnis der beiden Sätze. — Olympia und Delphi werden als die gefeiertsten Kultusstätten genannt wie Soph. O. T. 897 οὐκέτι τὸν ἄθικτον εἶμι γᾶς ἐπ᾽ ὀμφαλὸν σέβων .. οὐδὲ τὰν Ὀλυμπίαν.

537. βούταν φόνον: vgl. γηγενῆ μάχην Kykl. 5, τετρασκελῆ κενταυροπληθῆ πόλεμον Herk. 1272. — ἀέξειν von der reichlichen Opferschlachtung.

538. Vgl. fr. 132 σὺ δ᾽ ὦ τύραννε θεῶν τε κἀνθρώπων Ἔρως.

539 f. Ἀφροδίτας φ. θαλάμων allgemein von den Gemächern der Menschen, wo Aphrodite waltet.

541. οὐ σεβίζομεν, wenigstens nicht in Athen und auch sonst nur vereinzelt. Einen ähnlichen Gedanken legt Plato Symp. 189 C dem Aristophanes in den Mund: ἐμοὶ γὰρ δοκοῦσιν οἱ ἄνθρωποι παντάπασι τὴν τοῦ ἔρωτος δύναμιν οὐκ ᾐσθῆσθαι, ἐπεὶ αἰσθανόμενοί γε μέγιστ᾽ ἂν αὐτοῦ ἱερὰ κατασκευάσαι καὶ βωμούς, καὶ θυσίας ἂν ποιεῖν μεγίστας, οὐχ ὥσπερ νῦν τούτων οὐδὲν γίγνεται περὶ αὐτόν, δέον πάντων μάλιστα γίγνεσθαι.

542 ff. πέρθοντα scil. θνητούς. — διὰ πάσης .. θνητοῖς wie διὰ μάχης, ἔχθρας, φιλίας, δίκης ἰέναι (ἔρχεσθαι, ἀφικνεῖσθαι) τινί. Vgl. 1164 und zu Med. 872.

545. μὲν weist auf den zweiten Fall hin, wenn auch 555 nicht mit τὰν δὲ ἐν Θήβας ἱερῷ τείχει fortgefahren wird. — Οἰχαλίᾳ: vgl. Hel. 375 ὦ μάκαρ Ἀρκαδίᾳ ποτὲ παρθένε. Auch bei den att. Dichtern hat der Gen. (vgl. 579, 760), Dat., Acc. häufig noch seine lokale Bedeutung. Kr. II § 46. — Eurytos, der König von Oichalia auf Euboia, hatte seine Tochter Iole als Preis bei einem Wettkampf im Bogenschiefsen ausgesetzt, nachher aber dem siegreichen Herakles verweigert. Herakles zog deshalb gegen Oichalia, verbreitete Tod und Verwüstung und führte Iole als Kriegsgefangene davon. Diese Sage ist uns besonders aus den Trachinierinnen des Sophokles bekannt, wo an dem Schicksal der Iole, des Herakles und seiner Gattin Dejanira die geheime Gewalt der Liebe dargestellt wird.

ζεύξασ' ἀπ' Εὐρυτίων, δρομάδα
μαινάδα τιν' ὥστε Βάκχαν   550
σὺν αἵματι, σὺν καπνῷ
φονίοις θ' ὑμεναίοις
Ἀλκμήνας τόκῳ Κύπρις ἐξέδωκεν·
ὢ τλάμων ὑμεναίων.

ὢ Θήβας ἱερὸν   antistr. 2.   555
τεῖχος, ὢ στόμα Δίρκας,
συνείπαιτ' ἂν ἁ Κύπρις οἷον ἕρπει.
βροντᾷ γὰρ ἀμφιπύρῳ τοκάδα
τὰν Διογόνοιο Βάκχου   560
νυμφευσαμέναν πότμῳ
φονίῳ κατέλυσεν.
δεινὰ γὰρ πάντα γ' ἐπιπνεῖ, μέλισσα δ'
οἷα τις πεπόταται.

ΦΑΙ.   σιγήσατ', ὢ γυναῖκες· ἐξειργάσμεθα.   565
ΧΟ.   σιγῶ· τὸ μέντοι φροίμιον κακὸν τόδε.   568

---

546. ἄζυγα λέκτρων wie ἄζυγες γάμων Iph. A. 805, εὐνῆς ἄζυγες γαμηλίου Med. 673, w. s. Vgl. Trach. 536 κόρην γάρ, οἷμαι δ' οὐκέτ', ἀλλ' ἐξευγμένην.

549. ζεύξασα, ἀποχωρίσασα Schol.

549 f. wie eine im Lauf dahin-stürmende rasende Bakchantin, welche blind wütend alles was sich ihr entgegenstellt zerreiſet und vernichtet. Iole gleicht nur deshalb einer solchen, weil sie der Anlaſs zu Blut und Zerstörung geworden. Vgl. Soph. Trach. 466 γῆν πατρῴαν οὐχ ἑκοῦσα δύσμορος ἔπερσε καδούλωσεν.

554. τλάμων (Iole) ὑμεναίων: zu 366, vgl. 570.

557. συνείπαιτε, συμμαρτυρήσαιτε Schol. — οἷον (Acc. des inneren Objekts) ἕρπει, welcher Art das Wandeln ist, wie Leichen ihre Spur kennzeichnen.

559. Kypris war es, die mit dem flammenden Wetterstrahl dem Leben der Semele ein Ende machte, insofern die Liebe des Zeus die erste Ursache ihres Todes war. — τοκάδα: vgl. Bacch. 87 Βρόμιον ὅν ποτ' ἔχουσ' ἐν ὠδίνων λοχίαις ἀνάγ-

καισι πταμένας Διὸς βροντᾶς νηδύος ἔκβολον μάτηρ ἔτεκεν, λιποῦσ' αἰῶνα κεραυνίῳ πλαγᾷ.

561 f. νυμφευσαμέναν πότμῳ φονίῳ, die unter tödlichem Verhängnis sich (mit Zeus) verbunden hatte. Eine tragische Vorstellung: der bräutliche Genius wurde zum Genius des Todes! Vgl. zu Med. 985.

563 f. Allerwärts spürt man den Hauch der Gewaltigen, da sie der Biene gleich von Blume zu Blume flattert und bald da, bald dort ihren Stachel ansetzt.

565—731 zweites Epeisodion. Die Anträge der Amme werden von Hippolyt mit Entrüstung zurückgewiesen; die Scham treibt Phädra zum Tode; doch soll auch Hippolyt seinen Stolz büfsen. — Nach einer kurzen Einleitung folgt 569—600 ein Kommos.

568. τὸ φροίμιον τόδε, nämlich das Wort ἐξειργάσμεθα. Vgl. 881, Hek. 181 τί με δυσφημεῖς; φροίμιά μοι κακά, Tro. 712 τί δ' ἔστιν; ὥς μοι φροιμίων ἄρχῃ κακῶν, Phön. 1336 οἰχόμεσθ'· οὐκ εὐπροσώποις φροιμίοις ἄρχῃ λόγου.

ΦΑΙ. ἐπίσχετ᾽, αὐδὴν τῶν ἔσωθεν ἐκμάθω. 567

ΧΟ. τί δ᾽ ἔστι, Φαίδρα, δεινὸν ἐν δόμοισί σοι; 566

ΦΑΙ. ἰώ μοι, αἰαῖ αἰαῖ·
    ὢ δυστάλαινα τῶν ἐμῶν παθημάτων. 570

ΧΟ. τίνα θροεῖς αὐδάν; τίνα λόγον βοᾷς;
    ἔνεπε τίς φοβεῖ σε φάμα, γύναι,
    φρένας ἐπίσσυτος.

ΦΑΙ. ἀπωλόμεσθα. ταῖσδ᾽ ἐπιστᾶσαι πύλαις 575
    ἀκούσαθ᾽ οἷος κέλαδος ἔνδον ἵσταται.

ΧΟ. σὺ παρὰ κλῇθρα· σοὶ μέλει πομπίμα
    φάτις δωμάτων.
    ἔνεπε δ᾽ ἔνεπέ μοι, τί ποτ᾽ ἔβα κακόν; 580

ΦΑΙ. ὁ τῆς φιλίππου παῖς Ἀμαζόνος βοᾷ
    Ἱππόλυτος, αὐδῶν δεινὰ πρόσπολον κακά.

ΧΟ. ἀχὰν μὲν κλύω, σαφὲς δ᾽ οὐκ ἔχω 585
    γεγωνεῖν οἷα
    διὰ πύλας ἔμολεν ἔμολε σοὶ βοά.   ˙

ΦΑΙ. καὶ μὴν σαφῶς γε τὴν κακῶν προμνήστριαν,
    τὴν δεσπότου προδοῦσαν ἐξαυδᾷ λέχος. 590

ΧΟ. ὤμοι ἐγὼ κακῶν· προδέδοσαι, φίλα.
    τί σοι μήσομαι;
    τὰ κρύπτ᾽ ἄρα πέφηνε, διὰ δ᾽ ὄλλυσαι

---

567. ἐπίσχετε: vgl. Hek. 1283 οὐκ ἐφέξετε στόμα. Auf den (exhortativen) Konj. ἐκμάθω hat ἐπίσχετε Einfluß; ebenso unten 1353 σχές, Herk. 1059 σῖγα, πνοὰς μάθω und Bacch. 341 δεῦρό σου στέψω κάρα das imperativische σῖγα und δεῦρο, häufig φέρε wie unten 864 f. Vgl. Kr. I § 54, 2, 1.

571. τίνα .. αὐδάν; (welchen Klageruf läßt du ertönen?) bezieht sich auf ἰώ .. αἰαῖ u. τίνα .. λόγον; auf ὤ .. παθημάτων.

573 f. σὲ .. φρένας (sogen. σχῆμα καθ᾽ ὅλον καὶ μέρος): Kr. II 46, 16, 2.

576. κέλαδος ἵσταται (sich erhebt): vgl. Soph. Phil. 1263 θόρυβος ἵσταται βοῆς und die geläufigen Ausdrücke βοὴν, κραυγήν, ἰαχὰν ἵσταναι, bei Homer ἵστατο νεῖκος (Il. 13, 333).

578 f. πομπίμα (ἐκ) δωμάτων: zu 545.

584. πρόσπολον, die Amme.

587. διὰ πύλας wie 753 διὰ κῦμ᾽, Iph. T. 355 διὰ πέτρας Συμπληγάδας und noch einige Mal. Genetive wie πυλῶν, πετρῶν sind bei den Dichtern nicht beliebt.

589 f. τὴν: der Artikel wie bei καλεῖν, ἀποκαλεῖν dem direkten Rufe ἡ κακῶν προμνήστρια entsprechend. Vgl. Or. 1140 ὁ μητροφόντης δ᾽ οὐ καλῇ ταύτην κτανών, Herakl. 978 τὴν θρασεῖαν .. καὶ τὴν φρονοῦσαν μεῖζον .. λέξει (με), Iph. A. 1354 οἵ με τὸν γάμων ἀπεκάλουν ἥσσονα, Xenoph. Anab. VI 6, 7 ἀνακαλοῦντες τὸν προδότην (τὸν Δέξιππον); κακῶν ist Gen. von κακά (s. v. a. κακῶν γάμων).

592. μήσομαι, βουλεύσομαι Schol.

593 ff. διόλλυσαι δὲ πρόδοτος ἐκ φίλων.

ΦΑΙ. αἰαῖ, ἒ ἔ.

ΧΟ. πρόδοτος ἐκ φίλων.   595

ΦΑΙ. ἀπώλεσέν μ' εἰποῦσα συμφορὰς ἐμάς,
      φίλως, καλῶς δ' οὐ τήνδ' ἰωμένη νόσον.

ΧΟ. πῶς οὖν; τί δράσεις, ὦ παθοῦσ' ἀμήχανα;

ΦΑΙ. οὐκ οἶδα πλὴν ἕν· κατθανεῖν ὅσον τάχος
      τῶν νῦν παρόντων πημάτων ἄκος μόνον.   600

ΙΠΠΟΛΥΤΟΣ.

ὦ γαῖα μῆτερ ἡλίου τ' ἀναπτυχαί,
οἵων λόγων ἄρρητον εἰσήκουσ' ὄπα.

ΤΡΟΦΟΣ.

σίγησον, ὦ παῖ, πρίν τιν' αἰσθέσθαι βοῆς.

ΙΠ. οὐκ ἔστ' ἀκούσας δείν' ὅπως σιγήσομαι.

ΤΡ. ναὶ πρός σε τῆσδε δεξιᾶς εὐωλένου.   605

ΙΠ. οὐ μὴ προσοίσεις χεῖρα μηδ' ἅψῃ πέπλων;

ΤΡ. ὦ πρός σε γονάτων, μηδαμῶς μ' ἐξεργάσῃ.

ΙΠ. τί δ', εἴπερ, ὡς φής, μηδὲν εἴρηκας κακόν;

ΤΡ. ὁ μῦθος, ὦ παῖ, κοινὸς οὐδαμῶς ὅδε.

ΙΠ. τά τοι κάλ' ἐν πολλοῖσι κάλλιον λέγειν.   610

ΤΡ. ὦ τέκνον, ὅρκους μηδαμῶς ἀτιμάσῃς.

ΙΠ. ἡ γλῶσσ' ὀμώμοχ', ἡ δὲ φρὴν ἀνώμοτος.

---

597. φίλως (mit guter Meinung) ohne μέν wie 503, Androm. 584 δρᾶν εὖ, κακῶς δ' οὖ, Or. 100 ὀρθῶς ἔλεξας, οὐ φίλως δέ μοι λέγεις. — ἰωμένη de conatu.

598. πῶς οὖν; τί δράσεις; auch Hρk. 876, πῶς οὖν; τί δράσω; Med. 1376.

599. οὐκ οἶδα πλὴν ἕν findet sich noch fünfmal bei Euripides: El. 627, 752, Herk. 1143, Hiket. 933, Ion 311, bei Sophokles O. K. 1161.

601. In seiner Aufregung wendet sich Hippolyt nur an die Amme, ohne die anwesenden Personen, die auf der Seite stehende Phädra und den Chor, zu bemerken.

601. ἀναπτυχαί, Aufschliefsen des Auges, Aufblick (vgl. El. 868 νῦν ὄμμα τοὐμὸν ἀμπτυχαί τ' ἐλεύθεροι), Lichtglanz (οὐρανοῦ, αἰθέ-

ρος). — In dem Vers liegt gewisser- mafsen die Motivierung des Auf- tretens: er mufs ins Freie um seinen Gefühlen Luft zu machen. Vgl. zu Eur. Iph. T. 1.

605. πρός σε wie 607. Diese Stel- lung des Pronomens (wie im Lat. per te deos oro) und die Ellipse eines Verbums des Bittens findet sich am häufigsten bei Euripides. Vgl. Kr. II 68, 5, 2. δεξιᾶς εὐω- λένου: zu 200.

606. οὐ μή: zu 213. Vgl. Bacch. 343 οὐ μὴ προσοίσεις χεῖρα .. μηδ' ἐξομόρξῃ μωρίαν τὴν σὴν ἐμοί.

609. κοινός, οὐ πᾶσιν ὀφείλων ἀνακοινωθῆναι Schol.

612. ἀνώμοτος, aktivisch. Der Vers, der hier im Munde des Hipp. unverfänglich ist, aber als sprich- wörtliche Sentenz, für die er die

ΤΡ. ὦ παῖ, τί δράσεις; σοὺς φίλους διεργάσῃ;
ΙΠ. ἀπέπτυσ'· οὐδεὶς ἄδικός ἐστί μοι φίλος.
ΤΡ. σύγγνωθ'· ἁμαρτεῖν εἰκὸς ἀνθρώπους, τέκνον.   615
ΙΠ. ὦ Ζεῦ, τί δὴ κίβδηλον ἀνθρώποις κακὸν
γυναῖκας εἰς φῶς ἡλίου κατῴκισας; .
εἰ γὰρ βρότειον ἤθελες σπεῖραι γένος,
οὐκ ἐκ γυναικῶν χρῆν παρασχέσθαι τόδε,
ἀλλ' ἀντιθέντας σοῖσιν ἐν ναοῖς βροτοὺς   620
ἢ χρυσὸν ἢ σίδηρον ἢ χαλκοῦ βάρος
παίδων πρίασθαι σπέρμα, τοῦ τιμήματος
τῆς ἀξίας ἕκαστον· ἐν δὲ δώμασι
ναίειν ἐλευθέροισι θηλειῶν ἄτερ.
[νῦν δ' εἰς δόμους μὲν πρῶτον ἄξεσθαι κακὸν   625
μέλλοντες ὄλβον δωμάτων ἐκπίνομεν.]
τούτῳ δὲ δῆλον ὡς γυνὴ κακὸν μέγα·
προσθεὶς γὰρ ὁ σπείρας τε κἀκθρέψας πατὴρ
φερνὰς ἀπῴκισ', ὡς ἀπαλλαχθῇ κακοῦ.
ὁ δ' αὖ λαβὼν ἀτηρὸν εἰς δόμους φυτὸν   630
γέγηθε κόσμον προστιθεὶς ἀγάλματι
καλὸν κακίστῳ καὶ πέπλοισιν ἐκπονεῖ
δύστηνος, ὄλβον δωμάτων ὑπεξελών.

passendste Form hat, eine bedenkliche Anwendung zuläfst, wird von Aristophanes öfter verspottet: Frö. 101 φρένα μὲν οὐκ ἐθέλουσαν ὁμόσαι καθ' ἱερῶν, γλῶτταν δ' ἐπιορκήσασαν ἰδίᾳ τῆς φρενός, ebd. 1471, Thesm. 275. Vgl. auch Aristot. Rhet. III 15 und Cic. de off. III 29 scite enim Euripides 'iuravi lingua, mentem iniuratam gero'.

614. ἀπέπτυσα (pfui!), wie ἐπήνεσα, παρήνεσα, ἀπώμοσα, ἐγέλασα, ᾤμωξα (1405) zum Ausdruck, dafs durch das Wort oder die That des andern momentan der angenehme oder widrige Eindruck hervorgerufen wurde.

616. Vgl. Med. 573 χρῆν γὰρ ἄλλοθέν ποθεν βροτοὺς παῖδας τεκνοῦσθαι, θῆλυ δ' οὐκ εἶναι γένος· χοὔτως ἂν οὐκ ἦν οὐδὲν ἀνθρώποις κακόν.

622 f. ἕκαστον (παῖδα) τοῦ τιμήματος (abhängig von πρίασθαι) τῆς ἀξίας, jedes um den Schätzungs-

preis des Wertes, also nach dem Preise, den die Opfergabe wert ist. Der Schol. bemerkt: ἀτόπως ταῦτα· οἱ γὰρ πένητες οὐκ ἂν ἐκτήσαντο παῖδας.

625 f. Die Verse passen nicht in den Zusammenhang; auch könnte 627 nicht auf sie folgen. Sie entsprechen wohl der Sitte der Heroenzeit, wo die Braut gekauft wird (Hom. Il. 11, 243), aber Euripides hält sich an die Sitte seiner Zeit, vgl. 628 f. und zu Med. 232.

629. ἀπῴκισε: der Aor. drückt die Eile aus, welche der Vater hat, sie aus dem Hause zu bringen ('weg damit').

631. ἀγάλματι, dem 'Götzenbild'.

632. ἐκπονεῖ, weil von einem ἄγαλμα die Rede ist, welches durch den Schmuck seine Vollendung erhält.

633. ὑπεξελών, unversehens vergeudend.

ἔχει δ' ἀνάγκην, ὥστε κηδεύσας καλῶς
γαμβροῖσι χαίρων σῴζεται πικρὸν λέχος,   635
ἢ χρηστὰ λέκτρα, πενθεροὺς δ' ἀνωφελεῖς
λαβὼν πιέζει τἀγαθῷ τὸ δυστυχές.
ῥᾷον δ' ὅτῳ τὸ μηδὲν οὖσα κἀφελὴς
εὐηθίᾳ κατ' οἶκον ἵδρυται γυνή.
σοφὴν δὲ μισῶ· μὴ γὰρ ἔν γ' ἐμοῖς δόμοις   640
εἴη φρονοῦσα πλεῖον ἢ γυναῖκα χρή.
τὸ γὰρ κακοῦργον μᾶλλον ἐντίκτει Κύπρις
ἐν ταῖς σοφαῖσιν· ἡ δ' ἀμήχανος γυνὴ
γνώμῃ βραχείᾳ μωρίαν ἀφῃρέθη.
χρῆν δ' εἰς γυναῖκα πρόσπολον μὲν οὐ περᾶν,   645
ἄφθογγα δ' αὐταῖς συγκατοικίζειν δάκη
θηρῶν, ἵν' εἶχον μήτε προσφωνεῖν τινα
μήτ' ἐξ ἐκείνων φθέγμα δέξασθαι πάλιν.
νῦν δ' αἱ μὲν ἔνδον δρῶσιν αἱ κακαὶ κακὰ
βουλεύματ', ἔξω δ' ἐκφέρουσι πρόσπολοι.   650

634 ff. ταῦτα διεξέρχεται πάντη
τὸ πρὸς τὴν γυναῖκα μοχθηρὸν
ἀποδεικνὺς, ὡς μὴ μόνον τὸ πρὸς
ταύτην σκοπεῖν, ἀλλὰ καὶ τοὺς γά-
μους εἰ καλῶς σχοίη. Schol. In
seiner gereizten Stimmung läfst
Hippolyt dem Heiratenden nur die
Wahl, entweder der guten Verwandt-
schaft, in die er heiratet, zuliebe
eine schlechte Gattin zu behalten
oder sich mit der guten Gattin über
das Unglück unangenehmer Verwandten zu trösten. Übrigens würde
dieser Gedanke in einem anderen
Zusammenhang, wo von dem Nachteile des Heiratens die Rede wäre,
besser am Platze sein als hier, wo
das Zugeständnis von χρηστὰ λέκτρα
dem Sinn des Hippolyt wenig entspricht, der in jedem Weibe ein
ἀτηρὸν φυτόν sieht. — γαμβροῖσι:
γαμβρός bei den Ätolern Bräutigam,
in der attischen Sprache Schwieger-
sohn, oft auch Schwiegervater (frg.
73) oder sonst angeheirateter Verwandte. — πιέζει (vgl. Hesych.
πιέζειν· μαλάσσειν), comprimit.
638 f. ῥᾷον ὅτῳ, wie häufig
αἴσχιστον ὅστις. — τὸ μηδέν, das
reine Nichts. — ἀφελὴς εὐηθία
(dieselbe Form um des Versmaſses

willen Äsch. Prom. 399), schlicht
in ihrer Einfalt. Vgl Thuc. III 83
τὸ εὔηθες, οὗ τὸ γενναῖον πλεῖστον μετέχει, καταγελασθὲν ἠφανί-
σθη. — ἵδρυται: ἐπὶ ἀνδριάντος τὸ
ἵδρυται, οὐκ ἔργοις, ἀλλὰ θέᾳ τέρ-
ποντος τὸν κεκτημένον. Schol.
641. Für πλεῖον — in der att.
Sprache gewöhnlich πλέον — erwartet man μεῖζον (vgl. Herakl. 979
τὴν φρονοῦσαν μεῖζον ἢ γυναῖκα
χρή), aber der Wunsch scheint dem
Sinne des Hipp., der jede Ehe verschmäht, überhaupt wenig zu entsprechen, so daſs die Echtheit von
640 f. gleichfalls zweifelhaft ist.
644. βραχεία, beschränkt. —
μωρίαν, impudicitiam, libidinem
(Monk). Ebenso τὸ μῶρον 966. —
ἀφῃρέθη wie ἀπώκισε 629, ohne
daſs hier das Momentane besonders
hervortritt.
645. εἰς γυναῖκα, zur Frau hinein,
εἰς γυναικωνῖτιν.
646. αὐταῖς nach γυναῖκα, indem
die Vorstellung, was jeder für sich
thun soll, in die, was alle thun
sollen, übergeht.
647. εἶχον wie 980, 1079. Kr. I
54, 8, 8, Koch 111, 4.

ὡς καὶ σύ γ' ἡμῖν πατρός, ὦ κακὸν κάρα,
λέκτρων ἀθίκτων ἦλθες εἰς συναλλαγάς·
ἀγὼ ῥυτοῖς νασμοῖσιν ἐξομόρξομαι,
εἰς ὦτα κλύζων. πῶς ἂν οὖν εἴην κακός,
ὃς οὐδ' ἀκούσας τοιάδ' ἁγνεύειν δοκῶ;   655
εὖ δ' ἴσθι, τοὐμόν σ' εὐσεβὲς σῴζει, γύναι·
εἰ μὴ γὰρ ὅρκοις θεῶν ἄφρακτος ᾑρέθην,
οὐ τἂν ἐπέσχον μὴ οὐ τάδ' ἐξειπεῖν πατρί.
νῦν δ' ἐκ δόμων μέν, ἔστ' ἂν ἐκδημῇ χθονὸς
Θησεύς, ἄπειμι· σῖγα δ' ἕξομεν στόμα.   660
θεάσομαι δὲ σὺν πατρὸς μολὼν ποδί,
πῶς νιν προσόψει, καὶ σὺ καὶ δέσποινα σή·
τῆς σῆς δὲ τόλμης εἴσομαι γεγευμένος.
ὄλοισθε. μισῶν δ' οὔποτ' ἐμπλησθήσομαι

---

651. κακὸν κάρα: vgl. 1054 σὸν
ἐχθαίρω κάρα. Die Umschreibung
mit κάρα ist gewöhnlicher bei lieben
und werten Personen (φίλη κεφαλή
Hom. Il. 8, 281, ὦ κοινὸν αὐτά-
δελφον Ἰσμήνης κάρα Soph. Ant. 1,
desiderium tam cari capitis Hor.
carm. I 24, 1, 'des redlichen Diego
greises Haupt').
652. ἦλθες εἰς συναλλαγάς, du
unternahmst die Verkuppelung.
653. ἃ: das ἐλθεῖν εἰς συναλλαγάς geschah durch Worte.
653. ῥυτοῖς νασμοῖσιν: über die
reinigende Kraft des Flußwassers
zu Iph. T. 1192 f. und Verg. Aen.
II 718 me bello e tanto digressum
et caede recenti attrectare (nämlich sacra) nefas, donec me flumine
vivo abluero.
656. Über den Sigmatismus dieses
Verses vgl. zu Med. 476. Auch
die V. 501, 838, 863, 1167 leiden
mehr oder weniger daran.
657. ἄφρακτος, ἀπαραφύλακτος
Schol., haud armatus adversus in-
sidias (Valck.), unbewacht, unver-
wahrt. — ὅρκοις .. ᾑρέθην, captus,
deceptus essem. Vgl. Hel. 1621 ὦ
γυναικείαις τέχναισιν αἱρεθεὶς ἐγὼ
τάλας.
658. ἐπέσχον, ich hätte an mich
gehalten.
659. ἐκ δόμων: διὰ τὸ μὴ μετα-
σχεῖν τοῦ μίσους (vielmehr μύσους)

αὐτῆς Schol. Hipp. kann es nicht
aushalten in dem befleckten Hause.
Gut bemerkt der Scholiast: ὁ
ποιητὴς οἰκονομικώτατα τοῦτο ἐξερ-
γάζεται, διὰ τῆς τοῦ Ἱππολύτου
ἀπουσίας ἐξουσίαν διδοὺς τῇ Φαίδρᾳ ἐργάσασθαι τὴν ἀγχόνην καὶ
τὴν διαβολὴν αὐτοῦ τὴν διὰ τῶν
γραμμάτων, ἵνα ἡ δέλτος καὶ ἡ τοῦ
Ἱππολύτου ἐρημία πιστώσηται τὴν
κατηγορίαν τῆς μοιχείας.
660. Hik. 513 σῖγ', Ἄδραστ', ἔχε
στόμα.
661. σὺν .. ποδί: quando cum
patre reverso rediero. Vgl. Or.
1217 παρθένου δέχου πόδα (redi-
tum).
662. Erst nachträglich tritt καὶ
σύ hinzu, um noch καὶ δέσποινα
σή anzufügen. Vgl. 819.
663. Deine Dreistigkeit habe ich
gekostet und werde sie mir merken.
Der Vers dient nur dazu, die folgende Expektoration zu vermitteln.
664 f. 'Ich werde nie überdrüssig
werden, meinem Hasse Luft zu
machen, mag man auch sagen, daß
ich immer davon rede.' Durch
den Mund des Hipp. spricht der
Dichter mehr in eigenem Namen.
Zum Gedanken vgl. fragm. 86 γυναῖκα δ' ὅστις παύσεται λέγων κακῶς, δύστηνος ἄρα κοὐ σοφὸς κεκλήσεται.

γυναῖκας, οὐδ' εἴ φησί τίς μ' ἀεὶ λέγειν· 665
ἀεὶ γὰρ οὖν πώς εἰσι κἀκεῖναι κακαί.
ἢ νῦν τις αὐτὰς σωφρονεῖν διδαξάτω,
ἢ κἄμ' ἐάτω ταῖσδ' ἐπεμβαίνειν ἀεί.

ΦΑΙ. τάλανες ὦ κακοτυχεῖς   antistr.
γυναικῶν πότμοι.

τίν' αὖ νῦν τέχναν ἔχομεν, ἐλπίδος 670
σφαλεῖσαι, κάθαμμα λύειν λόγου;
ἐτύχομεν δίκας· ἰὼ γᾶ καὶ φῶς.

πᾷ ποτ' ἐξαλύξω τύχας;
πῶς δὲ πῆμα κρύψω, φίλαι;
τίς ἂν θεῶν ἀρωγὸς ἢ τίς ἂν βροτῶν 675
πάρεδρος ἢ ξυνεργὸς ἀδίκων ἔργων
φανείη; τὸ γὰρ παρ' ἡμῖν πάθος
πέρας δυσεκπέρατον ἔρχεται βίου.
κακοτυχεστάτα γυναικῶν ἐγώ.

ΧΟ. φεῦ φεῦ, πέπρακται, κοὐ κατώρθωνται τέχναι, 680
δέσποινα, τῆς σῆς προσπόλου, κακῶς δ' ἔχει.

ΦΑΙ. ὦ παγκακίστη καὶ φίλων διαφθορεῦ,
οἶ' εἰργάσω με. Ζεύς σε γεννήτωρ ἐμὸς
πρόρριζον ἐκτρίψειεν οὐτάσας πυρί.

οὐκ εἶπον, οὐ σῆς προυννοησάμην φρενός, 685

668. Hipp. eilt (links) davon. —
Das μέλος (ἀπὸ σκηνῆς) der Phädra
entspricht dem Gesange des Chor-
führers 362.
669. κακοτυχεῖς πότμοι: zu 200.
Asch. Ag. 1130 κακόποτμοι τύχαι.
671. σφαλεῖσαι: Phädra denkt,
wie auch bei dem folgenden ἐτύχομεν δίκας, zugleich an ihre Dienerin; sonst müste σφαλέντες stehen
(zu 849). — κάθαμμα λύειν: Zenob.
prov. IV 46 παροιμία ἐπὶ τῶν δύσ-
λυτόν τι λύειν ἐπιχειρούντων.
673. τύχας, τὰς δυστυχίας Schol.
674. πῆμα, νόσον Liebeskrankheit.
676. In einer Sache, wo ich im
Unrecht bin, werde ich keines
Menschen Beistand und Hilfe an-
rufen können. Vgl. Aristoph Thesm.
715 τίς ἄν σοι, τίς ἂν ξύμμαχος ἐκ
θεῶν ἀθανάτων ἔλθοι ξὺν ἀδίκοις
ἔργοις.
677 f. Unsere Stimmung kommt

uns als eine Grenze des Lebens,
über die schwer wegzukommen ist,
d. i. die Stimmung, die über uns
kommt, läfst uns das Lebensende
als unabweisbar erscheinen.
680. πέπρακται, actum est, es ist
geschehen. Ebenso 778. — κατώρθωνται (sind von Erfolg begleitet):
vgl. Thuc. II 65 κατορθούμενα
μὲν — σφαλέντα δέ.
682. διαφθορεῦ: vgl. Hel. 280
φονεὺς αὐτῆς ἐγώ (Helena).
683. Ζεὺς γεννήτωρ ἐμός: Εὐρώ-
πης γὰρ καὶ Διὸς ὁ Μίνως Schol.
684. πρόρριζον ἐκτρίψειεν: vgl.
Herod. VI 86 ἐκτέτριπται πρόρριζος
und das sprichwörtliche πίτυος
δίκην ἐκτρίβεσθαι. — οὐτάσας πυρί:
βαλὼν τῷ κεραυνῷ Schol.
685. εἶπον: Der Befehl ist in 520
ausgesprochen. — οὐ .. φρενός
steht parenthetisch statt eines Par-
ticipialsatzes ('in Vorsorge um deine
Gedanken und Pläne').

σιγᾶν ἐφ' οἷσι νῦν ἐγὼ κακύνομαι;
σὺ δ' οὐκ ἀνέσχου· τοιγὰρ οὐκέτ' εὐκλεεῖς
θανούμεθ'. ἀλλὰ δεῖ με δὴ καινῶν λόγων.
οὗτος γὰρ ὀργῇ συντεθηγμένος φρένας
ἐρεῖ καθ' ἡμῶν πατρὶ σὰς ἁμαρτίας,   690
[ἐρεῖ δὲ Πιτθεῖ τῷ γέροντι συμφοράς,]
πλήσει δὲ πᾶσαν γαῖαν αἰσχίστων λόγων.
ὄλοιο καὶ σὺ χὥστις ἄκοντας φίλους
πρόθυμός ἐστι μὴ καλῶς εὐεργετεῖν.

ΤΡ.   δέσποιν', ἔχεις μὲν τἀμὰ μέμψασθαι κακά·   695
τὸ γὰρ δάκνον σου τὴν διάγνωσιν κρατεῖ·
ἔχω δὲ κἀγὼ πρὸς τάδ', εἰ δέξῃ, λέγειν.
ἔθρεψά σ' εὔνους τ' εἰμί· τῆς νόσου δέ σοι
ζητοῦσα φάρμαχ' ηὗρον οὐχ ἀβουλόμην.
εἰ δ' εὖ γ' ἔπραξα, κάρτ' ἂν ἐν σοφοῖσιν ἦ·   700
πρὸς τὰς τύχας γὰρ τὰς φρένας κεκτήμεθα.

ΦΑΙ. ἦ καὶ δίκαια ταῦτα κἀξαρκοῦντά μοι,
τρώσασαν ἡμᾶς εἶτά σ' ἐγχειρεῖν λόγους;

ΤΡ.   μακρηγοροῦμεν· οὐκ ἐσωφρόνουν ἐγώ,
ἀλλ' ἔστι κἀκ τῶνδ' ὥστε σωθῆναι, τέκνον.   705

ΦΑΙ. παῦσαι λέγουσα· καὶ τὰ πρὶν γὰρ οὐ καλῶς
παρῄνεσάς μοι κἀπεχείρησας κακά.

---

686. κακύνομαι, in üblem Rufe
bin.

687. ἀνέσχου (scil. σιγῶσα), brach-
test es über dich.

688. λόγων, consiliorum.

691. Der Vers, welcher in einer
guten Handschrift fehlt, erweist
sich durch den hier unnützen Gedanken und durch das unpassende
συμφοράς als Interpolation.

695 f. Bei der Befangenheit dei-
nes Urteils findest du Stoff meine
Fehler zu tadeln. — τὸ δάκνον (das
Schmerzgefühl): zu 248.

700. εὖ ἔπραξα, hätte ich Glück
gehabt. — σοφοῖσιν: zu 349.

701. 'nach Maßgabe des Erfolgs
besitzen wir (in den Augen der
Menschen) den Verstand'. Vgl. Hel.
321 πρὸς τὰς τύχας τὸ χάρμα τοὺς
γόους τ' ἔχε. Der Erfolg entschei-
det über den Ruf der Klugheit oder

des Unverstands unserer Unterneh-
mungen. Vgl. Cic. pro Rabir. I 1
hoc plerumque facimus, ut con-
silia eventis ponderemus et cui
bene quid processerit, multum il-
lum providisse, cui secus, nihil
sensisse dicamus. Anders Senec.
Phaedr. 598 honesta quaedam sce-
lera successus facit und Schiller
Wallenstein I 7 'und wenn's ge-
lingt, so ist es auch verziehn; denn
jeder Ausgang ist ein Gottesurteil'.

703. ἐγχειρεῖν λόγους, eine Rechtfertigung versuchen.

705. καὶ ἐκ τῶνδε, auch nach
solchen Vorgängen: zu Med. 459. —
ἔστιν ὥστε wie συμβαίνει ὥστε.
Ebenso Soph. Phil. 656, πάρεστ'
ἄρ' ἡμῖν ὥστε Soph. El. 1454.

706 f. τὰ πρὶν ist Objekt zu παρ-
ῄνεσας. — κακά, nicht κακοῖς:
das Ergebnis deines Thuns war
Unheil.

ἀλλ' ἐκποδὼν ἄπελθε καὶ σαυτῆς πέρι
φρόντιζ'· ἐγὼ δὲ τἀμὰ θήσομαι καλῶς.
ὑμεῖς δέ, παῖδες εὐγενεῖς Τροιζήνιαι,   710
τοσόνδε μοι παράσχετ' ἐξαιτουμένῃ,
σιγῇ καλύπτειν ἀνθάδ' εἰσηκούσατε.

ΧΟ. ὄμνυμι σεμνὴν Ἄρτεμιν, Διὸς κόρην,
μηδὲν κακῶν σῶν εἰς φάος δείξειν ποτέ.

ΦΑΙ. καλῶς ἔλεξας· πᾶν δ' ἔπος στρέφουσ' ἐγὼ   715
εὕρημα μοῦνον τῆσδε συμφορᾶς ἔχω,
ὥστ' εὐκλεᾶ μὲν παισὶ προσθεῖναι βίον,
αὐτή τ' ὄνασθαι πρὸς τὰ νῦν πεπτωκότα.
οὐ γάρ ποτ' αἰσχυνῶ γε Κρησίους δόμους,
οὐδ' εἰς πρόσωπον Θησέως ἀφίξομαι   720
αἰσχροῖς ἐπ' ἔργοις εἵνεκα ψυχῆς μιᾶς.

ΧΟ. μέλλεις δὲ δὴ τί δρᾶν ἀνήκεστον κακόν;

ΦΑΙ. θανεῖν· ὅπως δέ, τοῦτ' ἐγὼ βουλεύσομαι.

ΧΟ. εὔφημος ἴσθι. ΦΑΙ. καὶ σύ γ' εὖ με νουθέτει.
ἐγὼ δὲ Κύπριν, ἥπερ ἐξόλλυσί με,   725
ψυχῆς ἀπαλλαχθεῖσα τῇδ' ἐν ἡμέρᾳ

---

708 f. σαυτῆς πέρι φρόντιζε, d. i. mische dich nicht in fremde Angelegenheiten, εἰς οἶκον ἰοῦσα τέ' αὐτῆς ἔργα κόμιζε Hom. Il. 6, 490. Vgl. zu 785. — Die Amme ins Haus zurück.

712. Schol. αἱ δὲ (scil. γυναῖκες τοῦ χοροῦ) ὀμνύουσιν οἰκονομικῶς καὶ σιωπᾶν ἐπαγγέλλονται· λύοιτο γὰρ ἂν τὰ τῆς ὑποθέσεως. Daher das Gesetz der antiken Dramaturgie, welche die fortwährende Anwesenheit des Chors auf der Bühne zu beachten hatte, bei Hor. de a. p. 200: ille (nämlich chorus) tegat commissa. Vgl. zu Med. 263. Der Schwur erfüllt seinen Zweck 804, wo die Aufklärung des Theseus die weitereHandlung unmöglich machen würde.

715. καλῶς ἔλεξας: ebenso Alk. 1104, Bacch. 953, Hek. 1007, Hel. 141, 158, El. 640, Herakl. 726, Iph. A.829, Iph. T.597, 766, 909, Ion 648.

715 f. πᾶν δ' ἔπος στρέφουσα, jeglichen Gedanken hin und herwälzend. — εὕρημα (vgl. Herakl.

533 εὕρημα γάρ τοι μὴ φιλοψυχοῦσ' ἐγὼ κάλλιστον ηὕρηκ', εὐκλεῶς λιπεῖν μόνον) μοῦνον τῆσδε σ. ἔχω, ich habe nur einen Ausweg aus diesem Unglück gefunden um u. s. w.

717 f. εὐκλεᾶ μὲν, als ob εὐκλεῆς δ' αὐτὴ κτέ. folgen sollte. Dafür tritt eine andere Wendung ein, deshalb τὲ. Ebenso 996. Vgl. zu Med. 125 f., zu Soph. Phil. 1425. — πρὸς τὰ νῦν πεπτωκότα: vgl. Iph. A. 1343 οὐκ ἐν ἁβρότητι κεῖσαι πρὸς τὰ νῦν πεπτωκότα, Plat. Polit. X 604 C ὥσπερ ἐν πτώσει κύβων, πρὸς τὰ πεπτωκότα τίθεσθαι τὰ αὑτοῦ πράγματα und zu Med. 55.

721. εἵνεκα . . μιᾶς: das eine (arme) Leben ist mir nicht so viel wert, um seinetwillen solche Schande zu ertragen.

722. ἀνήκεστον wird besonders gebraucht, wenn es sich um Mord handelt.

724. εὔφημος ἴσθι wie Or. 1327, εὔφημα φώνει Herk. 1184, Iph. T. 687, Soph. Ai. 362, El. 1211.

τέρψω· πικροῦ δ᾽ ἔρωτος ἡσσηθήσομαι.
ἀτὰρ κακόν γε χἀτέρῳ γενήσομαι
θανοῦσ᾽, ἵν᾽ εἰδῇ μὴ ᾽πὶ τοῖς ἐμοῖς κακοῖς
ὑψηλὸς εἶναι· τῆς νόσου δὲ τῆσδέ μοι   730
κοινῇ μετασχὼν σωφρονεῖν μαθήσεται.

XO. ἠλιβάτοις ὑπὸ κευθμῶσι γενοίμαν   str. 1
     χθονὸς ἢ πτεροῦσσαν ὄρνιν
     θεός ἐν με ποταναῖς ἀγέλαις θείη.
     ἀρθείην δ᾽ ἐπὶ πόντιον   735
     κῦμα τᾶς Ἀδριηνᾶς
     ἄλμας Ἠριδανοῦ θ᾽ ὕδωρ,
     ἔνθα πορφύρεον σταλάσσουσ᾽
     εἰς οἶδμα πόρου τάλαιναι
     κόραι Φαέθοντος οἴκτῳ δακρύων   740
     τὰς ἠλεκτροφαεῖς αὐγάς.
     Ἑσπερίδων δ᾽ ἐπὶ μηλόσπορον ἀκτὰν   antistr. 1.

728. χἀτέρῳ: vgl. Iph. T. 548
τίθημι᾽ ὁ τλήμων, πρὸς δ᾽ ἀπώλεσέν τινα, Soph. Ant. 751 ἥδ᾽ οὖν
θανεῖται καὶ θανοῦσ᾽ ὀλεῖ τινα.
731. κοινῇ μετασχών d. i. die
Folgen dieser Krankheit mit mir tei-
lend. — σωφρονεῖν, Bescheidenheit.
732—775 zweites Stasimon.
Der Chor wünscht in die Tiefe oder
Höhe oder fernste Ferne entrückt
zu sein, um das grausige Schau-
spiel des Selbstmordes der Phädra
nicht mit ansehen zu müssen, die
der Nachen einst — gewiß unter
ungünstigen Vorzeichen — zu ihrem
Unheile von Kreta nach Attika getragen. — Der Dichter benützt die
Gelegenheit, von den Wunderlanden
der Dichtung und Sage in gefühl-
vollen elegischen Weisen zu singen.
732 f. ἠλιβάτοις (jäh, tief, βαθυ-
τάτοις Schol.) . . κευθμῶσι χθονός:
vgl. Hes. Theog. 483 ἄντρῳ ἐν ἠλι-
βάτῳ ζαθέης ὑπὸ κεύθεσι γαίης.
Ähnliche Wünsche 1290 ff., Ion 796,
1238 τίνα φυγὰν πτερόεσσαν ἢ
χθονὸς ὑπὸ σκοτίων μυχᾶν πορευθῶ,
fragm. 781, 57 ποῖ πόδα πτερόεντα
καταστάσω; ἀν᾽ αἰθέρ᾽ ἢ γᾶς ὑπὸ
κεῦθος ἄφαντον ἐξαμαυρωθῶ; Soph.
Trach. 953 ff., Ai. 1192 ff., fragm.

423 γενοίμαν αἰετὸς ὑψιπέτας, ὡς
ἀμποταθείην ὑπὲρ ἀτρυγέτου γλαυ-
κᾶς ἐπ᾽ οἶδμα λίμνας. Hom. Il. 6,
854 ff. Vgl. auch Herk. 1157, Med.
1296.
737. Den sagenhaften Fluß des
Westens Eridanos kennt schon He-
siod (Theog. 338 Ἠριδανὸν βαθυ-
δίνην). Äschylus versetzte ihn in
den Ἡλιάδες nach Iberien (Plin.
H. N. 37, 2, 11), Herod. III 115 bezeichnet ihn als eine Erfindung der
Dichter, später identificierte man
ihn mit dem Po. Vgl. Plin. a. O.
Phaethontis fulmine icti sorores,
luctu mutatas in arbores populos,
lacrimis electrum omnibus annis
fundere iuxta Eridanum amnem,
quem Padum vocavimus, electrum
appellatum, quoniam sol vocatus
sit ἠλέκτωρ, plurumi poetae dixere,
primique, ut arbitror, Aeschylus,
Philoxenus, Euripides, Satyrus, Ni-
cander.
739 f. πόρου, des Stromes. Vgl.
Asch. Sieb. 365 πόρον δ᾽ Ἰσμηνὸν,
Prom. 832 νᾶμα Πλούτωνος πόρου.
— τάλαιναι κόραι, die Heliaden. —
οἴκτῳ Φαέθοντος: vgl. Ovid. Met.
II 340 ff. Das tragische Geschick
des Phaëthon hat Euripides in einer
Tragödie behandelt.

ἀνύσαιμι τᾶν ἀοιδῶν,
ἵν᾽ ὁ ποντομέδων πορφυρέας λίμνας
ναύταις οὐκέθ᾽ ὁδὸν νέμει,   745
σεμνὸν τέρμονα κραίνων
οὐρανοῦ, τὸν Ἄτλας ἔχει,
κρῆναί τ᾽ ἀμβρόσιαι χέονται
Ζηνὸς μελάθρων παρ᾽ ἀκτᾶς,
ἵν᾽ ἁ βιόδωρος αὔξει ζαθέα   750
χθὼν εὐδαιμονίαν θνατοῖς.
ὦ λευκόπτερε Κρησία   str. 2.
πορθμίς, ἃ διὰ πόντιον
κῦμ᾽ ἁλίκτυπον ἅλμας
ἐπόρευσας ἐμὰν ἄνασσαν   755
ὀλβίων ἀπ᾽ οἴκων,
κακονυμφοτάταν ὄνασιν.
ἦ γὰρ ἀπ᾽ ἀμφοτέρων ἦν

743. ἀνύσαιμι (ὁδόν), vgl. Soph.
Trach. 659 πρὶν τάνδε πρὸς πόλιν
ἀνύσειε. — τᾶν ἀοιδῶν: vgl. Herk.
394 ὑμνῳδῶν τε χορᾶν ἤλυθεν
Ἑσπερίδων ἐς αὐλάν, Hes. Theog.
517 Ἄτλας δ᾽ οὐρανὸν εὐρὺν ἔχει
κρατερῆς ὑπ᾽ ἀνάγκης, πείρασιν ἐν
γαίης, πρόπαρ Ἑσπερίδων λιγυ-
φώνων, Apollon. Rh. IV 1399 ἀμφὶ
δὲ νύμφαι Ἑσπερίδες ποίπνυον ἐφί-
μερον ἀείδουσαι.
744 ποντομέδων λίμνας: vgl. εὐδαι-
μονίας ὀλβοδόταν Bacch. 571.
745 f. Poseidon verwehrt den
Schiffern den weiteren Weg, indem
er dort die Grenzlinie des Himmels
und der Erde (des Meeres) festsetzt.
749. Der ambrosische Strom ent-
springt an den Stufen des Palastes
des Zeus. Vgl. Plaut. Trin. IV 2,
98 ád caput amnis quí de caelo
exóritur sub rolió Iovis. Zu ἀκτᾶς
vgl. Soph. O. Tyr. 184 ἀκτὰν παρὰ
βώμιον, Äsch. Cho. 718 ἀκτὴ χώ-
ματος. Äschylus kennt einen Leben
und Segen spendenden See im Lande
der Äthiopen (fragm. 186). Der
Mythus von einem im Reiche der
Götter entspringenden Strom, der
den Bewohnern des Hesperiden-
gartens Segen spendet, geht auf dieselbe Vorstellung von einem himm-

lischen Leben spendenden Strome
zurück, welche durch das Nieder-
strömen des befruchtenden Regens
aus himmlischen Höhen erzeugt
wurde.
750 f. βιόδωρος χθών dem homerischen ζείδωρος ἄρουρα entsprechend. Vgl. Soph. Phil. 1162 βιόδωρος αἶα.
752. λευκόπτερε: vgl. λινόπτερ᾽ ..
ναυτίλων ὀχήματα Äsch. Prom. 484,
naves velivolae Ennius bei Serv.
zu Verg. Aen. II 224, rates velivolae
Ov. Pont. IV 5, 42.
757. κακονυμφοτάταν ὄνασιν (ein
Oxymoron) steht als Appos. zum
Inhalt des vorhergehenden Satzes,
das Ergebnis der Handlung bezeichnend. Kr. I 57, 10, 10. Mit
der Fahrt war der Genuß bräutlicher Wonne verbunden, aber der
Genuß barg das Unheil im Schoße.
758. ἦ γὰρ .. ἦν ohne Rücksicht auf den vorausgehenden Vokativ ὦ .. πορθμίς, nach dem es
ἦ .. ἦσθα heißen sollte. — ἀπ᾽
ἀμφοτέρων wird erklärt durch Κρησίας τ᾽ ἐκ γᾶς .. Μουνίχου τ᾽ (ἐξ)
ἀκτᾶς. Ungünstige Vorzeichen be-
gleiteten die Abfahrt von Kreta
und die Landung in Attika.

Κρησίας τ' ἐκ γᾶς δύσορνις,
ἔπταθ' ἃς κλεινὰς Ἀθήνας,   760
Μουνίχου τ' ἀκτᾶς ἵν' ἐκδήσαντο πλεκτὰς πεισμάτων ἀρ-
χὰς ἐπ' ἀπείρου τε γᾶς ἔβασαν.
ἀνθ' ὧν οὐχ ὁσίων ἐρώ-   antistr. 2.
των δεινᾷ φρένας Ἀφροδί-   765
τας νόσῳ κατεκλάσθη·
χαλεπᾷ δ' ὑπέραντλος οὖσα
συμφορᾷ, τεράμνων
ἀπὸ νυμφιδίων κρεμαστὸν
ἅψεται ἀμφὶ βρόχον λευ-   770
κᾷ καθαρμόζουσα δείρᾳ,
δαίμονα στυγνὰν καταιδε-
σθεῖσα τάν τ' εὔδοξον ἀνθαιρουμένα φάμαν ἀπαλλάσ-
σουσά τ' ἀλγεινὸν φρενῶν μίασμα.   775

(ΘΕ.) ἰοὺ ἰού·
βοηδρομεῖτε πάντες οἱ πέλας δόμων·
ἐν ἀγχόναις δέσποινα, Θησέως δάμαρ.

760. ἃς .. Ἀθήνας: über die lokale Bedeutung des Gen. u. Acc. zu 545.

761 f. Der Hafen Μουνιχία sollte nach der Angabe des Hellanikos bei Harpokr. unter Μουνυχία nach dem alten Heros Munychos (Munichos), einem Sohne des Pantakles, benannt sein. — ἐκδήσαντο: das syllabische Augment kann in lyrischen Partien fehlen. — πλεκτὰς für πλεκτῶν, weil πεισμάτων ἀρχάς einen einheitlichen Begriff bildet und formell ἀρχάς das übergeordnete ist. Vgl. zu Med. 660. ἀρχάς, wir 'die Enden'.

764 f. ἀνθ' ὧν, dafür, den ungünstigen Vorzeichen entsprechend, gleichsam als Gegenleistung. ἐρώτων ist gen. defin., Ἀφροδίτας gen. auctoris zu νόσῳ.

767. ὑπέραντλος: ἐκ μεταφορᾶς τῶν ἐν τῇ νηῒ μηκέτι τῆς ἀντλίας ὑπερέχειν δυναμένων Schol.

770. ἅψεται ἀμφὶ: ἡ ἀμφὶ πρὸς τὸ

ἅψεται ἀντὶ τοῦ περιάψεται Schol. die Tmesis bei ἀμφὶ und in der Anastrophe ist selten.

773 ff. τὰν .. φάμαν ἀνθαιρουμένα: an die Stelle des einfachen ἀντὶ ἀλγεινοῦ φρενῶν μιάσματος tritt ein eigener Satz. Vgl. zu Med. 867. Sie zieht den guten Namen der drückenden Schuld vor, deren sie sich im Tode entledigt. Zu μίασμα vgl. 317 φρὴν δ' ἔχει μίασμά τι.

776—1101 drittes Epeisodion. Dem Selbstmorde der Phädra folgt die Verfluchung und Verbannung des Hipp. durch den irregeleiteten Theseus.

776. τινὲς βούλονται τὴν τροφὸν ταῦτα ἔσωθεν λέγειν Schol. Vielleicht hat es der Dichter so gemeint; für die Aufführung ist die Frage gleichgültig, da in jedem Falle derselbe Schauspieler, der die Rolle der Amme gegeben, den Hilferuf hinter der Scene ertönen läßt.

ΧΟ.   φεῦ φεῦ, πέπρακται· βασιλὶς οὐκέτ' ἔστι δὴ
      γυνή, κρεμαστοῖς ἐν βρόχοις ἠρτημένη.

(ΘΕ.) οὐ σπεύσετ'; οὐκ οἴσει τις ἀμφιδέξιον   780
      σίδηρον, ᾧ τόδ' ἅμμα λύσομεν δέρης;

ΧΟ.   φίλαι, τί δρῶμεν; ἢ δοκεῖ περᾶν δόμους
      λῦσαί τ' ἄνασσαν ἐξ ἐπισπαστῶν βρόχων;

ΗΜΙΧ. τί δ'; οὐ πάρεισι πρόσπολοι νεανίαι;
      τὸ πολλὰ πράσσειν οὐκ ἐν ἀσφαλεῖ βίου.   785

(ΘΕ.) ὀρθώσατ' ἐκτείναντες ἄθλιον νέκυν·
      πικρὸν τόδ' οἰκούρημα δεσπόταις ἐμοῖς.

ΗΜΙΧ. ὄλωλεν ἡ δύστηνος, ὡς κλύω, γυνή·
      ἤδη γὰρ ὡς νεκρόν νιν ἐκτείνουσι δή.

ΘΗΣΕΥΣ.

      γυναῖκες, ἴστε τίς ποτ' ἐν δόμοις βοή;   790
      ἠχὼ βαρεῖα προσπόλων μ' ἀφίκετο.
      οὐ γάρ τί μ' ὡς θεωρὸν ἀξιοῖ δόμος
      πύλας ἀνοίξας εὐφρόνως προσεννέπειν.
      μῶν Πιτθέως τι γῆρας εἴργασται νέον;
      πρόσω μὲν ἤδη βίοτος, ἀλλ' ὅμως ἔτ' ἂν   795
      λυπηρὸς ἡμῖν τούσδ' ἂν ἐκλίποι δόμους.

---

780. ἐδόκουν μετέχειν τοῦ μιάσματος ὅσοι μὴ ἔκοπτον τὰς ἀγχόνας
τῶν ἠγχονισμένων Schol. — ἀμφιδέξιον, δίστομον Schol. (zweischnei-
dig). Das Epitheton kennzeichnet
die Aufregung der Eile.
782. Die Chorführerin legt dem
Chore die Frage vor und in dessen
Namen erklären sich die beiden Halb-
chorführerinnen dagegen. In ähn-
lichem Falle findet eine Beratung,
an der sich alle einzelnen Mitglieder
des Chors mit ihrer Stimme be-
teiligen, Äsch. Ag. 1347 statt. Der
Dichter motiviert damit das an
sich unnatürliche Stehenbleiben des
Chors. Vgl. Med. 1272.
785. τὸ πολλὰ πράσσειν, τὸ πολυ-
πραγμονεῖν. Der Gegensatz τὰ ἑαυτοῦ πράσσειν oder ἑαυτοῦ πέρι
φροντίζειν, wie es 708 ausgedrückt ist.
786. ὀρθώσατ' ἐκτείναντες, strecket
gerade aus (auf einer κλίνη). Vgl.
zu 1445.

787. οἰκούρημα, der Dienst der
οἰκουρός, welche in Abwesenheit
des Mannes das Haus waltet. Der
Gedanke ist also: was während der
Abwesenheit des Herrn die Gattin
gethan, wird ihm bei seiner Rückkehr Schmerz bereiten. — δεσπόταις: der Plural verallgemeinert
(zu 287).
790. Theseus, welcher von einer
Festgesandtschaft zurückkommt
(eine nachträgliche Motivierung seiner Abwesenheit), tritt auf mit
Lorbeerblättern bekränzt. Vgl. 806 f.,
Soph. O. Tyr. 82 f., Liv. XXIII 11.
— Vgl. Soph. fr. 1010 ἄκουε σῖγα·
τίς ποτ' ἐν δόμοις βοή;
791. Das Asyndeton bei der Er-
läuterung. — ἠχώ, ἠχή vgl. 1201.
792. γάρ: das Geschrei bedeutet
Schlimmes, denn.
794. Πιτθέως γῆρας d. i. Πιτθεὺς
γεραιὸς ὤν. — εἴργασται νέον, euphe-
mistisch wie τούσδ' ἂν ἐκλίποι δό-

ΧΟ. οὐκ εἰς γέροντας ἥδε σοι τείνει τύχη,
Θησεῦ· νέοι θανόντες ἀλγυνοῦσί σε.

ΘΗ. οἴμοι· τέκνων μοι μή τι συλᾶται βίος;

ΧΟ. ζῶσιν, θανούσης μητρὸς ὡς ἄλγιστά σοι.   800

ΘΗ. τί φής; ὄλωλεν ἄλοχος; ἐκ τίνος τύχης;

ΧΟ. βρόχον κρεμαστὸν ἀγχόνης ἀνήψατο.

ΘΗ. λύπῃ παχνωθεῖσ' ἢ ἀπὸ συμφορᾶς τίνος;

ΧΟ. τοσοῦτον ἴσμεν· ἄρτι γὰρ κἀγὼ δόμους,
Θησεῦ, πάρειμι σῶν κακῶν πενθήτρια.   805

ΘΗ. αἰαῖ· τί δῆτα τοῖσδ' ἀνέστεμμαι κάρα
πλεκτοῖσι φύλλοις, δυστυχὴς θεωρὸς ὤν;
χαλᾶτε κλῇθρα, πρόσπολοι, πυλωμάτων,
ἐκλύεθ' ἁρμούς, ὡς ἴδω πικρὰν θέαν
γυναικός, ἥ με κατθανοῦσ' ἀπώλεσεν.   810

ΧΟ. ἰὼ ἰὼ τάλαινα μελέων κακῶν·
ἔπαθες, εἰργάσω
τοσοῦτον ὥστε τούσδε συγχέαι δόμους.
αἰαῖ τᾶς τόλμας, βιαίῳ θανοῦσ'
ἀνοσίῳ τε συμφορᾷ, σᾶς χερὸς
πάλαισμα μελέας.   815
τίς ἄρα σάν, τάλαιν', ἀμαυροῖ ζόαν;

μους 796. Dem Euphemismus entspricht auch εἴργασται für πέπονθεν.
798. νέοι: zu 287.
803. παχνωθεῖσ': vgl. Hom. Il. 17, 112 τοῦ δ' ἐν φρεσὶν ἄλκιμον ἦτορ παχνοῦται, Asch. Cho. 82 πένθεσιν παχνουμένη, Ovid. Her. XV 112 adstrictum gelido frigore pectus erat.
804. οἰκονομικῶς ψεύδεται τὰ λοιπὰ μὴ εἰδέναι ὁ χορός. Schol. Vgl. zu 712. — δόμους: vgl. Bacch. 5 πάρειμι νάματα, El. 1278 Ναυπλίαν παρών, Kykl. 95 πάρεισι . . πάγον, 106 Σικελίαν . . πάρει.
806. Theseus nimmt die στέμματα ab.
808. πρόσπολοι, die Diener im Hause wie Med. 1314 χαλᾶτε κλῇδας ὡς τάχιστα, πρόσπολοι.
809. Vgl. Med. 1315 ἐκλύεθ' ἁρμούς, ὡς ἴδω διπλοῦν κακόν. Die Bedeutung von ἁρμοί ergiebt sich aus Or. 1571 μοχλοῖς δ' ἄραρε κλῆθρα. Es sind die in die Pfosten eingefügten Querbalken (μοχλοί) zu verstehen, womit das Thor verschlossen wurde.
810. Der Gedanke kehrt 839 wieder und findet sich öfter, z. B. Soph. El. 808 ὡς μ' ἀπώλεσας θανών, Ant. 871.
811—855 Kommos. — Die Leiche der Phädra wird sichtbar (durch das Ekkyklem, vgl. zu 170). Die Dienerschaft ist nicht mehr anwesend (vgl. 843). — τάλαινα κακῶν: vgl. 366.
812. Dein πάθος (νόσος) hat zur That (Selbstmord) geführt.
813. θανοῦσ' steht wie eine nähere Bestimmung zu einem Vokativ.
814 f. σᾶς χερὸς πάλαισμα steht als Apposition zum Inhalt der Worte βιαίως θανοῦσ' κτέ. — πάλαισμα, das Ringen, von der krampfhaften Gewaltthätigkeit.
816. τίς (scil. δαιμόνων) κτέ., wer

ΘΗ. ὤμοι ἐγὼ πόνων· ἔπαθον, ὦ πόλις,　　　　　　str.
　　τὰ μάχιστ' ἐμῶν κακῶν. ὦ τύχα,
　　ὥς μοι βαρεῖα καὶ δόμοις ἐπεστάθης,
　　κηλὶς ἄφραστος ἐξ ἀλαστόρων τινός,　　　　　820
　　καταχονὰ μὲν οὖν ἀβίοτος βίου·
　　κακῶν δ' ὦ τάλας πέλαγος εἰσορῶ
　　τοσοῦτον ὥστε μήποτ' ἐκνεῦσαι πάλιν
　　μηδ' ἐκπερᾶσαι κῦμα τῆσδε συμφορᾶς.　　　　824
　　　τίνα λόγον τάλας, τίνα τύχαν σέθεν　　　　826
　　βαρύποτμον, γύναι, προσαυδῶν τύχω;
　　　ὄρνις γὰρ ὥς τις ἐκ χερῶν ἄφαντος εἶ,
　　πήδημ' ἐς Ἅιδου κραιπνὸν ὁρμήσασά μοι.
　　αἰαῖ αἰαῖ, μέλεα μέλεα τάδε πάθη.　　　　　830
　　πρόσωθεν δέ ποθεν ἀνακομίζομαι
　　τύχαν δαιμόνων
　　ἀμπλαχίαισι τῶν πάροιθέν τινος.

ΧΟ. οὐ σοὶ τάδ', ὦναξ, ἦλθε δὴ μόνῳ κακά,
　　πολλῶν μετ' ἄλλων δ' ὤλεσας κεδνὸν λέχος.　835

ΘΗ. τὸ κατὰ γᾶς θέλω, τὸ κατὰ γᾶς κνέφας　　antistr.

---

ist schuld an deinem Tode, sagt der Chor, als kenne er das Nähere nicht.

818. μάχιστα, μέγιστα. Vgl. Soph. O. Tyr. 1301 μείζονα . . τῶν μαχίστων.

819. καὶ δόμοις wird nachträglich hinzugefügt ('und auch dem Hause'). Vgl. v. 662. — ἐπεστάθης, ἐπέστης. Vgl. O. Tyr. 911 δόξα μοι παρεστάθη.

820. ἄφραστος, an welche man nicht denken konnte. — ἐξ ἀλαστόρων τινός wird näher erklärt durch 831 ff.

821. καταχονά, καταφθορά Schol. — μὲν οὖν, immo vero. — ἀβίοτος wird in freier Weise zur näheren Bestimmung von καταχονὰ βίου hinzugefügt: 'Vernichtung des Lebens, da mein Leben kein Leben mehr ist'.

826 f. τίνα λόγον . . τίνα (λόγον) ist Acc. des inneren Objekts zu προσαυδᾶν: 'mit welchem Worte muß ich dein Geschick bezeichnen, um das rechte Wort zu treffen?'

Zu τύχω vgl. Iph. T. 1321 ὦ θαῦμα, πῶς σε μεῖζον ὀνομάσας τύχω; Asch. Ag. 1232 τί νιν καλοῦσα δυσφιλὲς δάκος τύχοιμ' ἄν; Soph. Phil. 223 ποίας πάτρας ἂν . . ὑμᾶς ποτε τύχοιμ' ἂν εἰπών.

829. πήδημα ὁρμήσασα wie ὁρμὴν ὁρμήσασα oder πήδημα πηδήσασα.

832 ff. πρόσωθέν ποθεν wird erläutert durch ἀμπλαχίαισι . . τινος, ἀνακομίζομαι wie ἀγκομίσασθαι ἔπος Pind. Pyth. IV 9 (zur Erfüllung bringen). Irgend einer fernen Zeit der Vergangenheit gehört die Schuld an, die sich in dieser Schickung der Götter an mir erfüllt. Zum Gedanken vgl. 1378 ff. — Zu τύχαν δαιμόνων vgl. fragm. 27 μοχθεῖν ἀνάγκη· τὰς δὲ δαιμόνων τύχας ὅστις φέρει κάλλιστ', ἀνὴρ οὗτος σοφός.

834. Über den vielgebrauchten Trostgrund 'non tibi hoc soli' zu Med. 1017. Vgl. Alk. 417 οὐ γάρ τι πρῶτος οὐδὲ λοίσθιος βροτῶν γυναικὸς ἐσθλῆς ἤμπλακες.

μετοικεῖν συνὼν ὁ τλάμων σκότῳ,
τῆς σῆς στερηθεὶς φιλτάτης ὁμιλίας·
ἀπώλεσας γὰρ μᾶλλον ἢ κατέφθισο.

τίνα λέγω; πόθεν θανάσιμος τύχα,   840
γύναι, σάν, τάλαιν᾽, ἔβα καρδίαν;
εἴποι τις ἂν τὸ πραχθέν, ἢ μάτην ὄχλον
στέγει τύραννον δῶμα προσπόλων ἐμῶν;
ὤμοι μοι σέθεν ......
μέλεος, οἷον εἶδον ἄλγος δόμων,   845
οὐ τλητὸν οὐδὲ ῥητόν. ἀλλ᾽ ἀπωλόμην·
ἔρημος οἶκος, καὶ τέκν᾽ ὀρφανεύεται.

⟨αἰαῖ. αἰαῖ⟩ ἔλιπες ἔλιπες, ὦ φίλα
γυναικῶν ἀρίστα θ᾽ ὁπόσας ὁρᾷ
πέμφιξ ἀλίου   850
τε καὶ νυκτὸς ἀστερωπὸν σέλας.

ΧΟ. ὅσον, ἰὼ τάλας, κακὸν ἔχει δόμος.
δάκρυσί μου βλέφαρα
καταχυθέντα τέγγεται σᾷ τύχα·
τὸ δ᾽ ἐπὶ τῷδε πῆμα φρίσσω πάλαι.   855

ΘΗ. ἔα ἔα·
τί δή ποθ᾽ ἥδε δέλτος ἐκ φίλης χερὸς
ἠρτημένη; θέλει τι σημῆναι νέον;
ἀλλ᾽ ἢ λέχους μοι καὶ τέκνων ἐπιστολὰς

837. μετοικεῖν, umsiedeln um dort zu wohnen. Auch κατὰ γᾶς 'unter die Erde hinab' (vgl. στείχω κατὰ γᾶς 1366) bezieht sich auf die Vorstellung der Umsiedlung, indem wie häufig das Verbum auf das Attribut des Objekts Einfluſs übt.

840. τίνα λέγω; 'an wen soll ich denken?' nämlich 'als Urheber deines Todes', wofür ein neuer Satz eintritt. Vgl. zu 773.

841. ἔβα σὰν καρδίαν: vgl. 1371 μ᾽ ὀδύνα βαίνει, wie bei Homer ἐμὲ κῆδος ἱκάνει, vgl. Kr. II 46, 7, 8.

843. τύραννον δῶμα: vgl. Andr. 8 τύραννον ἑστίαν, τύραννος δόμος Hel. 478, 516, Andr. 303, Äsch. Prom. 787 τύραννα σκῆπτρα, Soph. Ant. 1169 τύραννον σχῆμα.

844. Vielleicht hat es ursprünglich ὤμοι ἐγὼ τάλας, ὤμοι ἐγὼ σέθεν geheiſsen, so daſs σέθεν die

gleiche Stelle einnahm, wie in der Strophe.

845. οἷον s. v. a. ὅτι τοῖον.

847. ἔρημος, weil eine Hauptperson fehlt. Vgl. Hik. 1132 ἐγὼ δ᾽ ἔρημος ἀθλίου πατρὸς τάλας ἔρημον οἶκον ὀρφανεύσομαι λαβών.

848. αἰαῖ αἰαῖ nach 830 ergänzt. — ἔλιπες scil. μέ. — φίλα γυναικῶν: vgl. Alk. 460 ὦ φίλα γυναικῶν, Hek. 716 ὦ κατάρατ᾽ ἀνδρῶν, Herakl. 567 ὦ τάλαινα παρθένων. Kr. II 47, 28, 8.

850. πέμφιξ: Phot. p. 409, 10 πέμφιξ: πνοή. Αἰσχύλος Ξαντρίαις ἐπὶ τῶν ἀκτίνων.

855. Das hieran sich reihende Weh vermutet der Chor nach den Worten der Phädra 728 ff.

858. ἐπιστολάς, ἐντολάς (zu Asch. Prom. 3) λέχους: zu 130.

ἔγραψεν ἡ δύστηνος ἐξαιτουμένη;
θάρσει, τάλαινα· λέκτρα γὰρ τὰ Θησέως   860
οὐκ ἔστι δῶμά θ' ἥτις εἴσεισιν γυνή.
καὶ μὴν τύποι γε σφενδόνης χρυσηλάτου
τῆς οὐκέτ' οὔσης τῆσδε προσσαίνουσί με.
φέρ', ἐξελίξας περιβολὰς σφραγισμάτων
ἴδω τί λέξαι δέλτος ἥδε μοι θέλει.   865

ΧΟ. φεῦ φεῦ· ⟨ὡς⟩ τόδ' αὖ νεοχμὸν ἐκδοχαῖς
ἐπιφέρει θεὸς κακόν. ἐμοὶ μὲν οὖν
ἀβίοτος βίου τύχα πρὸς τὸ κρανθέν ἐστιν τυχεῖν.
ὀλομένους γάρ, οὐκέτ' ὄντας λέγω,
φεῦ φεῦ, τῶν ἐμῶν τυράννων δόμους.   870
[ὦ δαῖμον, εἴ πως ἔστι, μὴ σφήλῃς δόμους,
αἰτουμένης δὲ κλῦθί μου· πρὸς γάρ τινος
ὄρνιθος ὥστε μάντις εἰσορῶ κακόν.]

ΘΗ. οἴμοι· τόδ' οἷον ἄλλο πρὸς κακῷ κακόν,
οὐ τλητὸν οὐδὲ στεκτόν. ὦ τάλας ἐγώ.   875

ΧΟ. τί χρῆμα; λέξον, εἴ τί μοι λόγου μέτα.

ΘΗ. βοᾷ βοᾷ δέλτος ἄλαστα. πᾷ φύγω
βάρος κακῶν; ἀπὸ γὰρ ὀλόμενος οἴχομαι,
οἷον οἷον εἶδον ἐν γραφαῖς μέλος
φθεγγομέναν τλάμων.   880

859. ἐξαιτουμένη: solche Bitten richtet die sterbende Alkestis an Admetos Alk. 305 ff. μὴ ἐπιγήμῃς τοῖσδε μητρυιὰν τέκνοις κτέ.

862 f. τύποι σφενδόνης, Abdruck des Siegelrings (σφενδόνη, pala annuli, Fassung des Rings). — προσσαίνουσί με, lacht mich an, berührt mich traut als von ihr herrührend. Vgl. Soph. Ant. 1214 παιδός με σαίνει φθόγγος, O. K. 319 φαιδρὰ γοῦν ἀπ' ὀμμάτων σαίνει με προσστείχουσα, Äsch. Prom. 861 τῶνδε προσσαίνει σέ τι, wo der Schol. die Erklärung ὑπομιμνήσκει σε giebt.

864 f. φέρ', ἴδω: zu 667. — περιβολάς, den Faden, welcher um die beiden Täfelchen geschlungen und mit dem Siegel aufgedrückt ist.

866. ὡς ist um des Versmaßes willen ergänzt. — ἐκδοχαῖς, κατὰ διαδοχήν Schol.

867. ἐμοὶ μὲν οὖν (mir wenigstens

gewiß) weist auf die Worte des Theseus 821 zurück.

868. Das Los des Lebens ist mir angesichts des Geschehenen kein Leben mehr. Durch den epexegetischen Infinitiv τυχεῖν wird βίου τύχα näher als die Erlangung weiteren Lebens bestimmt.

871—73. Der Inhalt dieser Verse, welche nach der Angabe des Schol. in mehreren Handschriften fehlten, stimmt mit dem Vorhergehenden nicht überein. — πρός τινος ὄρνιθος, von einem Vorzeichen her (ein Vorzeichen d. i. meine Ahnung sagt es mir).

875. οὐ τλητὸν οὐδὲ στεκτόν, unerträglich (von dem man weder reden noch hören mag) und doch nicht geheim zu halten. Vgl. Ai. 224 ἄτλατον οὐδὲ φευκτάν. Zu στέγειν vgl. fr. 376 πιστὸν μὲν εἶναι χρή σε τὸν διάκονον, τοιοῦτον οἷον καὶ στέγειν τὰ δεσποτῶν.

ΧΟ. αἰαῖ, κακῶν ἀρχηγὸν ἐκφαίνεις λόγον.

ΘΗ. τόδε μὲν οὐκέτι στόματος ἐν πύλαις
καθέξω δυσεκπέρατον, ὀλοὸν
κακόν· ἰὼ πόλις.
Ἱππόλυτος εὐνῆς τῆς ἐμῆς ἔτλη θιγεῖν   885
βίᾳ, τὸ σεμνὸν Ζηνὸς ὄμμ' ἀτιμάσας.
ἀλλ', ὦ πάτερ Πόσειδον, ἃς ἐμοί ποτε
ἀρὰς ὑπέσχου τρεῖς, μιᾷ κατέργασαι
τούτων ἐμὸν παῖδ', ἡμέραν δὲ μὴ φύγοι
τήνδ', εἴπερ ἡμῖν ὤπασας σαφεῖς ἀράς.   890

ΧΟ. ἄναξ, ἀνεύχου ταῦτα πρὸς θεῶν πάλιν·
γνώσῃ γὰρ αὖθις ἀμπλακών. ἐμοὶ πιθοῦ.

ΘΗ. οὐκ ἔστι· καὶ πρός γ' ἐξελῶ σφε τῆσδε γῆς.
δυοῖν δὲ μοίραιν θατέρᾳ πεπλήξεται·
ἢ γὰρ Ποσειδῶν αὐτὸν εἰς Ἅιδου πύλας   895
θανόντα πέμψει τὰς ἐμὰς ἀρὰς σέβων,
ἢ τῆσδε χώρας ἐκπεσὼν ἀλώμενος
ξένην ἐπ' αἶαν λυπρὸν ἀντλήσει βίον.

ΧΟ. καὶ μὴν ὅδ' αὐτὸς παῖς σὸς εἰς καιρὸν πάρα,
Ἱππόλυτος· ὀργῆς δ' ἐξανεὶς κακῆς, ἄναξ   900
Θησεῦ, τὸ λῷστον σοῖσι βούλευσαι δόμοις.

---

879 f. οἷον, ὅτι τοῖον wie 845. — εἶδον, weil er das Klagelied aus den gelesenen Buchstaben vernommen hat. — Zu μέλος vgl. 1078. — φθεγγομέναν: scil. τὴν δέλτον.

882. τόδε μὲν ohne nachfolgendes δὲ im Sinne von τόδε γε, wie besonders häufig bei den pronom. pers. (ἐμοὶ μέν) und Ausdrücken wie οἶμαι μέν, δοκῶ μέν. — στόματος ἐν πύλαις: ὅμοιον τοῦτο τῷ Ὁμηρικῷ 'ἕρκος ὀδόντων' Schol.

883. δυσεκπέρατον, δυσεκπάλαιστον Schol., über das man schwer wegkommen kann.

885. Ebenso El. 255 οὐπώποτ' εὐνῆς τῆς ἐμῆς ἔτλη θιγεῖν.

886. Ζηνός, des Beschützers der Ehe (γαμήλιος, ξύγιος).

887. Theseus erscheint bald als Sohn (1167, 1169, 1318, 1411), bald als Enkel des Poseidon (1283 Αἰγέως παῖδα, 1431). Nach 1169 ὡς ἄρ' ἦσθ' ἐμὸς πατὴρ ὀρθῶς wird ein ähnliches Verhältnis wie bei

Phaëthon angenommen; der nominelle Vater ist Aigeus, der thatsächliche Poseidon und die Erfüllung der Wünsche ist der Beweis dafür.

890. σαφεῖς, untrügliche, in Erfüllung gehende. Vgl. Soph. O. T. 390 ποῦ σὺ μάντις εἶ σαφής; unten 972 μάρτυρος σαφεστάτου von dem glaubwürdigsten Zeugen.

891. ἀνεύχου, nimm zurück, widerrufe. An die Aufhebung des Wunsches durch einen zweiten von den drei Wünschen wird nicht gedacht.

893. οὐκ ἔστι, das geschieht nicht. — καὶ πρός γε: zu Med. 704.

899. εἰς καιρόν: Dies wird gern zur Vermeidung des unangenehmen Eindrucks des Zufälligen hinzugefügt, wenn die Dichter eine Person ohne besondere Motivierung auftreten lassen. Vgl. Soph. Ant. 386 εἰς δέον περᾷ, 1182 τύχῃ περᾷ, O. T. 1421 εἰς δέον πάρεσθ' ὅδε.

ΙΠΠΟΛΥΤΟΣ.

κραυγῆς ἀκούσας σῆς ἀφικόμην, πάτερ,
σπουδῇ· τὸ μέντοι πρᾶγμ' ἐφ' ᾧτινι στένεις
οὐκ οἶδα, βουλοίμην δ' ἂν ἐκ σέθεν κλύειν.
ἔα, τί χρῆμα; σὴν δάμαρθ' ὁρῶ, πάτερ,
νεκρόν· μεγίστου θαύματος τόδ' ἄξιον·
ἣν ἀρτίως ἔλειπον, ἣ φάος τόδε
οὔπω χρόνον παλαιὸν εἰσεδέρκετο.
τί χρῆμα πάσχει; τῷ τρόπῳ διόλλυται;
πάτερ, πυθέσθαι βούλομαι σέθεν πάρα.
[σιγᾷς; σιωπῆς δ' οὐδὲν ἔργον ἐν κακοῖς·]
ἡ γὰρ ποθοῦσα πάντα καρδία κλύειν
κἀν τοῖς κακοῖσι λίχνος οὖσ' ἁλίσκεται.
οὐ μὴν φίλους γε κἄτι μᾶλλον ἢ φίλους
κρύπτειν δίκαιον σάς, πάτερ, δυσπραξίας.
ΘΗ. ὦ πολλὰ μαστεύοντες ἄνθρωποι μάτην,
τί δὴ τέχνας μὲν μυρίας διδάσκετε
καὶ πάντα μηχανᾶσθε κἀξευρίσκετε,
ἓν δ' οὐκ ἐπίστασθ' οὐδ' ἐθηράσασθέ πω,
φρονεῖν διδάσκειν οἷσιν οὐκ ἔνεστι νοῦς;
ΙΠ. δεινὸν σοφιστὴν εἶπας, ὅστις εὖ φρονεῖν
τοὺς μὴ φρονοῦντας δυνατός ἐστ' ἀναγκάσαι.

903. *τὸ πρᾶγμα ἐφ' ᾧτινι*, weil der Sinn ist: *ἐφ' ᾧτινι πράγματι στένεις οὐκ οἶδα*. Zu *στένειν ἐπί τινι* vgl. fragm. 461 *κέρδη τοιαῦτα χρή τινα κτᾶσθαι βροτῶν, ἐφ' οἷσι μέλλει μήποθ' ὕστερον στένειν*.

907. *ἣν . . ἔλειπον*: hier wie 913, 914 läſst der Dichter in geschickter Weise den Hipp. Worte gebrauchen, die ganz arglos oder liebevoll sind, dem Theseus aber wie bitterer Hohn klingen.

908. *οὔπω χρόνον παλαιόν* s. v. a. *οὐ παλαιὸς χρόνος ἀφ' οὗ*.

911. Der Vers unterbricht den Zusammenhang. — *σιωπῆς οὐδὲν ἔργον*, das Schweigen hat keine Aufgabe zu erfüllen (kann nichts helfen). Vgl. Alk. 39, Andr. 552, Iph. A. 1344, Soph. Ai. 12, 852, El. 1378 und dazu Soph. fr. 667 *αἰδὼς γὰρ ἐν κακοῖσιν οὐδὲν ὠφελεῖ*. Zum Gedanken fr. 127 *σιγᾷς· σιωπὴ δ' ἄπορος ἑρμηνεὺς λόγων*.

913. *λίχνος, ἐπιθυμητική* Schol.

916. *μαστεύοντες, ζητοῦντες*: vgl. Hek. 814 *τί δῆτα θνητοὶ τἄλλα μὲν μαθήματα μοχθοῦμεν ὡς χρὴ πάντα καὶ ματεύομεν κτέ*. Die Form *μαστεύειν* wird nur um des Versmaſses willen gebraucht für die gewöhnliche *ματεύειν*.

919 f. Vgl. Theogn. 480 *οὐδείς πω τοῦτό γ' ἐπεφράσατο, ᾧ τις σώφρον' ἔθηκε τὸν ἄφρονα κἀκ κακοῦ ἐσθλόν*.

921. D. h derjenige, der das könnte was du verlangst, müſste ein wunderbar geschickter Weisheitslehrer sein. Zwar steht *σοφιστής* in dem ursprünglichen guten Sinn, aber doch enthält der Gedanke einen Seitenblick auf das Auftreten der Sophisten als Lehrer der Tugend.

ἀλλ' οὐ γὰρ ἐν δέοντι λεπτουργεῖς, πάτερ,
δέδοικα μή σου γλῶσσ' ὑπερβάλῃ κακοῖς.

ΘΗ. φεῦ, χρῆν βροτοῖσι τῶν φίλων τεκμήριον   925
σαφές τι κεῖσθαι καὶ διάγνωσιν φρενῶν,
ὅστις τ' ἀληθής ἐστιν ὅς τε μὴ φίλος,
δισσάς τε φωνὰς πάντας ἀνθρώπους ἔχειν,
τὴν μὲν δικαίαν, τὴν δ' ὅπως ἐτύγχανεν,
ὡς ἡ φρονοῦσα τἄδικ' ἐξηλέγχετο   930
πρὸς τῆς δικαίας, κοὐκ ἂν ἠπατώμεθα.

ΙΠ. ἀλλ' ἦ τις εἰς σὸν οὖς με διαβαλὼν ἔχει
φίλων, νοσοῦμεν δ' οὐδὲν ὄντες αἴτιοι;
ἔκ τοι πέπληγμαι· σοὶ γὰρ ἐκπλήσσουσί με
λόγοι παραλλάσσοντες ἔξεδροι φρενῶν.   935

ΘΗ. φεῦ τῆς βροτείας· ποῖ προβήσεται; φρενός·
τί τέρμα τόλμης καὶ θράσους γενήσεται;
εἰ γὰρ κατ' ἀνδρὸς βίοτον ἐξογκώσεται,
ὁ δ' ὕστερος τοῦ πρόσθεν εἰς ὑπερβολὴν
πανοῦργος ἔσται, θεοῖσι προσβαλεῖν χθονὶ   940

---

923. ἐν δέοντι, ἐν καιρῷ. Vgl. Alk. 817, Or. 212, Med. 1277, Aristoph. Frie. 272. — λεπτουργεῖν (subtiliter disputare) von philosophischen Erörterungen.

924. ὑπερβάλῃ, modum excedat, deliret (Jortin).

925. Vgl. zu Med. 516 ὦ Ζεῦ, τί δή χρυσοῦ μὲν ὃς κίβδηλος ἦ τεκμήρι' ἀνθρώποισιν ὤπασας σαφῆ, ἀνδρῶν δ' ὅτῳ χρὴ τὸν κακὸν διειδέναι, οὐδεὶς χαρακτὴρ ἐμπέφυκε σώματι;

926. διάγνωσιν φρενῶν giebt eine nähere Bestimmung zu τῶν φίλων τεκμήριον.

929. δικαίαν, gerecht, wahrhaft. — ὅπως ἐτύγχανεν, fortuitam. Über den Indikativ Kr. I 54, 10, 6, Koch § 117, 6 b.

930. ἐξηλέγχετο: zu 647.

931. κοὐκ ἂν ἠπατώμεθα: die abhängige Satzkonstruktion ist wie häufig bei den Dichtern verlassen.

932. διαβαλὼν ἔχει: diese Umschreibung drückt das der Vergangenheit angehörige Eintreten einer Handlung und die Fortdauer der Wirkung aus, dient aber bei den Dichtern häufig nur des Versmaſs, wie ἔχω gewöhnlich am Ende des Trimeters steht.

933. νοσοῦμεν, lastet auf uns ein Verdacht.

934. Hippol. sieht von seiner Vermutung ab, weil er sich so unschuldig fühlt, dafs er nicht daran glauben kann.

935. παραλλάσσοντες .. φρενῶν d. i. παραλλάσσοντες φρενῶν ὥστε ἔξεδροι φρενῶν εἶναι. Diese nachdrückliche Bezeichnung der verba delirantia steigert die Entrüstung des Theseus.

938. κατ' ἀνδρὸς βίοτον, ein Menschenleben entlang. Der einzelne vergröfsert die Frechheit während seines Lebens und der folgende übernimmt das erreichte Mafs und läfst es wieder gröfser werden, so dafs er den vorhergehenden überbietet (εἰς ὑπερβολήν). — ἐξογκώσεται für ἐξογκωθήσεται.

940. θεοῖσι: über diese seltene Konstruktion s. Kr. I 48, 7, 3.

ἄλλην δεήσει γαῖαν, ἢ χωρήσεται
[τοὺς μὴ δικαίους καὶ κακοὺς πεφυκότας].
σκέψασθε δ᾽ εἰς τόνδ᾽, ὅστις ἐξ ἐμοῦ γεγὼς
ᾔσχυνε τἀμὰ λέκτρα κἀξελέγχεται
πρὸς τῆς θανούσης ἐμφανῶς κάκιστος ὤν.   945
δεῖξον δ᾽, ἐπειδή γ᾽ εἰς μίασμ᾽ ἐλήλυθας,
τὸ σὸν πρόσωπον δεῦρ᾽ ἐναντίον πατρί.
σὺ δὴ θεοῖσιν ὡς περισσὸς ὢν ἀνὴρ
ξύνει; σὺ σώφρων καὶ κακῶν ἀκήρατος;
οὐκ ἂν πιθοίμην τοῖσι σοῖς κόμποις ἐγὼ   950
θεοῖσι προσθεὶς ἀμαθίαν φρονεῖν κακῶς.
ἤδη νυν αὔχει καὶ δι᾽ ἀψύχου βορᾶς

941 f. ἢ χωρήσεται (final) scil. τὴν τόλμαν, um die erreichte Größe der Frechheit zu fassen. Die Verkennung dieses Sinnes hat zur Interpolation des folg. Verses geführt, der dem Zusammenhang nicht entspricht, da nicht die zu große Zahl der Bösen, sondern das Übermaß der Bosheit in Betracht kommt.

943. ὅστις qualitativ (ein solcher der).

944 f. ἐξελέγχεται πρὸς τῆς θανούσης: das muß vorderhand zur Aufklärung des Hipp. genügen (da die Zuschauer keine Aufklärung brauchen); erst 1057 hält Theseus dem Hipp. den Brief als unwiderlegliches Zeugnis hin.

946. Der propositio (944 f.) folgt die argumentatio und zwar zunächst das probabile ex vita. — εἰς μίασμ᾽ ἐλήλυθας wie εἰς λόγους ἐλήλυθας (nachdem du einmal deine befleckende Gegenwart mir geboten hast).

947. Bei 944 wandte sich Hipp. ab.

948 f. δή dient der Ironie (scilicet). — θεοῖσιν . . ξύνει: vgl. 85. — περισσός: zu 445. — κακῶν ἀκήρατος, von Sünden rein.

950 f. 'nicht werde ich mich durch deine Prahlereien verleiten lassen thöricht zu sein (φρονεῖν κακῶς), indem ich den Göttern Unverstand (verkehrtes Urteil über einen Menschen) beimesse.' Wenn dich die Götter ihres Umgangs würdigten, müßten sie deine Schlechtigkeit ganz verkennen.

952 f. Euripides geißelt gern abergläubisches, nur auf Scheinheiligkeit und Gaukelei berechnetes Wesen. Die Sekte der Orphiker und Orpheotelesten führte ihren Ursprung auf Orpheus zurück, der einen besonderen Kult mit geheimen Weihen und eine eigene Lebensweise gestiftet haben sollte. Die Gebräuche entstammten zum Teil dem Kult des Dionysos-Zagreus und die eigentümlichen Vorschriften des βίος Ὀρφικός waren von verschiedenen Seiten entlehnt, wie eine besondere Tracht (Herod. II 81) und das Verbot animalischer Nahrung von den Pythagoreern (Juven. 15, 173 Pythagoras cunctis animalibus abstinuit). Vgl Plat. Polit. II p. 264 B ἀγύρται καὶ μάντεις ἐπὶ πλουσίων θύρας ἰόντες πείθουσιν ὡς ἔστι παρὰ σφίσι δύναμις ἐκ θεῶν ποριζομένη θυσίαις τε καὶ ἐπῳδαῖς, εἴτε τι ἀδίκημά του γέγονεν αὐτοῦ ἢ προγόνων, ἀκεῖσθαι μεθ᾽ ἡδονῶν τε καὶ ἑορτῶν, ἐάν τέ τινα ἐχθρὸν πημῆναι ἐθέλῃ, μετὰ σμικρῶν δαπανῶν ὁμοίως δίκαιον ἀδίκῳ βλάψειν, ἐπαγωγαῖς τισι καὶ καταδέσμοις τοὺς θεούς, ὥς φασι, πείθοντές σφισιν ὑπηρετεῖν. — δι᾽ ἀψύχου . . σέβας καπήλευε, trage mit Pflanzenkost Gottesfurcht zum Markte (zur Schau) d. i. suche dir durch solche Äußerlichkeiten, die nur andere täuschen sollen, den Ruf religiöser Gesinnung zu erwerben.

σέβας καπήλευ', Ὀρφέα τ' ἄνακτ' ἔχων
βάκχευε πολλῶν γραμμάτων τιμῶν καπνούς·
ἐπεί γ' ἐλήφθης. τοὺς δὲ τοιούτους ἐγὼ   955
φεύγειν προφωνῶ πᾶσι· θηρεύουσι γὰρ
σεμνοῖς λόγοισιν, αἰσχρὰ μηχανώμενοι.

τέθνηκεν ἥδε· τοῦτό σ' ἐκσώσειν δοκεῖς;
ἐν τῷδ' ἁλίσκῃ πλεῖστον, ὦ κάκιστε σύ·
ποῖοι γὰρ ὅρκοι κρείσσονες, τίνες λόγοι   960
τοῦδ' ἂν γένοιντ' ἄν, ὥστε σ' αἰτίαν φυγεῖν;
μισεῖν σε φήσεις τήνδε καὶ τὸ δὴ νόθον
τοῖς γνησίοισι πολέμιον πεφυκέναι·
κακὴν ἄρ' αὐτὴν ἔμπορον βίου λέγεις,
εἰ δυσμενείᾳ σῇ τὰ φίλτατ' ὤλεσεν.   965
ἀλλ' ὡς τὸ μῶρον ἀνδράσιν μὲν οὐκ ἔνι,
γυναιξὶ δ' ἐμπέφυκεν; οἶδ' ἐγὼ νέους
οὐδὲν γυναικῶν ὄντας ἀσφαλεστέρους,
ὅταν ταράξῃ Κύπρις ἡβῶσαν φρένα·
τὸ δ' ἄρσεν αὐτοὺς ὠφελεῖ προσκείμενον.   970
νῦν οὖν τί ταῦτα σοῖς ἀμιλλῶμαι λόγοις
νεκροῦ παρόντος μάρτυρος σαφεστάτου;

---

954. βακχεύειν von der religiösen Schwärmerei und Verzückung, welche durch die Lektüre der orphischen Schriften (πολλῶν γραμμάτων) geweckt wird. Über diese (apokryphen) Schriften vgl. Plato a. O. βίβλων δὲ ὅμαδον παρέχονται Μουσαίου καὶ Ὀρφέως, Σελήνης τε καὶ Μουσῶν ἐγγόνων, ὥς φασι, καθ' ἃς θυηπολοῦσι, πείθοντες οὐ μόνον ἰδιώτας, ἀλλὰ καὶ πόλεις, ὡς ἄρα λύσεις τε καὶ καθαρμοὶ ἀδικημάτων διὰ θυσιῶν καὶ παιδιᾶς ἡδονῶν εἰσι μὲν ἔτι ζῶσιν, εἰσὶ δὲ καὶ τελευτήσασιν, ἃς δὴ τελετὰς καλοῦσιν, αἳ τῶν ἐκεῖ κακῶν ἀπολύουσιν ἡμᾶς, μὴ θύσαντας δὲ δεινὰ περιμένει. — καπνούς von eitlen und wesenlosen Dingen wie περὶ καπνοῦ στενολεσχεῖν Aristoph. Wo. 320, καπνοῦ σκιά Soph. Ant. 1170 (Äsch. fragm. 295 von Hinfälligem und Vergänglichem.)

958. Widerlegung der zu erwartenden Rechtfertigung in Form der ὑποφορά.

959. Worauf du deine Rettung baust, das zeugt gegen dich gerade am meisten; denn wenn sie aus bloßer Faindschaft gegen dich, um dich zu verderben, sich den Tod gegeben hätte, müßte ihr das Leben wenig wert gewesen sein, nur für die Ehre ist das Leben, das Teuerste was wir haben, ein würdiger Preis.

961. τοῦδε (wie τῷδε 959), τοῦ τεθνηκέναι τήνδε.

962 f. τὸ δὴ νόθον κτέ.: vgl. zu 309.

965. δυσμενείᾳ σῇ: Kr. I 47, 7, 8, Koch § 76, 2 Anm. 2.

966. ἀλλ' ὡς: es ergänzt sich aus 962 φήσεις oder λέξεις. — τὸ μῶρον: zu 644.

970. Sie haben nur den Vorteil vor den Frauen, daß ihnen als Männern die Sache nicht so zum Vorwurf gemacht wird.

971. Zweiter Teil der argumentatio (testes) und peroratio. — σοῖς λόγοις, den Einwänden, welche Theseus 962 ff. dem Hipp. unterschiebt.

972. σαφεστάτου: zu 890.

ἔξερρε γαίας τῆσδ' ὅσον τάχος φυγάς,
καὶ μήτ' Ἀθήνας τὰς θεοδμήτους μόλῃς,
μήτ' εἰς ὅρους γῆς ἧς ἐμὸν κρατεῖ δόρυ.   975
εἰ γὰρ παθών γε σοῦ τάδ' ἡσσηθήσομαι,
οὐ μαρτυρήσει μ' Ἴσθμιος Σίνις ποτὲ
κτανεῖν ἑαυτόν, ἀλλὰ κομπάζειν μάτην,
οὐδ' αἱ θαλάσσῃ σύννομοι Σκειρωνίδες
φήσουσι πέτραι τοῖς κακοῖς μ' εἶναι βαρύν.   980

ΧΟ.   οὐκ οἶδ' ὅπως εἴποιμ' ἂν εὐτυχεῖν τινα
θνητῶν· τὰ γὰρ δὴ πρῶτ' ἀνέστραπται πάλιν.

ΙΙΙ.   πάτερ, μένος μὲν ξύντασίς τε σῶν φρενῶν
δεινή· τὸ μέντοι πρᾶγμ' ἔχον καλοὺς λόγους,
εἴ τις διαπτύξειεν, οὐ καλὸν τόδε.   985
ἐγὼ δ' ἄκομψος εἰς ὄχλον δοῦναι λόγον,
εἰς ἥλικας δὲ κὠλίγους σοφώτερος.
ἔχει δὲ μοῖραν καὶ τόδ'· οἱ γὰρ ἐν σοφοῖς
φαῦλοι παρ' ὄχλῳ μουσικώτεροι λέγειν.
ὅμως δ' ἀνάγκη, συμφορᾶς ἀφιγμένης,   990

---

974. Vgl. zu Iph. T. 1449 ὅταν δ' Ἀθήνας τὰς θεοδμήτους μόλῃς.

975. μήτ': noch überhaupt.

976. παθών γε τάδε d. i. τάδε γε παθών. — σοῦ ἡσσηθήσομαι: εἰ γὰρ μὴ τιμωρήσομαί σε, οὐδὲ ἃ πρὶν κατώρθωκα ἐμὰ νομισθήσεται Schol.

977. Σίνις: υἱὸς Πολυκήμονος περὶ τὸν Ἰσθμὸν ξενοκτονῶν, ὁ καὶ Πιτυοκάμπτης Schol.

978. ἀλλά: es ergänzt sich φήσει.

979 f. Σκειρωνίδες πέτραι, in Megara, benannt nach dem Tyrannen Skeiron, welcher die Fremden, die dort vorüberkamen, zwang ihm die Füße zu waschen und dabei mit dem Fuße ins Meer stieß einer Schildkröte, die er unterhielt, zum Fraße. Theseus vergalt ihm wie dem Sinis Gleiches mit Gleichem. Schol.

982. τὰ πρῶτ' .. πάλιν (das Vorderste ist zu hinterst gekehrt), eine Redensart wie ἄνω ποταμῶν ἱερῶν χωροῦσι παγαί Med. 410. Der Chor deutet damit den unseligen Irrtum

des Theseus und die vollständige Verkennung des Sachverhalts an.

983 f. μένος ξύντασίς τε, die Heftigkeit und Spannung, die fieberhafte Aufregung. 'Du bist zwar befangen in deinem Urteil, wirst aber doch bei genauerer Darlegung der Sache, in welcher du allerdings auf den ersten Blick recht zu haben scheinst, dein Unrecht erkennen.'

986. κομψός ist der in den Künsten der Rhetorik und den Mitteln der Sophistik bewanderte. — εἰς ὄχλον: der Dichter, der den Gegensatz der Rhetorik und Dialektik im Sinne hat, denkt weniger an die augenblickliche Situation. Vgl. Plat. Gorg. p. 474 A τοῖς δὲ πολλοῖς οὐδὲ διαλέγομαι. — λόγον δοῦναι εἰς wie λέγειν εἰς (πλῆθος).

987. σοφώτερος scil. εἰμὶ λόγον δοῦναι.

988. ἔχει δὲ μοῖραν καὶ τόδε, es hat aber auch dies seine Bestimmung, es ist aber auch so gut verteilt und eingerichtet.

990. ὅμως δέ d. i. obwohl ich

γλῶσσάν μ' ἀφεῖναι. Πρῶτα δ' ἄρξομαι λέγειν,
ὅθεν μ' ὑπῆλθες πρῶτον ὡς διαφθερῶν
οὐκ ἀντιλέξοντ'. εἰσορᾷς φάος τόδε
καὶ γαῖαν· ἐν τοῖσδ' οὐκ ἔνεστ' ἀνὴρ ἐμοῦ,
οὐδ' ἢν σὺ μὴ φῇς, σωφρονέστερος γεγώς.   995
ἐπίσταμαι γὰρ πρῶτα μὲν θεοὺς σέβειν,
φίλοις τε χρῆσθαι μὴ ἀδικεῖν πειρωμένοις,
ἀλλ' οἷσιν αἰδὼς μήτ' ἐπαγγέλλειν κακὰ
μήτ' ἀνθυπουργεῖν αἰσχρὰ τοῖς κεχρημένοις,
οὐκ ἐγγελαστὴς τῶν ὁμιλούντων, πάτερ,   1000
ἀλλ' αὐτὸς οὐ παροῦσι κἀγγὺς ὢν φίλος.
ἑνὸς δ' ἄθικτος, οὗ με νῦν ἑλεῖν δοκεῖς·
λέχους γὰρ εἰς τόδ' ἡμέρας ἁγνὸν δέμας.
οὐκ οἶδα πρᾶξιν τήνδε πλὴν λόγῳ κλύων
γραφῇ τε λεύσσων· οὐδὲ ταῦτα γὰρ σκοπεῖν   1005
πρόθυμός εἰμι, παρθένον ψυχὴν ἔχων.
καὶ δὴ τὸ σῶφρον τοὐμὸν οὐ πείθει σ' ἴσως·
δεῖ δή σε δεῖξαι τῷ τρόπῳ διεφθάρην.
πότερα τὸ τῆσδε σῶμ' ἐκαλλιστεύετο
πασῶν γυναικῶν; ἢ σὸν οἰκήσειν δόμον   1010

nicht geschickt bin öffentlich zu
sprechen.

991 ff. πρῶτα .. ὅθεν .. πρῶτον:
zu Med. 475. ὅθεν ist beeinflußt
von ἄρξομαι (ἄρξομαι ἐκ τούτου ᾧ).
— ὑπῆλθες, subdole aggressus es.
Über den ersten Punkt der Anklage zu 946. — ὡς διαφθερῶν
οὐκ ἀντιλέξοντα, ὡς διαφθερῶν
ἀπολογίαν οὐκ ἔχοντα Schol.

996 f. πρῶτα μὲν .. τε: zu Med.
125.

998 f. αἰδώς (ἐστι) μὴ wie ἀπ-
έχεσθαι μὴ, δέδοικε μηδὲν ἐξαμαρτάνειν u. a., vgl. Kr. I 67, 11, 3. —
ἐπαγγέλλειν κακὰ .. ἀνθυπουργεῖν
αἰσχρὰ τοῖς κεχρημένοις: schlechte
Dienste fordern — schlechte Gegen-
dienste leisten den Verlangenden.
Zu τοῖς κεχρημένοις (χρῄζουσι) vgl.
Hik. 827 οὐκ εἰ νεκροῖσιν καὶ γυναιξὶν ἀθλίαις προσωφελήσων, ὦ
τέκνον, κεχρημέναις.

1000. οὐκ ἐγγελαστὴς κτέ. tritt
appositionell zu dem Hauptsatz
ἐπίσταμαι κτέ.

1001. Vgl. Hik. 867 φίλος τ' ἀλη-
θὴς ἦν φίλοις παροῦσί τε καὶ μὴ
παροῦσιν, Hor. Sat. I 4, 81.

1002. ἑνὸς ἄθικτος: man sagt
zwar λέχους θιγγάνειν, dem Sinne
des Hipp. entspricht aber mehr die
passivische Bedeutung (unberührt,
ἁγνός). Vgl. Kr. II 47, 26, 9. —
οὗ: vgl. Aristoph. Wo. 591 δῶρων
ἑλόντες καὶ κλοπῆς.

1005. γὰρ: ich habe nur eine un-
klare Vorstellung davon vom Hören-
sagen oder von zufälligen Blicken
auf Gemälde. Denn selbst diese
zu betrachten, so daß ich die Sache
genauer wüßte, habe ich keine
Lust.

1007. Dem probabile ex vita folgt
das probabile ex causa. — καὶ δή,
zu Med. 386: 'und angenommen der
Hinweis auf meine Sittsamkeit über-
zeuge dich vielleicht nicht von
meiner Unschuld'.

1010. πασῶν γυναικῶν: vgl. Med.
947 δῶρ' ἃ καλλιστεύεται τῶν νῦν
ἐν ἀνθρώποισιν.

6*

ἔγκληρον εὐνὴν προσλαβὼν ἐπήλπισα;
μάταιος ἄρ' ἦν, οὐδαμοῦ μὲν οὖν φρενῶν.
ἀλλ' ὡς τυραννεῖν ἡδὺ τοῖσι σώφροσιν;
ἥκιστ', ἐπεί γε τὰς φρένας διέφθορε
θνητῶν ὅσοισιν ἀνδάνει μοναρχία.   1015
ἐγὼ δ' ἀγῶνας μὲν κρατεῖν Ἑλληνικοὺς
πρῶτος θέλοιμ' ἄν, ἐν πόλει δὲ δεύτερος
σὺν τοῖς ἀρίστοις εὐτυχεῖν ἀεὶ φίλοις.
πράσσειν τε γὰρ πάρεστι, κίνδυνός τ' ἀπὼν
κρείσσω δίδωσι τῆς τυραννίδος χάριν.   1020
ἐν οὐ λέλεκται τῶν ἐμῶν, τὰ δ' ἄλλ' ἔχεις·
εἰ μὲν γὰρ ἦν μοι μάρτυς οἷός εἰμ' ἐγώ,
καὶ τῆσδ' ὁρώσης φέγγος ἠγωνιζόμην,
ἔργοις ἂν εἶδες τοὺς κακοὺς διεξιών·
νῦν δ' ὅρκιόν σοι Ζῆνα καὶ πέδον χθονὸς   1025
ὄμνυμι τῶν σῶν μήποθ' ἅψασθαι γάμων
μηδ' ἂν θελῆσαι μηδ' ἂν ἔννοιαν λαβεῖν.

1011. ἔγκληρον εὐνήν: 'war mit der Hand deiner Gattin das Erbe des ganzen Vermögens verbunden, so daſs sie mir dein Besitztum eingebracht hätte'. Über ἔγκληρος, ἐπίκληρος, wie die Tochter hieſs, der das ganze väterliche Erbgut zufiel, vgl. zu Iph. T. 682.

1012. Da die vorher angegebenen Beweggründe nicht vorliegen, so müſste ich ganz ohne Verstand gehandelt haben, wenn ich es gethan hätte. ἄρα dem Versmaſse zu liebe für ἆρα. — οὐδαμοῦ μὲν οὖν φρενῶν, ja vielmehr (vgl. zu 821) des Verstandes bar. Vgl. die Redensart ποῦ ποτ' εἶ φρενῶν; 1013. ἀλλ' ὡς wie 966 (ἀλλὰ λέγοις ἂν ὡς). Weil man bei σὸν οἰκήσειν δόμον 1010 vornehmlich an die Besitznahme des Vermögens denkt, wird noch dieser Beweggrund, mit der Hand der Fürstin die Herrschaft zu erlangen, nachgetragen. Dem Dichter aber ist daran gelegen, von der Thorheit der Herrschsucht zu sprechen (in ähnlicher Weise wie Sophokles Öd. T. 584 ff.);

1014. 'Aber du meinst vielleicht, Herrschaft sei den Verständigen an-

genehm. Keineswegs, denn wer Gefallen an der Herrschaft findet, ist nicht verständig.'

1016. ἀγῶνας κρατεῖν wie τὰ Ὀλύμπια νικᾶν. Vgl. Ion 625 δημότης ἂν εὐτυχὴς ζῆν ἂν θέλοιμι μᾶλλον ἢ τύραννος ὤν.

1018. σὺν τοῖς ἀρίστοις φίλοις, mit den Besten (den Ersten des Staates) als Freunden.

1019. πράσσειν (Thätigkeit), was Sophokles O. T. 588 τύραννα δρᾶν in Gegensatz zum τύραννος εἶναι nennt.

1020. χάριν, Genuſs. Vgl. Soph. ebd. 592 πῶς δῆτ' ἐμοὶ τυραννὶς ἡδίων ἔχειν ἀρχῆς ἀλύπου καὶ δυναστείας ἔφυ;

1021 ff. Vgl. zu 971.

1022. οἷος d. i. ebenso wahrhaft und sittenrein.

1024. ἔργοις . . διεξιών: dann wäre eine Untersuchung möglich, welche thatsächliche Beweise lieferte statt der λόγοι oder ὅρκοι.

1025. πέδον χθονός: man schwört bei dem Grund der Erde als dem Festesten. Vgl. Med. 746 ὄμνυ πέδον Γῆς.

1027. μηδ' ἂν θελῆσαι κτέ., neque

ἦ τἄρ' ὀλοίμην ἀκλεὴς ἀνώνυμος,
ἄπολις ἄοικος, φυγὰς ἀλητεύων χθονός,
καὶ μήτε πόντος μήτε γῆ δέξαιτό μου   1030
σάρκας θανόντος, εἰ κακὸς πέφυκ' ἀνήρ.
εἰ δ' ἥδε δειμαίνουσ' ἀπώλεσεν βίον
οὐκ οἶδ'· ἐμοὶ γὰρ οὐ θέμις πέρα λέγειν.
ἐσωφρόνησε δ' οὐκ ἔχουσα σωφρονεῖν,
ἡμεῖς δ' ἔχοντες οὐ καλῶς ἐχρώμεθα.   1035

ΧΟ. ἀρκοῦσαν εἶπας αἰτίας ἀποστροφήν,
ὅρκους παρασχών, πίστιν οὐ σμικράν, θεῶν.

ΘΗ. ἆρ' οὐκ ἐπῳδὸς καὶ γόης πέφυχ' ὅδε,
ὃς τὴν ἐμὴν πέποιθεν εὐοργησίᾳ
ψυχὴν κρατήσειν τὸν τεκόντ' ἀτιμάσας;   1040

ΙΠ. καὶ σοῦ γε κάρτα ταῦτα θαυμάζω, πάτερ·
εἰ γὰρ σὺ μὲν παῖς ἦσθ', ἐγὼ δὲ σὸς πατήρ,
ἔκτεινά τοί σ' ἂν κού φυγαῖς ἐζημίουν,
εἴπερ γυναικὸς ἠξίους ἐμῆς θιγεῖν.

ΘΗ. ὡς ἄξιον τόδ' εἶπας· οὐχ οὕτω θανῇ·   1045
ταχὺς γὰρ Ἅιδης ῥᾶστος ἀνδρὶ δυσσεβεῖ·   1047
ἀλλ' ἐκ πατρῴας φυγὰς ἀλητεύων χθονός,   1048
ὥσπερ σὺ σαυτῷ τόνδε προύθηκας νόμον.   1046
[ξένην ἐπ' αἶαν λυπρὸν ἀντλήσεις βίον·

---

futurum ut id unquam velim aut cogitem.

1029. φυγὰς χθονός wie 1048 φυγὰς ἐκ χθονός. Vgl. Hik. 148 φεύγων χθονός und oben 578 πομπίμα δωμάτων.

1030. Vgl. Or. 1086 μήθ' αἷμά μου δέξαιτο κάρπιμον πέδον, μὴ λαμπρὸς αἰθήρ, εἴ σ' ἐγὼ προδοὺς ποτε κτέ.

1034 f. Sie bewahrte den Ruf der Sittsamkeit ohne sittsam zu sein. — οὐ καλῶς meint er nur in Rücksicht auf den schlimmen Erfolg, da seine Gewissenhaftigkeit in Bezug auf den Schwur ihm zu solchem Nachteile ausschlug. Die Vorliebe für solche widerspruchsvolle Wendungen (Phön. 357 φρονῶν εὖ κού φρονῶν ἀφικόμην, Ion 1444 ὁ κατθανών τε κού θανὼν φαντάζομαι, Hek. 566 ὃ δ' οὐ θέλων τε καὶ θέλων οἴκτῳ κόρης) wird von Ari-

stophanes Ach. 396 verspottet, wo der Diener auf die Frage ἔνδον ἔστ' Εὐριπίδης; erwidert: οὐκ ἔνδον ἔνδον ἐστίν, εἰ γνώμην ἔχεις.

1037. ὅρκους θεῶν: vgl. Soph. O. T. 647 ὅρκον θεῶν. — πίστιν (Gewähr) οὐ σμικράν: Med. 21 βοᾷ μὲν ὅρκους, ἀνακαλεῖ δὲ δεξιᾶς πίστιν μεγίστην. Vgl. 1055.

1039. εὐοργησίᾳ, πρᾳότητι, leidenschaftslose Ruhe und Gelassenheit. Bacch. 641 πρὸς σοφοῦ γὰρ ἀνδρὸς ἀσκεῖν σώφρον' εὐοργησίαν.

1041. D. i. 'auch deine Ruhe und Gelassenheit muß ich bewundern'.

1045. ἄξιον, entsprechend deiner Schuld. Vgl. Äsch. Ag. 1528 ἄξια δράσας, ἄξια πάσχων. — οὕτω, so ohne weiteres. Vgl. Herakl. 374 οὐχ οὕτως ἃ δοκεῖς κυρήσεις.

1046. ὥσπερ .. νόμον, nämlich 1029.

1049 f. geben eine unnütze Er-

μισθὸς γὰρ οὗτός ἐστιν ἀνδρὶ δυσσεβεῖ.] 1050

ΙΠ. οἴμοι, τί δράσεις; οὐδὲ μηνυτὴν χρόνον
δέξῃ καθ' ἡμῶν, ἀλλά μ' ἐξελᾷς χθονός;

ΘΗ. πέραν γε πόντου καὶ τόπων Ἀτλαντικῶν,
εἴ πως δυναίμην, ὡς σὸν ἐχθαίρω κάρα.

ΙΠ. οὐδ' ὅρκον οὐδὲ πίστιν οὐδὲ μάντεων 1055
φήμας ἐλέγξας ἄκριτον ἐκβαλεῖς με γῆς;

ΘΗ. ἡ δέλτος ἥδε κλῆρον οὐ δεδεγμένη
κατηγορεῖ σου πιστά· τοὺς δ' ὑπὲρ κάρα
φοιτῶντας ὄρνεις πόλλ' ἐγὼ χαίρειν λέγω.

ΙΠ. ὦ θεοί, τί δῆτα τοὐμὸν οὐ λύω στόμα, 1060
ὅστις γ' ὑφ' ὑμῶν, οὓς σέβω, διόλλυμαι;
οὐ δῆτα· πάντως οὐ πίθοιμ' ἂν οὕς με δεῖ,
μάτην δ' ἂν ὅρκους συγχέαιμ' οὓς ὤμοσα.

ΘΗ. οἴμοι, τὸ σεμνὸν ὥς μ' ἀποκτείνει τὸ σόν.
οὐκ εἶ πατρῴας ἐκτὸς ὡς τάχιστα γῆς; 1065

ΙΠ. ποῖ δῆθ' ὁ τλήμων τρέψομαι; τίνος ξένων
δόμους ἔσειμι τῇδ' ἐπ' αἰτίᾳ φυγών;

ΘΗ. ὅστις γυναικῶν λυμεῶνας ἥδεται
ξένους κομίζων καὶ συνοικούρους καλῶν.

ΙΠ. αἰαῖ·

weiterung. Der erste Vers ist gebildet nach 898. Man erkannte nicht, daß θανῇ (1045) auch zu ἀλητεύων gehöre. Der zweite Vers fehlte nach der Angabe der Schol. in vielen Handschriften.

1051 f. μηνυτὴν καθ' ἡμῶν, Zeugen gegen uns.

1053. Vgl. zu 3.

1054. ὡς (quo te odio persequor): vgl. οἷον 845.

1055. ὅρκον οὐδὲ πίστιν, Hendiadyoin für ὅρκου πίστιν.

1057. Vgl. zu 944. — κλῆρον οὐ δεδεγμένη mit Bezug auf μάντεων φήμας: 'nicht mit (rätselhaften) Runen, (sondern mit deutlichen Buchstaben) gezeichnet'. Κλῆρος hieß das mit bedeutungsvollen Zeichen bezeichnete Los, aus dem geweissagt wurde, dann auch das bedeutungsvolle Zeichen selbst (Schol. κλῆροι λέγονται τὰ σημεῖα τῆς πτήσεως τῶν οἰωνῶν). Vgl.

Phön. 838 κλήρους τί μοι φύλασσε παρθένῳ χερί, οὓς ἔλαβον οἰωνίσματ' ὀρνίθων μαθὼν θάκοισιν ἐν ἱεροῖσιν, οὐ μαντεύομαι (sagt der Vogelschauer Tiresias, die auf Täfelchen aufgezeichneten Beobachtungen des Vogelflugs verstehend).

1058. Der Zusatz ὑπὲρ κάρα φοιτῶντας hebt das Geringschätzige wie Soph. O. T. 964 φεῦ φεῦ· τί δῆτ' ἄν, ὦ γύναι, σκοποῖτό τις τὴν Πυθόμαντιν ἑστίαν ἢ τοὺς ἄνω κλάζοντας ὄρνεις; Zu dem echt Euripideischen Gedanken vgl. Hel. 744 τὰ μάντεων ἐσεῖδον ὡς φαῦλ' ἐστὶ καὶ ψευδῶν πλέα. οὐκ ἦν ἄρ' ὑγιὲς οὐδὲν ἐμπύρου φλογὸς οὐδὲ πτερωτῶν φθέγματ'· εὐήθης δέ τοι τὸ καὶ δοκεῖν ὄρνιθας ὠφελεῖν βροτούς.

1064. ἀποκτείνει, enecat.

1068 f. Der Relativsatz vertritt einen Gen. zu δόμους. — καλῶν ist Particip.

⟨χρίμπτει⟩ πρὸς ἧπαρ δακρύων τ' ἐγγὺς τόδε, 1070
εἰ δὴ κακός γε φαίνομαι δοκῶ τέ σοι.

ΘΗ. τότε στενάζειν καὶ προγιγνώσκειν σε χρῆν,
ὅτ' εἰς πατρῷαν ἄλοχον ὑβρίζειν ἔτλης.

ΙΠ. ὦ δώματ', εἴθε φθέγμα γηρύσαισθέ μοι
καὶ μαρτυρήσαιτ' εἰ κακὸς πέφυκ' ἀνήρ. 1075

ΘΗ. εἰς τοὺς ἀφώνους μάρτυρας φεύγεις σοφῶς·
τὸ δ' ἔργον οὐ λέγον σε μηνύει κακόν.

ΙΠ. φεῦ·
εἴθ' ἦν ἐμαυτὸν προσβλέπειν ἐναντίον
στάνθ', ὡς ἐδάκρυσ' οἷα πάσχομεν κακά.

ΘΗ. πολλῷ γε μᾶλλον σαυτὸν ἤσκησας σέβειν 1080
ἢ τοὺς τεκόντας ὅσια δρᾶν δίκαιος ὤν.

ΙΠ. ὦ δυστάλαινα μῆτερ, ὦ πικραὶ γοναί·
μηδείς ποτ' εἴη τῶν ἐμῶν φίλων νόθος.

ΘΗ. οὐχ ἕλξετ' αὐτόν, δμῶες; οὐκ ἀκούετε
πάλαι ξενοῦσθαι τόνδε προυννέποντά με; 1085

ΙΠ. κλαίων τις αὐτῶν ἆρ' ἐμοῦ τεθίξεται·
σὺ δ' αὐτός, εἴ σοι θυμός, ἐξώθει χθονός.

ΘΗ. δράσω τάδ', εἰ μὴ τοῖς ἐμοῖς πείσῃ λόγοις·
οὐ γάρ τις οἶκτος σῆς μ' ὑπέρχεται φυγῆς.

ΙΠ. ἄραρεν, ὡς ἔοικεν· ὦ τάλας ἐγώ· 1090
ὡς οἶδα μὲν ταῦτ', οἶδα δ' οὐχ ὅπως φράσω.
ὦ φιλτάτη μοι δαιμόνων Λητοῦς κόρη,

1070. χρίμπτει πρὸς ἧπαρ ergänzt nach Äsch. Ag. 440 θιγγάνει πρὸς ἧπαρ, vgl. ebd. 782 δῆγμα δὲ λύπης οὐδὲν ἐφ' ἧπαρ προσικνεῖται und Soph. Ai. 938 χωρεῖ (wahrscheinlich in χρίμπτει zu verbessern) πρὸς ἧπαρ, οἶδα, γενναία δύη.

1074. Vgl. Asch. Ag. 37 οἶκος δ' αὐτός, εἰ φθογγὴν λάβοι, σαφέστατ' ἂν λέξειεν.

1078. ἦν, παρῆν. Zum Gedanken vgl. Hek. 807 οἰκτειρον ἡμᾶς, ὡς γραφεύς τ' ἀποσταθεὶς ἰδὼ με κἀνάθρησον οἷ' ἔχω κακά.

1079. ἐδάκρυσα: zu 647.

1080. 'allerdings hast du's geübt dich weit mehr zu verehren' sagt Theseus ironisch, weil Hipp. seine

eigene Gestalt sich gegenüber erblicken möchte.

1081. δίκαιος ὤν d. i. und damit deine Pflicht zu thun. ·

1082. Durch τοὺς τεκόντας wird Hipp. an seine Mutter erinnert.

1084. Vgl. Hek. 1282 οὐχ ἕλξετ' αὐτόν, δμῶες, ἐκποδὼν βία;

1084 f. οὐκ ἀκούετε προυννέποντά με πάλαι τόνδε ξενοῦσθαι (ξένον ἀντὶ πολίτου γίνεσθαι Schol.).

1086. κλαίων bei Drohungen wie οὐ χαίρων (non impune). Vgl. Hor. Sat. II 1, 44 ille qui²me commorit (melius non tangere, clamo), flebit.

1091. ὡς kausal wie 1100. — ταῦτα andeutend.

1092. Vgl. Soph. Ai. 14 ὦ φθέγμ' Ἀθάνας, φιλτάτης ἐμοὶ θεῶν.

σύνθακε, συγκύναγε, φευξούμεσθα δὴ
κλεινὰς Ἀθήνας. ἀλλὰ χαίρετ', ὦ πόλις
καὶ γαῖ' Ἐρεχθέως· ὦ πέδον Τροιζήνιον,   1091
ὡς ἐγκαθηβᾶν πόλλ' ἔχεις εὐδαίμονα,
χαῖρ'· ὕστατον γάρ σ' εἰσορῶν προσφθέγγομαι.
ἴτ' ὦ νέοι μοι τῆσδε γῆς ὁμήλικες,
προσείπαθ' ἡμᾶς καὶ προπέμψατε χθονός·
ὡς οὔποτ' ἄλλον ἄνδρα σωφρονέστερον   1100
ὄψεσθε, κεἰ μὴ ταῦτ' ἐμῷ δοκεῖ πατρί.

ΧΟ. ἦ μέγα μοι τὰ θεῶν μελεδήμαθ', ὅταν φρένας ἔλθῃ, str. 1.
λύπας παραιρεῖ·
ξύνεσιν δέ τιν' ἐλπίδι κεύθων   1105

1093. Vgl. Iph. T. 709 ὦ συγκύ
ναγε καὶ συνεκτραφεὶς ἐμοί. — σύν
θακε: sie sitzt mit ihm zusammen
auf den Ruheplätzen (ἀνάπαυλαι
1148) nach den Mühen der Jagd.
1094. Ἀθήνας φευξούμεσθα nach
974.
1096. ἐγκαθηβᾶν: wegen der Zusammensetzung mit ἐν vgl. Phön.
727 ἐνδυστυχῆσαι δεινὸν εὐφρόνης
κνέφας und zu Bacch. 508 ἐνδυσ
τυχῆσαι τοὔνομ' ἐπιτήδειος εἶ. —
πόλλ' εὐδαίμονα: τόπους εἰς τὸ
ἡβᾶν ἐπιτηδείους, ὅθεν καὶ ἡβη
τήρια τὰ γυμνάσια.
1098. ὦ νέοι .. ὁμήλικες: Diese
sind nicht als gegenwärtig zu
denken. Dem ergangenen Rufe
wird nach 1179 f. Folge geleistet.
1101. Hippol. links ab; Theseus,
der neben der Leiche der Phädra
steht, giebt einen Wink, das Thor
des Palastes zu schliefsen; damit
geht das Ekkyklem zurück.
1102—1150 drittes Stasimon:
'Das wissenschaftliche Nachdenken
über die Gottheit erfüllt mich mit
freudiger Hoffnung; aber wenn ich
die Wirklichkeit und das plan- und
rücksichtslose Spiel des Zufalls in
den Schicksalen der Menschen mit
Augen sehe, werde ich wieder irre.
Möchte es mir beschieden sein,
leichten Sinn zu wahren und ohne
langes Grübeln über die Rätsel des
Lebens mich des Augenblicks zu
freuen. Denn jetzt ist mir die
Heiterkeit des Sinnes dahin, nach-

dem ich das rührende Geschick
des herrlichen, den edelsten Bestrebungen der Jugend sich hingebenden Jünglings mit angesehen
habe, und in Thränen werde ich
meine trostlosen Tage verbringen.
Ich grolle den Göttern. Wohin
aber wird der anmutige Jüngling
sich wenden?' Diese Gedanken
einer Theodicee entsprechen so
sehr dem weltschmerzlichen, grübelnden und von Zweifeln gequälten
Sinne des Dichters, dafs man dem
Schol. glauben möchte, der Dichter
habe die masculina der Participia
im Singular κεύθων 1105, λεύσσων
1107, 1121 deshalb gesetzt, weil er
in ejgener Person spreche. Aber
dem stehen entgegen die Formen
εὐξαμένα 1111, μεταβαλλομένα 1117,
so dafs das verallgemeinernde mascul. der Hebung des lyrischen Tones
zu dienen scheint.
1102 ff. μέγα, μεγάλως Schol. —
τὰ περὶ θεῶν μελεδήματα Schol. —
ὅταν φρένας ἔλθῃ hebt den Gegensatz der Spekulation und der Lebenserfahrung: 'wenn mein Geist sich
mit den Gedanken an Gott beschäftigt, fühle ich Trost und gebe
mich der stillen Hoffnung hin, eine
gewisse Einsicht von der Gottheit
zu haben; wenn aber die Erscheinungen des Lebens an mich herantreten, verliere ich wieder die
Sicherheit der Überzeugung'. λύπας
ist Acc., vgl. Hek. 591 τὸ δ' αὖ
λίαν παρεῖλες. Zum Gedanken vgl.

ΙΠΠΟΛΥΤΟΣ.

89

λείπομαι ἔν τε τύχαις θνατῶν καὶ ἐν ἔργμασι λεύσσων·
ἄλλα γὰρ ἄλλοθεν ἀμείβεται,
μετὰ δ' ἵσταται ἀνδράσιν αἰὼν
πολυπλάνητος αἰεί.   1110
εἴθε μοι εὐξαμένᾳ θεόθεν τάδε μοῖρα παράσχοι, antistr. 1.
τύχαν μετ' ὄλβου
καὶ ἀκήρατον ἄλγεσι θυμόν·
δόξα δὲ μήτ' ἀτρεκὴς μήτ' αὖ παράσημος ἐνείη·   1115
ῥᾴδια δ' ἤθεα τὸν αὔριον
μεταβαλλομένα χρόνον αἰεὶ
βίοτον εὐτυχοίην.
οὐκέτι γὰρ καθαρὰν φρέν' ἔχω τὰ παρ' ἐλπίδα λεύσσων,   str. 2.   1120

Asch. Ag. 173 οὐκ ἔχω προσεικάσαι πάντ' ἐπισταθμώμενος πλὴν Διός, εἰ τὸ μάταν ἀπὸ φροντίδος ἄχθος χρὴ βαλεῖν ἐτητύμως. — λείπομαι scil. τῆς ξυνέσεως, ich werde wieder irre. — ἐν .. ἔργμασι gehört zu λείπομαι und zu λεύσσων ergänzt sich τύχας καὶ ἔργματα.
1108. πολλὴ μεταβολὴ τῶν ἀνθρωπίνων πραγμάτων Schol. Vgl. Senec. Phaedr. 978 res humanas ordine nullo Fortuna regit sparsitque manu munera caeca, peiora fovens.
1109. πολυπλάνητος, vielfacher Verwirrungen voll.
1111 f. Vgl. Soph. O. T. 863 εἴ μοι ξυνείη φέροντι μοῖρα τὰν εὔσεπτον ἁγνείαν λόγων. — θεόθεν μοῖρα: hiernach ist das Schicksal mit dem göttlichen Willen vereinigt. Vgl. Äsch. Eum. 1046 Ζεὺς ὁ πανόπτας οὕτω Μοῖρά τε συγκατέβα. — τάδε ankündigend.
1114. ἄλγεσι, nach dem Sinne des Euripides 'von Zweifelsqualen'.
1115. 'Möge mir weder Untrüglichkeit noch Verkehrtheit der Meinung innewohnen', d. i. ich begnüge mich mit einer mäßigen Weisheit. Vgl. Bacch. 497 σοφὸν δ' ἀπέχειν πραπίδα φρένα τε περισσῶν παρὰ φωτῶν. τὸ πλῆθος ὅ τι τὸ φαυλότερον ἐνόμισε χρῆταί τε, τόδ' ἂν δεχοίμαν, wie überhaupt die Gedanken dieser Antistrophe in den Chorgesängen der Bakchen

(besonders 370 ff., 862 ff.) wiederkehren und weiter ausgeführt sind.
— παράσημος: ἀπὸ μεταφορᾶς τῶν κιβδήλων νομισμάτων Schol.
1116 f. ῥᾴδια ἤθεα τὸν αὔριον χρόνον μεταβαλλομένη, meinen fügsamen Charakter von heute auf morgen wandelnd (ῥᾴδια enthält gewissermaßen den Grund von ἤθεα μεταβαλλομένη) d. h. nicht unerreichbaren Idealen nachjagend und auf bestimmten Principien hartnäckig beharrend. Das sind bei dem Dichter nur Wünsche augenblicklicher Stimmung. — Schön hat Grotius die Stelle übersetzt: mores sed faciles habens Et quos crastina molliter Immutet veniens dies, Tuto perfruar otio.
1118. βίοτον, das Leben über.
1119. οὐκέτι γὰρ κτἑ.: der Schol. bemerkt: τοῦτο δὲ ⟨τῷ 'λείπομαι'⟩ συνακτέον, ἵν' ᾖ οὕτως· ἐκπίπτω τοῦ ἀνάγειν εἰς θεοὺς πρόνοιαν τῶν ἀνθρωπίνων πραγμάτων (Erklärung von λείπομαι 1106). οὐκ ἔτι γὰρ καθαρὰν φρένα ἔχω, τουτέστιν οὐκ ἔχω γὰρ ἀτάραχον φρένα. Diese Beziehung scheint nicht richtig. Vielmehr begründet der Gedanke, der 1142 fortgesetzt wird, den vorausgehenden Wunsch: 'könnte ich das Leben leichter nehmen; denn jetzt ist mein Sinn getrübt und mein Lebenslos ein unseliges (πότμον ἄποτμον 1144)'.

ἐπεὶ τὸν Ἑλλανίας
φανερώτατον ἀστέρα γαίας
εἴδομεν εἴδομεν ἐκ πατρὸς ὀργᾶς
ἄλλαν ἐπ᾽ αἶαν ἱέμενον.   1125
ὦ ψάμαθοι πολιήτιδος ἀκτᾶς
δρυμός τ᾽ ὄρειος, ὅθι κυνῶν
ὠκυπόδων μέτα θῆρας ἔναιρεν
Δίκτυνναν ἀμφὶ σεμνάν.   1130
οὐκέτι συζυγίαν πώλων Ἐνετᾶν ἐπιβάσῃ   antistr. 2.
τὸν ἀμφὶ Λίμνας τρόχον
κατέχων ποδὶ γυμνάδος ἵππου.
μοῦσα δ᾽ ἄυπνος ὑπ᾽ ἄντυγι χορδᾶν   1135
λήξει πατρῷον ἀνὰ δόμον·
ἀστέφανοι δὲ κόρας ἀνάπαυλαι
Λατοῦς βαθεῖαν ἀνὰ χλόαν·
νυμφιδία δ᾽ ἀπόλωλε φυγᾷ σᾷ   1140
λέκτρων᾽ ἅμιλλα κούραις.
ἐγὼ δὲ σᾷ δυστυχίᾳ δάκρυσι διοίσω   epod.
πότμον ἄποτμον· ὦ τάλαινα
μᾶτερ, ἔτεκες ἀνόνατα· φεῦ,   1145
μανίω θεοῖσιν·
ἰὼ ἰὼ ξύγιαι Χάριτες,

1123. φανερώτατον ἀστέρα: vgl.
Hom. Il. 6, 401 Ἑκτορίδην ἀγαπητόν,
ἀλίγκιον ἀστέρι καλῷ, dazu den
Gebrauch von φάος Hek. 841 ὦ
μέγιστον Ἕλλησιν φάος, El. 449
πατὴρ ἱππότας τρέφεν Ἑλλάδι φῶς
Θέτιδος εἰνάλιον γόνον. Hor. Sat.
I 7, 24 solem Asiae Brutum appellat stellasque salubres appellat
comites.
1126. πολιήτιδος d. i. der Küste
in der Umgebung der Stadt.
1130 Δίκτυνναν: zu 145 f.
1131. Vgl. zu 231.
1133. τὸν ἀμφὶ Λίμνας τρόχον,
die Rennbahn in der Limne herum.
Der Gen. statt des gewöhnlichen
Acc., wenn es nicht ursprünglich
Λίμναν geheißen hat.
1134. ποδί, d. i. quadrupedante
sonitu, denn κατέχειν wird von dem
Einnehmen (Erfüllen) einer Gegend
mit Lärm gebraucht, vgl. Hom. Il.
16, 79 ἀλαλητῷ πᾶν πεδίον κατ-

ἔχουσι, Soph. Phil. 10 ἀγρίαις κατεῖχ᾽
ἀεὶ πᾶν στρατόπεδον δυσφημίαις.
1135. μοῦσα ἄυπνος: vgl. Hor.
carm. I 10, 18 cithara tacentem sus-
citat Musam. ἄντυξ, der Steg der
Lyra, gewöhnlich ζυγόν.
1138. ἀστέφανοι: nach dem vorausgehenden Futurum ergänzt sich
ἔσονται.
1140 f. νυμφιδία λέκτρων ἅμιλλα,
das wetteifernde Verlangen nach
bräutlicher Verbindung. Mit ἅμιλλα
vgl. Hek. 352 ζῆλον οὐ σμικρὸν
γάμων ἔχουσ᾽, ὅτου δῶμ᾽ ἑστίαν τ᾽
ἀφίξομαι.
1143. δάκρυσι διοίσω: ἐν τοῖς
δακρύοις διάξω καὶ ζήσω Schol.
1144. πότμον ἄποτμον: zu Iph.
T. 144.
1145. μᾶτερ scil. τοῦ Ἱππολύτου.
— ἀνόνητα, adverbiell, eigentl. Acc.
des inneren Objekts.
1147. ζύγιαι heißen die Charitinnen als ἔφοροι τῆς συζυγίας

ποῖ τὸν τάλαν' ἐκ πατρίας γᾶς
τὸν οὐδὲν ἄτας αἴτιον
πέμπετε τῶνδ' ἀπ' οἴκων;   1150

καὶ μὴν ὀπαδὸν Ἱππολύτου τόνδ' εἰσορῶ
σπουδῇ σκυθρωπὸν πρὸς δόμους ὁρμώμενον.

ΑΓΓ. ποῖ γῆς ἄνακτα τῆσδε Θησέα μολὼν
εὕροιμ' ἄν, ὦ γυναῖκες; εἴπερ ἴστε, μοι
σημήνατ'· ἆρα τῶνδε δωμάτων ἔσω;   1155
ΧΟ. ὅδ' αὐτὸς ἔξω δωμάτων πορεύεται.
ΑΓΓ. Θησεῦ, μερίμνης ἄξιον φέρω λόγον
σοὶ καὶ πολίταις οἵ τ' Ἀθηναίων πόλιν
. ναίουσι καὶ γῆς τέρμονας Τροιζηνίας.
ΘΗ. τί δ' ἔστι; μῶν τις συμφορὰ νεωτέρα   1160
δισσὰς κατείληφ' ἀστυγείτονας πόλεις;
ΑΓΓ. Ἱππόλυτος οὐκέτ' ἔστιν, ὡς εἰπεῖν ἔπος·
δέδορκε μέντοι φῶς ἐπὶ σμικρᾶς ῥοπῆς.
ΘΗ. πρὸς τοῦ; δι' ἔχθρας μῶν τις ἦν ἀφιγμένος,
ὅτου κατήσχυν' ἄλοχον ὡς πατρὸς βίᾳ;   1165
ΑΓΓ. οἰκεῖος αὐτὸν ὤλεσ' ἁρμάτων ὄχος
ἀραί τε τοῦ σοῦ στόματος, ἃς σὺ σῷ πατρὶ
πόντου κρέοντι παιδὸς ἠράσω πέρι.
ΘΗ. ὦ θεοὶ Πόσειδόν θ', ὡς ἄρ' ἦσθ' ἐμὸς πατὴρ
ὀρθῶς, ἀκούσας τῶν ἐμῶν κατευγμάτων.   1170
πῶς καὶ διώλετ'; εἰπέ· τῷ τρόπῳ Δίκης
ἔπαισεν αὐτὸν ῥόπτρον αἰσχύναντ' ἐμέ;
ΑΓΓ. ἡμεῖς μὲν ἀκτῆς κυμοδέγμονος πέλας

(Schol.), als Stifterinnen ehelicher
Verbindung wie Hera und Aphrodite.
Sie geleiten den Jüngling, weil An-
mut ihn begleitet.
1151—1267 viertes Epeiso-
dion: Katastrophe.
1158 f. τε bezieht sich auf das
folgende καί (οἵ τε . . καὶ οἵ).
1163. ἐπὶ σμικρᾶς ῥοπῆς: vgl.
Soph. O. T. 961 σμικρὰ παλαιὰ σώ-
ματ' εὐνάζει ῥοπή. Der Ausdruck
ist von der Wage entlehnt; an τὰ
τοῦ Διὸς τάλαντα, wie Eustath. zu
Il. Θ p. 699, 40 meint, hat man nicht
zu denken. Es gehört nur eine
leichte Neigung der Wage dazu,
um die Entscheidung zu geben.

1164. πρὸς τοῦ, weil οὐκέτ' ἔστιν
die Vorstellung von ὄλωλε erweckt.
— δι' ἔχθρας: zu 542. Zum Gedanken vgl. 1068 f.
1166. ἁρμάτων ὄχος (currus vehi-
culum): vgl. zu Iph. T. 370 ἐν ἁρμάτων ὄχοις.
1167. Der Sigmatismus des Verses
ist ziemlich stark. Vgl. 656.
1169. ἄρ' ἦσθα: zu 359.
1172. ῥόπτρον, ῥόπαλον Schol.
Vgl. Äsch. Ag. 531 τοῦ δικηφόρου
Διὸς μακέλλῃ, τῇ κατείργασται πέδον (scil. Τροίας).
1173. ἡμεῖς μὲν: dem Gedanken
nach temporaler Nebensatz zu ὁ δ'
ἦλθε 1178.

ψήκτραισιν ἵππων ἐκτενίζομεν τρίχας
κλαίοντες· ἦλθε γάρ τις ἄγγελος λέγων   1175
ὡς οὐκέτ' ἐν γῇ τῇδ' ἀναστρέφοι πόδα
Ἱππόλυτος, ἐκ σοῦ τλήμονας φυγὰς ἔχων.
ὃ δ' ἦλθε ταὐτὸν δακρύων φέρων μέλος
ἡμῖν ἐπ' ἀκτάς· μυρία δ' ὀπισθόπους
φίλων ἅμ' ἔστειχ' ἡλίκων ὁμήγυρις.   1180
χρόνῳ δὲ δή ποτ' εἶπ' ἀπαλλαχθεὶς γόων·
„τί ταῦτ' ἀλύω; πειστέον πατρὸς λόγοις.
ἐντύναθ' ἵππους ἅρμασι ζυγηφόρους,
δμῶες· πόλις γὰρ οὐκέτ' ἔστιν ἥδε μοι.“
τοὐνθένδε μέντοι πᾶς ἀνὴρ ἠπείγετο,   1185
καὶ θᾶσσον ἢ λόγοισιν ἐξηρτυμένας
πώλους παρ' αὐτὸν δεσπότην ἐστήσαμεν.
μάρπτει δὲ χερσὶν ἡνίας ἀπ' ἄντυγος,
αὐταῖσιν ἀρβύλαισιν ἁρμόσας πόδας.
καὶ πρῶτα μὲν θεοῖς εἶπ' ἀναπτύξας χέρας· 1190
„Ζεῦ, μηκέτ' εἴην, εἰ κακὸς πέφυκ' ἀνήρ·
αἴσθοιτο δ' ἡμᾶς ὡς ἀτιμάζει πατήρ
ἤτοι θανόντας ἢ φάος δεδορκότας.“
κἂν τῷδ' ἐπῆγε κέντρον εἰς χεῖρας λαβὼν
πώλοις ὁμοκλῇ· πρόσπολοι δ' ἄκασχ' ὁμοῦ 1195
πέλας χαλινῶν εἱπόμεσθα δεσπότῃ
τὴν εὐθὺς Ἄργους κἀπιδαυρίας ὁδόν.
ἐπεὶ δ' ἔρημον χῶρον εἰσεβάλλομεν,

1174. ἐκτενίζομεν: vgl. 110.
1078. μέλος: zu 879.
1182. πειστέον: Kr. I § 56, 18, 4.
Koch § 94 Anm. 2.
1186. θᾶσσον ἢ λόγοισιν wie Iph.
T. 837 κρεῖσσον ἢ λόγοισιν ('als
mit Worten' d. i. 'als man es aussprechen kann'). Vgl. frg. 1068
ἀρετὴν . . μεῖζον' ἢ λόγῳ φράσαι,
auch Soph. El. 761 ὡς μὲν ἐν λόγῳ
ἀλγεινά, Plat. Gorg. p. 524 D ἐνὶ
λόγῳ.
1188. ἀπ' ἄντυγος: vgl. Hom. Il.
5, 262 ἐξ ἄντυγος ἡνία τείνας.
1189. αὐταῖσιν, d. i. so daſs die
Füſse genau darin standen. — ἀρβύλαισιν: wohl schuhartige Ver-
tiefungen im Wagenkasten, in denen
der Fuſs einen festen Halt hatte.

1190. ἀναπτύξας χέρας, tendens
supinas ad caelum manus. Vgl. zu
Äsch. Prom. 1005.
1192. Vgl. Soph. Ant. 572 ὦ
φίλταθ' Αἷμον, ὥς σ' ἀτιμάζει πατήρ.
1193. θανόντας . . δεδορκότας zu
ἡμᾶς, welches zunächst zu αἴσθοιτο
gehört.
1194. καὶ ἐν τῷδε ('und mit diesen
Worten') nach πρῶτα μὲν für das
gewöhnliche ἔπειτα.
1195. ὁμοκλῇ (mit lautem Zuruf).
Vgl. Soph. El. 712 ἵπποις ὁμοκλή-
σαντες ἡνίας χεροῖν ἔσεισαν. —
ἄκασκα· ἡσύχως Hesych.
1197. εὐθύς in der attischen
Sprache selten für εὐθύ (gerade
auf etwas zu, bei Homer ἰθύς und
ἰθύ).

ἀκτή τις ἔστι τοὐπέκεινα τῆσδε γῆς
πρὸς πόντον ἤδη κειμένη Σαρωνικόν.　　　　1200
ἔνθεν τις ἠχὼ χθόνιος ὡς βροντὴ Διὸς
βαρὺν βρόμον μεθῆκε, φρικώδη κλύειν·
ὀρθὸν δὲ κρᾶτ' ἔστησαν οὖς τ' ἐς οὐρανὸν
ἵπποι· παρ' ἡμῖν δ' ἦν φόβος νεανικὸς
πόθεν ποτ' εἴη φθόγγος. εἰς δ' ἁλιρρόθους　　1205
ἀκτὰς ἀποβλέψαντες ἱερὸν εἴδομεν
κῦμ' οὐρανῷ στηρίζον, ὥστ' ἀφηρέθη
Σκειρωνίδ' ἄκραν ὄμμα τοὐμὸν εἰσορᾶν·
ἔκρυπτε δ' Ἰσθμὸν καὶ πέτραν Ἀσκληπιοῦ.
κἄπειτ' ἀνοιδῆσάν τε καὶ πέριξ ἀφρὸν　　　1210
πολὺν καχλάζον ποντίῳ φυσήματι
χωρεῖ πρὸς ἀκτάς, οὗ τέθριππος ἦν ὄχος.
αὐτῷ δὲ σὺν κλύδωνι καὶ τρικυμίᾳ
κῦμ' ἐξέθηκε ταῦρον, ἄγριον τέρας,
οὗ πᾶσα μὲν χθὼν φθέγματος πληρουμένη　　1215
φρικῶδες ἀντεφθέγγετ', εἰσορῶσι δὲ
κρεῖσσον θέαμα δεργμάτων ἐφαίνετο.
εὐθὺς δὲ πώλοις δεινὸς ἐμπίπτει φόβος·
καὶ δεσπότης μὲν ἱππικοῖσιν ἤθεσι

1199. ἀκτή τις ἔστι: in epischer Weise folgt die Schilderung der Örtlichkeit als Nachsatz statt des logischen Hauptsatzes wie Iph. T. 260 ἐπεὶ τὸν εἰσρέοντα . . πόντον εἰσεβάλλομεν, ἥν τις διαρρὼξ κυμάτων πολλῷ σάλῳ κοιλωπὸς ἀγμός. Vgl. zu Äsch. Prom. 846. — τοὐπέκεινα d. i. jenseit der Grenze. Sie gelangten an den Saronischen Golf da, wo sie zur Rechten die Halbinsel Methana hatten, jenseit des Golfs die Skironischen Felsen bei Megara und den Isthmus, links vor sich den Felsen des Asklepios bei Epidauros sahen (1208 f.). **1201.** ἠχώ wie 791. — χθόνιος βροντή wie El. 748 ὥστε νερτέρᾳ βροντὴ Διός, Äsch. Prom. 1025 βροντήμασι χθονίοις. **1204 f.** νεανικός, ἰσχυρός Schol. — ἦν φόβος πόθεν εἴη: vgl. Hek. 184 δειμαίνω τί ποτ' ἀναστένεις, Soph. Ai. 794 ὥστε μ' ὠδίνειν τί φής. **1206.** ἱερόν, μέγα Schol. Das

Gewaltige und Erhabene der Erscheinung macht den Eindruck des Göttlichen. **1207 f.** (ἐν) οὐρανῷ στηρίζον wie Bacch. 972 οὐρανῷ στηρίζον εὑρήσεις κλέος. — ὄμμα τοὐμὸν ἀφηρέθη εἰσορᾶν ἄκραν. Vgl. Tro. 1146 τὸ δεσπότου τάχος ἀφείλετ' αὐτὴν παῖδα μὴ δοῦναι τάφῳ, Soph. Phil. 1303 τί μ' ἄνδρα πολέμιον ἐχθρόν τ' ἀφείλου μὴ κτανεῖν; **1213.** Man sah den Wasserberg an das Ufer herankommen und in demselben Augenblick, wo er mit heftigem Schlage brandete (αὐτῷ σὺν κλύδωνι κ. τ.), schüttete er einen Stier ans Land. **1217.** κρεῖσσον δεργμάτων, ἰσχυρότερον τῆς θέας Schol., immanius quam ut oculi sustinere possent (Monk). **1219 f.** ἱππικοῖσιν . . ξυνοικῶν, mit den Gepflogenheiten der Wagenlenker durch vielfache Übung wohl vertraut.

πολὺς ξυνοικῶν ἥρπασ' ἡνίας χεροῖν,   1220
ἕλκει δέ, κώπην ὥστε ναυβάτης ἀνήρ,
ἱμᾶσιν εἰς τοὔπισθεν ἀρτήσας δέμας·
αἳ δ' ἐνδακοῦσαι στόμια πυριγενῆ γναθμοῖς
βίᾳ φέρουσιν, οὔτε ναυκλήρου χερὸς
οὔθ' ἱπποδέσμων οὔτε κολλητῶν ὄχων   1225
μεταστρέφουσαι. κεἰ μὲν εἰς τὰ μαλθακὰ
γαίας ἔχων οἴακας εὐθύνοι δρόμον,
προυφαίνετ' ἐκ τοῦ πρόσθεν, ὥστ' ἀναστρέφειν,
ταῦρος φόβῳ τέτρωρον ἐκμαίνων ὄχον·
εἰ δ' εἰς πέτρας φέροιντο μαργῶσαι φρένας,   1230
σιγῇ πελάζων ἄντυγι ξυνείπετο
εἰς τοῦθ' ἕως ἔσφηλε κἀνεχαίτισεν,
ἁψῖδα πέτρῳ προσβαλὼν ὀχήματος.
σύμφυρτα δ' ἦν ἅπαντα· σύριγγές τ' ἄνω
τροχῶν ἐπήδων ἀξόνων τ' ἐνήλατα.   1235
αὐτὸς δ' ὁ τλήμων ἡνίαισιν ἐμπλακεὶς
δεσμὸν δυσεξήνυστον ἕλκεται δεθείς,
σποδούμενος μὲν πρὸς πέτραις φίλον κάρα,
θραύων δὲ σάρκας, δεινὰ δ' ἐξαυδῶν κλύειν·
„στῆτ', ὦ φάτναισι ταῖς ἐμαῖς τεθραμμέναι,   1240
μή μ' ἐξαλείψητ'· ὦ πατρὸς τάλαιν' ἀρά.
τίς ἄνδρ' ἄριστον βούλεται σῶσαι παρών;"
πολλοὶ δὲ βουληθέντες ὑστέρῳ ποδὶ
ἐλειπόμεσθα. χὢ μὲν ἐκ δεσμῶν λυθεὶς
τμητῶν ἱμάντων οὐ κάτοιδ' ὅτῳ τρόπῳ   1245

1221 f. er zog (die Pferde) zurück,
indem er wie ein Ruderer, welcher
das Ruder zurückzieht, zurückge-
lehnt sich mit den Zügeln hielt.
1223. ἐνδακοῦσαι στόμια: vgl.
Asch. Prom. 1041 δακὼν δὲ στόμιον
ὡς νεοζυγὴς πῶλος βιάζῃ.
1224. βίᾳ φέρουσιν (gehen durch)
wie Soph. El. 725.
1224 f. ναυκλήρου wie nachher
(1227) ἔχων οἴακας. — χερὸς . .
ὄχων d. i. weder Zügel noch Stränge
noch Joch konnten sie halten. —
μεταστρέφουσαι: gewöhnlich steht
in dem Sinne 'sich an etwas kehren'
ἐπιστρέφεσθαι.
1228. ἀναστρέφειν intr. (die Pferde).

1231. ἄντυγι, ἄρματι.
1232. ἔσφηλε: Subjekt ist ταῦρος,
Objekt ἄντυγα (ἅρμα).
1238. σποδούμενος κάρα: Kr. I 52,
4, 2. Koch § 93, 1, 4.
1241. ἀρά: da die Zuschauer die
Sache wissen, kümmert sich der
Dichter nicht darum, wie Hipp.
Kenntnis von dem Fluch erhalten hat.
1243 f. ὑστέρῳ ποδὶ ἐλειπόμεσθα
d. i. wir kamen nicht nach und
konnten ihn nicht erreichen.
1245. τμητῶν ἱμάντων: vgl. Soph.
El. 747 σὺν δ' ἑλίσσεται τμητοῖς
ἱμᾶσι. Sophokles hat wohl die
Schilderung des Euripides vor Augen
gehabt.

τείνει βραχὺν δὴ βίοτον, ἐμπνέων ἔτι·
ἵπποι δ’ ἔκρυφθεν καὶ τὸ δύστηνον τέρας
ταύρου λεπαίας οὐ κάτοιδ’ ὅπου χθονός.

δοῦλος μὲν οὖν ἔγωγε σῶν δόμων, ἄναξ,
ἀτὰρ τοσοῦτόν γ’ οὐ δυνήσομαί ποτε   1250
τὸν σὸν πιθέσθαι παῖδ’ ὅπως ἐστὶν κακός,
οὐδ’ εἰ γυναικῶν πᾶν κρεμασθείη γένος
καὶ τὴν ἐν Ἴδῃ γραμμάτων πλήσειέ τις
πεύκην, ἐπεί νιν ἐσθλὸν ὄντ’ ἐπίσταμαι.

ΧΟ. αἰαῖ· κέκρανται συμφορὰ νέων κακῶν,   1255
οὐδ’ ἔστι μοίρας τοῦ χρεών τ’ ἀπαλλαγή.

ΘΗ. μίσει μὲν ἀνδρὸς τοῦ πεπονθότος τάδε
λόγοισιν ἤσθην τοῖσδε· νῦν δ’ αἰδούμενος
θεούς τ’ ἐκεῖνόν θ’, οὕνεκ’ ἐστὶν ἐξ ἐμοῦ,
οὔθ’ ἥδομαι τοῖσδ’ οὔτ’ ἐπάχθομαι κακοῖς.   1260

ΑΓΓ. πῶς οὖν; κομίζειν ἢ τί χρὴ τὸν ἄθλιον
δράσαντας ἡμᾶς σῇ χαρίζεσθαι φρενί;
φρόντιζ’· ἐμοῖς δὲ χρώμενος βουλεύμασιν
οὐκ ὠμὸς εἰς σὸν παῖδα δυστυχοῦντ’ ἔσῃ.

ΘΗ. κομίζετ’ αὐτόν, ὡς ἰδὼν ἐν ὄμμασι   1265
τὸν τἄμ’ ἀπαρνηθέντα μὴ χρᾶναι λέχη
λόγοις τ’ ἐλέγξω δαιμόνων τε συμφοραῖς.

ΧΟ. σὺ τὰν θεῶν ἄκαμπτον φρένα καὶ βροτοὺς
ἄγεις, Κύπρι· σὺν δ’

1246. τείνει βραχὺν βίοτον κτέ.,
die Dauer seines Lebens ist kurz,
wenn er auch noch atmet. Vgl.
Med. 670 ἄπαις γὰρ δεῦρ’ ἀεὶ
τείνεις βίον.
1247. ἔκρυφθεν: die epische Ver-
kürzung in einer ῥῆσις ἀγγελική,
sonst nirgends bei den Tragikern
vorkommend. Vgl. ἀνέσταν Phön.
1246.
1249. Ich bin nun zwar Sklave
und sollte auch meinen Sinn dir
unterwerfen.
1254. πεύκην, kollektiv (Fichten-
wald). Aus Fichtenholz wurden
die Schreibtafeln gemacht. Daher
steht πεύκη für δέλτος Iph. A. 39.
Der Ida kann wohl nur in Bezug
auf Phädra genannt, muſs also der

kretische sein. Ein Schol. ἄδηλον
ποίαν Ἴδην, ein anderer Ἴδη δὲ
ὄρος σύνδενδρον ἐν τῇ Τροίᾳ.
1255. τὸ χρεών (necessitas), in-
deklinabel. Vgl. Herk. 21 τοῦ
χρεὼν μέτα.
1265. Über ὁρᾶν ἐν ὄμμασι (ὀφθαλ-
μοῖς) Kr. II 68, 12, 3. Der Gegenstand befindet sich im Gesichtskreis.
1268—1282 viertes Stasimon:
der Chor oder vielmehr, da die
antistrophische Form fehlt, wohl
nur der Chorführer singt ein kurzes
Lied über die Allgewalt der Kypris
und deutet damit das an, was
Artemis nachher offenbart. Vgl.
zu 525.
1269 ff. ἄγεις, erbeutest. Dem entspricht nachher ἀμφιβαλών (um-

ὁ ποικιλόπτερος ἀμφιβαλὼν   1270
ἀρκυστάτῳ πτερῷ.
ποτᾶται δ' ἐπὶ γαῖαν εὐάχητόν θ'
ἁλμυρὸν ἐπὶ πόντον.
φλέγει δ' Ἔρως, ᾧ μαινομένᾳ κραδίᾳ
πανὸν ἐφορμάσῃ   1275
χρυσοφαῆ,
φύσιν ὀρεσκόων
σκυλάκων πελαγίων θ' ὅσα τε γᾶ τρέφει,
τὰν Ἄλιος αἰθομέναν δέρκεται,
ἄνδρας τε· συμπάντων δὲ   1280
βασιληίδα τιμάν, Κύπρι,
τῶνδε μόνα κρατύνεις.

ΑΡΤΕΜΙΣ.

σὲ τὸν εὐπατρίδαν Αἰγέως κέλομαι
παῖδ' ἐπακοῦσαι·
Λητοῦς δὲ κόρη σ' Ἄρτεμις αὐδῶ.   1285
   Θησεῦ, τί τάλας τοῖσδε συνήδῃ,

garnend) und ἀρκυστάτῳ (umstrickend). Vgl. Soph. Ant. 344 φῦλον ὀρνίθων ἀμφιβαλὼν ἄγει .. σπείραισι δικτυοκλώστοις. — σὺν δ', scil. ἄγει (hilft dir). — ὁ ποικιλόπτερος: der Name folgt erst 1274. — ἀρκυστάτῳ: des bildlichen Ausdrucks 'Netz, Schlinge' bedient sich Euripides in besonderer Weise von allem, dem man sich nicht entziehen kann. Vgl. Med. 1278 ὡς ἐγγὺς ἤδη γ' ἐσμὲν ἀρκύων ξίφους, Herk. 729 βρόχοισι δ' ἀρκύων κεκλήσεται ξιφηφόροισι, auch Äsch. Cho. 574 νεκρὸν θήσω, ποδώκει περιβαλὼν χαλκεύματι.

1272. Vgl. Soph. Ant. 785 φοιτᾷς (nämlich Ἔρως ἀνίκατε μάχαν) δ' ὑπερπόντιος ἔν τ' ἀγρονόμοις αὐλαῖς.

1274 ff. φλέγει, calefacit. Vgl. Soph. O. K. 1695 μηδ' ἄγαν οὕτω φλέγεσθον. Das Objekt dazu enthält der Relativsatz und φύσιν .. ἄνδρας steht appositionell hierzu. ᾧ .. ἐφορμάσῃ, cui admoverit facem insanienti (proleptisch) cordi. Vgl. zu 531. Über den Konjunktiv ohne ἄν zu 427. Wegen ᾧ κραδίᾳ vgl.

zu 573. — χρυσοφαῆ: vgl. frg. 771 ἦν Ἥλιος ἀνίσχων χρυσέᾳ βάλλει φλογί, Hel. 182 ἁλίου .. αὐγαῖσιν ἐν ταῖς χρυσέαις, El. 54 χρυσέων ἄστρων. Vgl. auch Ovid. Her. IV 19 urimur intus, urimur et caecum pectora volnus habent, Senec. Phaedr. 186 hic volucer (nämlich Cupido) omni pollet in terra impotens laesumque flammis torret indomitis Iovem; Gradivus istas belliger sensit faces etc.

1277. φύσιν σκυλάκων: vgl. Soph. Ant. 346 πόντου τ' εἰναλίαν φύσιν.

1279. αἰθομέναν, proleptisch.

1281 f. βασιληίδα τιμάν (vgl. Hom. Il. 6, 193 δῶκε δέ οἱ τιμῆς βασιληίδος ἥμισυ πάσης) κρατύνεις wie τιμίαν βασιλείαν βασιλεύεις.

1283 ff. Exodos, welche nach der Aufklärung des Theseus ein versöhnendes Moment bringt. Artemis erscheint in der Höhe auf dem θεολογεῖον (der μηχανή), als Jägerin mit dem Bogen ausgerüstet (1422).

1286. τάλας (τλήμων, δύστηνος) wird gern von einem gesagt, der in seiner Kurzsichtigkeit nicht weiß

παῖδ᾽ οὐχ ὁσίως σὸν ἀποκτείνας,
ψευδέσι μύθοις δ᾽ ἀλόχου πεισθείς
ἀφανῆ, φανερὰν ἔσχεθες ἄτην.
πῶς οὐχ ὑπὸ γῆς τάρταρα κρύπτεις   1290
δέμας αἰσχυνθείς,
ἢ πτηνὸς ἄνω μεταβὰς βίοτον
πήματος ἔξω πόδα τοῦδ᾽ ἀπέχεις;
ὡς ἔν γ᾽ ἀγαθοῖς ἀνδράσιν οὔ σοι
κτητὸν βιότου μέρος ἐστίν.   1295

ἄκουε, Θησεῦ, σῶν κακῶν κατάστασιν·
καίτοι προκόψω γ᾽ οὐδέν, ἀλγυνῶ δέ σε.
ἀλλ᾽ εἰς τόδ᾽ ἦλθον, παιδὸς ἐκδεῖξαι φρένα
τοῦ σοῦ δικαίαν, ὡς ὑπ᾽ εὐκλείας θάνῃ,
καὶ σῆς γυναικὸς οἶστρον ἢ τρόπον τινὰ   1300
γενναιότητα· τῆς γὰρ ἐχθίστης θεῶν
ἡμῖν, ὅσαισι παρθένειος ἡδονή,
δηχθεῖσα κέντροις παιδὸς ἠράσθη σέθεν.
γνώμῃ δὲ νικᾶν τὴν Κύπριν πειρωμένη

was er thut. — συνήδῃ, ἐφήδῃ.
Vgl. zu Med. 186 οὐδὲ συνήδομαι
ἄλγεσι δώματος.
1288 f. πεισθεὶς ἀφανῆ vorwurfsvoll (vgl. 1321 ff.) 'überzeugt von
Dingen, die nicht bewiesen waren'.
Vgl. Soph. O. T. 608 γνώμῃ δ᾽
ἀδήλῳ μή με χωρὶς αἰτιῶ. Die Zu-
sammenstellung ἀφανῆ φανερὰν erweckt die Vorstellung: 'das ist die
gerechte Strafe dafür'. Sen. Phaedr.
1218 sagt Theseus: dum falsum
nefas exequor vindex severus, in-
cidi in verum scelus.
1290. Vgl. 732 ff. — γῆς τάρταρα
wie Hes. Theog. 871 τάρταρα γαίης.
1292. μεταβὰς βίοτον d. i. βὰς εἰς
ἄλλο σχῆμα βίου, die Art des Lebens
wechselnd (nicht mehr als Mensch,
sondern als Vogel lebend).
1293. πήματος . . ἀπέχεις nach
dem sprichwörtlichen ἔξω πηλοῦ
πόδα oder ἔξω πημάτων ἔχειν πόδα
(Äsch. Cho. 693, Prom. 279). Vgl.
Herakl. 109 καλὸν δέ γ᾽ ἔξω πραγμάτων ἔχειν πόδα.
1294 f. ἔν γ᾽ . . ἐστίν, du kannst
keinen Anspruch machen auf einen
Anteil des Lebens unter guten
Menschen.

1296. Vgl. Hik. 1183 ἄκουε, Θησεῦ,
τούσδ᾽ Ἀθηναίας λόγους.
1297. Freilich erreichen werde
ich damit nichts (um den Schaden
wieder gut zu machen), werde dir
nur Schmerzen verursachen. Aber
es ist doch notwendig, um die Unschuld deines Sohnes darzuthun.
Einen anderen Sinn hat die Nachahmung dieser Stelle bei Menander
erhalten, wie sich ergiebt aus Terent.
Andr. IV 1, 16 atqui aliquis dicat
'nil promoveris': multum: molestus
certe ei fuero atque animo morem
gessero.
1299. ὑπ᾽ εὐκλείας, d. i. so dafs
ein guter Ruf über seinen Tod ge-
breitet ist. Vgl. Herk. 289 δειλίας
θανεῖν σ᾽ ὕπο, Soph. El. 630 ὑπ᾽
εὐφήμου βοῆς θῦσαι, Trach. 419
ἦν ὑπ᾽ ἀγνοίας ὁρᾷς. — Der Konjunktiv wie 1310 πέσῃ mit Rücksicht auf die Verwirklichung.
1302. παρθένειος ἡδονή, Freude
an jungfräulichem Leben (ὅσαι παρ-
θενείᾳ ἡδόμεθα).
1303. δηχθεῖσα: vgl. Soph. fr. 721
ἔρωτος δῆγμα.
1304. γνώμῃ νικᾶν: 399 τῷ σωφρονεῖν νικῶσα.

τροφοῦ διώλετ' οὐχ ἑκοῦσα μηχαναῖς,　　　　1305
ἢ σῷ δι' ὅρκων παιδὶ σημαίνει νόσον.
ὃ δ', ὥσπερ οὖν δίκαιον, οὐκ ἐφέσπετο
λόγοισιν, οὐδ' αὖ πρὸς σέθεν κακούμενος
ὅρκων ἀφεῖλε πίστιν, εὐσεβὴς γεγώς.
ἡ δ' εἰς ἔλεγχον μὴ πέσῃ φοβουμένη　　　　1310
ψευδεῖς γραφὰς ἔγραψε καὶ διώλεσε
δόλοισι σὸν παῖδ', ἀλλ' ὅμως ἔπεισέ σε.

ΘΗ. οἴμοι.

ΑΡ. δάκνει σε, Θησεῦ, μῦθος; ἀλλ' ἔχ' ἥσυχος,
τοὐνθένδ' ἀκούσας ὡς ἂν οἰμώξῃς πλέον.
ἆρ' οἶσθα πατρὸς τρεῖς ἀρὰς ἔχων σαφεῖς;　　　1315
ὧν τὴν μίαν παρεῖλες, ὦ κάκιστε σύ,
εἰς παῖδα τὸν σόν, ἐξὸν εἰς ἐχθρόν τινα.
πατὴρ μὲν οὖν σοι πόντιος φρονῶν καλῶς
ἔδωχ' ὅσονπερ χρῆν, ἐπείπερ ᾔνεσεν·
σὺ δ' ἔν τ' ἐκείνῳ κἀν ἐμοὶ φαίνῃ κακός,　　　1320
ὃς οὔτε πίστιν οὔτε μάντεων ὄπα
ἔμεινας, οὐκ ἤλεγξας, οὐ χρόνῳ μακρῷ
σκέψιν παρέσχες, ἀλλὰ θᾶσσον ἤ σε χρῆν
ἀρὰς ἐφῆκας παιδὶ καὶ κατέκτανες.

ΘΗ. δέσποιν', ὀλοίμην. ΑΡ. δείν' ἔπραξας, ἀλλ' ὅμως 1325
ἔτ' ἔστι καί σοι τῶνδε συγγνώμης τυχεῖν·
Κύπρις γὰρ ἤθελ' ὥστε γίγνεσθαι τάδε,

1306. δι' ὅρκων: vgl. Soph. Ant. 394 δι' ὅρκων καίπερ ὢν ἀπώμοτος.
1307. ὥσπερ οὖν δίκαιον, wie es gewiſs recht ist. Vgl. Äsch. Cho. 95 ἀτίμως, ὥσπερ οὖν ἀπώλετο, 887 δόλοις ὀλούμεθ', ὥσπερ οὖν ἐκτείναμεν, Ag. 612 πιστὴν . . οἵανπερ οὖν ἔλειπε.
1312. Vorwurfsvoll wird die Rede mit ἀλλ' ὅμως ἔπεισέ σε abgeschlossen: 'ihr Schreiben war zwar unwahr, du hast es aber doch geglaubt'.
1313. ἀλλ' ἔχ' ἥσυχος: ebenso Med. 550 und ἔχ' ἥσυχος Iph. A. 1133, ἄφοβος ἔχε Or. 1273, Kr. II 52, 2, 3.
1315. σαφεῖς: zu 890.
1317. Zu εἰς ἐχθρόν τινα ergänzt sich aus παρεῖλες ('wegnahmst, ver-

schleudertest') der Begriff des Verwendens.
1318. φρονῶν καλῶς, 'woran er wohl that'.
1320. ἐν wie oft παρά, in den Augen. Vgl. fragm. 349, 3 ὡς ἔν γ' ἐμοὶ κρίνοιτ' ἂν οὐ καλῶς φρονεῖν, Soph. Ant. 925 εἰ μὲν οὖν τάδ' ἐστὶν ἐν θεοῖς καλά.
1321 f. Vgl. 1055 f. u. 1049.
1326. καί σοι τῶνδε s. v. a. καὶ τῶνδέ σοι.
1327. ἤθελ' ὥστε: vgl. Asch. Eum. 202 ἔχρησας ὥστε τὸν ξένον μητροκτονεῖν, Soph. O. K. 1350 δικαιῶν ὥστ' ἐμοῦ κλύειν λόγους, Phil. 901 οὐ δή σε δυσχέρεια . . ἔπεισεν, ὥστε μή μ' ἄγειν ναύτην ἔτι;

πληροῦσα θυμόν. θεοῖσι δ' ὦδ' ἔχει νόμος·
οὐδεὶς ἀπαντᾶν βούλεται προθυμίᾳ
τῇ τοῦ θέλοντος, ἀλλ' ἀφιστάμεσθ' ἀεί.   1330
ἐπεὶ σάφ' ἴσθι Ζῆνα μὴ φοβουμένη
οὐκ ἄν ποτ' ἦλθον εἰς τόδ' αἰσχύνης ἐγὼ
ὥστ' ἄνδρα πάντων φίλτατον βροτῶν ἐμοὶ
θανεῖν ἐᾶσαι. τὴν δὲ σὴν ἁμαρτίαν
τὸ μὴ εἰδέναι μὲν πρῶτον ἐκλύει κάκης·   1335
ἔπειτα δ' ἡ θανοῦσ' ἀνήλωσεν γυνὴ
λόγων ἐλέγχους ὥστε σὴν πεῖσαι φρένα.
μάλιστα μέν νυν σοὶ τάδ' ἔρρωγεν κακά,
λύπη δὲ κἀμοί· τοὺς γὰρ εὐσεβεῖς θεοὶ
θνήσκοντας οὐ χαίρουσι· τούς γε μὴν κακοὺς   1340
αὐτοῖς τέκνοισι καὶ δόμοις ἐξόλλυμεν.

ΧΟ.   καὶ μὴν ὁ τάλας ὅδε δὴ στείχει,
σάρκας νεαρὰς ξανθόν τε κάρα
διαλυμανθείς. ὦ πόνος οἴκων,
οἷον ἐκράνθη δίδυμον μελάθροις   1345
πένθος θεόθεν καταπαλτόν.

ΙΠΠΟΛΥΤΟΣ.

αἰαῖ αἰαῖ·
δύστανος ἐγώ, πατρὸς ἐξ ἀδίκου
χρησμοῖς ἀδίκοις διελυμάνθην.

1328. πληροῦσα θυμόν: vgl. Soph. Phil. 324 θυμὸν γένοιτο χειρὶ πληρῶσαί ποτε, Plat. Staat V p. 445 A εἴ πού τίς τω θυμοῖτο, ἐν τῷ τοιούτω πληρῶν τὸν θυμὸν κτέ., Plut. Lysand. c. 19 θυμοῦ δὲ μία πλήρωσις, ἀπολέσθαι τὸν ἀπεχθανόμενον, Verg. Aen. II 586 animumque explese iuvavit ultricis flammae.

1329. Vgl. Ovid Met. III 336 neque enim licet irrita cuiquam facta dei fecisse deo, XIV 784 rescindere nunquam dis licet acta deum.

1335. κάκης, von sittlicher Schuld, von bösem Willen.

1336. Zweitens läfst sich auch deine Leichtgläubigkeit entschuldigen. — ἀνήλωσεν, hat verschwendet, in reichem Mafse aufgeboten. Vgl. Soph. Ai. 1049 τίνος χάριν τοσόνδ' ἀνήλωσας λόγον;

1339. τοὺς .. χαίρουσι: vgl. fragm. 674 χαίρω .. τόν τε μιαρὸν ἐξολωλότα, Rhes. 890 χαίρω δέ σ' εὐτυχοῦντα, Soph. Ai. 136 σὲ μὲν εὖ πράσσοντ' ἐπιχαίρω, Phil. 1314 ἥσθην κατέρα τὸν ἀμὸν εὐλογοῦντά σε. Kr. II § 56, 6, 4.

1342. Hipp. wankt, von zwei Dienern unterstützt, herein (von der linken Seite her). Vgl. 1358 f. Er wird zuerst seines zur Seite stehenden Vaters nicht ansichtig.

1346. καταπαλτόν (wie ein Blitz aus heiterem Himmel): so wird σκήπτειν, ἀποσκήπτειν (488), κατασκήπτειν (1418), ἐνσκήπτειν von plötzlich hereinbrechenden schweren Unglücksfällen gesagt.

1347—1388 μέλος ἀπὸ σκηνῆς.

1349. χρησμοῖς von den Verwünschungen. Diese heifsen χρη-

7*

ἀπόλωλα τάλας, οἴμοι μοι.   1350

διά μου κεφαλᾶς ᾄσσουσ᾽ ὀδύναι,

κατὰ δ᾽ ἐγκέφαλον πηδᾷ σφάκελος.

σχές, ἀπειρηκὸς σῶμ᾽ ἀναπαύσω.

ὦ στυγνὸν ὄχημ᾽ ἵππειον, ἐμῆς   1355

βόσκημα χερός,

διά μ᾽ ἔφθειρας, κατὰ δ᾽ ἔκτεινας.

φεῦ φεῦ· πρὸς θεῶν, ἀτρέμας, δμῶες,

χροὸς ἑλκώδους ἅπτεσθε χεροῖν.

τίς ἐφέστηκεν δεξιὰ πλευροῖς;   1360

πρόσφορά μ᾽ αἴρετε, σύντονα δ᾽ ἕλκετε

τὸν κακοδαίμονα καὶ κατάρατον

πατρὸς ἀμπλακίαις. Ζεῦ Ζεῦ, τάδ᾽ ὁρᾷς;

ὅδ᾽ ὁ σεμνὸς ἐγὼ καὶ θεοσέπτωρ,

ὅδ᾽ ὁ σωφροσύνη πάντας ὑπερσχὼν   1365

προῦπτον ἐς Ἅιδαν στείχω, κατάραις

ὀλέσας βίοτον· μόχθους δ᾽ ἄλλως

τῆς εὐσεβίας

εἰς ἀνθρώπους ἐπόνησα.

αἰαῖ αἰαῖ·   1370

καὶ νῦν ὀδύνα μ᾽ ὀδύνα βαίνει.

μέθετέ με τάλανα

καί μοι Θάνατος Παιὰν ἔλθοι.

προσαπόλλυτέ μ᾽ ὄλλυτε τὸν δυσδαίμον᾽·

σμοί mit Bezug auf ihre übernatür-
liche Wirkung.

1351 f. διά μου κεφαλᾶς wie Med.
144. Kr. I § 47, 9, 14. — Vgl.
Äsch. Prom. 904 ὑπό μ᾽ αὖ σφάκελος καὶ φρενοπληγεῖς μανίαι θάλ-
πουσ᾽ κτἑ., Soph. Trach. 1027 θρῴ-
σκει δ᾽ αυ, θρᾴσκει δειλαία διο-
λοῦσ᾽ ἡμᾶς ἀπότιβατος ἀγρία νόσος.

1353. σχές: vgl. Hek. 963 σὺ δ᾽
εἴ τι μέμφῃ τῆς ἐμῆς ἀπουσίας,
σχές, Iph. A. 1467 σχές, μή με προ-
λίπῃς. — ἀναπαύσω: zu 567. Der
Hiatus ist statthaft vor der Interjektion.

1360. δεξιά (zur Rechten), adverbiell wie im folg. V. πρόσφορα
und σύντονα. Vgl. zu 1453. Die
Berührungen des rechts haltenden
Dieners thun ihm weh.

1361. πρόσφορα, in zuträglicher

Weise, so dafs die Berührung nicht
schmerzlich ist. — αἴρετε wie Hek.
63 ἀείρετε vom Stützen. — σύντονα,
ἁρμοδίως, μὴ ὁ μὲν ἄνω, ὁ δὲ κάτω,
ἀλλ᾽ ἐξ ἴσου βαστάζετε Schol.

1366. Vgl. Soph. O. K. 1440 ὁρμώμενον εἰς προῦπτον Ἅιδην.

1369. εἰς ἀνθρώπους, den Menschen zu gute kommend. Vgl. Phön.
1757 χάριν ἀχάριτον εἰς θεοὺς δι-
δοῦσα, Soph. Phil. 1145.

1372. Das mangelhafte Versmafs
weist hier u. 1374 f. auf Entstellung
des Textes hin.

1373. Vgl. Äsch. frg. 244 ὦ Θά-
νατε Παιάν, μή μ᾽ ἀτιμάσῃς μολεῖν·
μόνος γὰρ εἰ σὺ τῶν ἀνηκέστων
κακῶν ἰατρός.

1374. προσαπόλλυτε, die Schmerzen eurer unsanften Berührung sind
mir ein zweiter Tod. Zu προσ-

ἀμφιτόμου λόγχας ἔραμαι   1375
διαμοιρᾶσαι,
κατά τ᾽ εὐνᾶσαι τὸν ἐμὸν βίοτον.
ὦ πατρὸς ἐμοῦ δύστανος ἀρά,
μιαιφόνων τι συγγόνων,
παλαιῶν προγεννητόρων,   1380
ἐξακρίζεται κακὸν οὐδὲ μέλλει,
ἐμολέ τ᾽ ἐπ᾽ ἐμὲ
τί ποτε τὸν οὐδὲν ὄντ᾽ ἐπαίτιον κακῶν;
ἰώ μοι, τί φῶ;
πῶς ἀπαλλάξω βιοτὰν   1385
ἐμὰν τοῦδ᾽ ἀναυδάτου πάθους;
εἴθε με κοιμίσειε τὸν δυσδαίμον᾽
Ἄιδου μέλαινα νύκτερός τ᾽ ἀνάγκα.

ΑΡ.   ὦ τλῆμον, οἵαις συμφοραῖς συνεζύγης·
τὸ δ᾽ εὐγενές σε τῶν φρενῶν ἀπώλεσεν.   1390

ΙΠ.   ἔα·
ὦ θεῖον ὀδμῆς πνεῦμα· καὶ γὰρ ἐν κακοῖς

ἀπόλλυτε (προσαπ)όλλυτε vgl. Hek. ἀπωλέσατ᾽ ὤλεσατ᾽, Or. 181 διοιχόμεθ᾽, οἰχόμεθα, 1465 ἀνίαχεν ἴαχεν, 1548 ἐπέπεσεν ἔπεσεν, Bacch. 1065 κατῆγεν ἦγεν ἦγεν, Alk. 400 ὑπάκουσον ἄκουσον, Med. 1252 κατίδετ᾽ ἴδετε.
1875. ἀμφιτόμου λόγχας ἔραμαι διαμοιρᾶσαι, ich trage Verlangen, mich mit einer Lanze zu zerteilen. Über diese Anticipation bei Verben des Begehrens und Bedürfens zu Med. 1399 φιλίου χρῄζω στόματος . . προσπτύξασθαι.
1377. Zu κατευνῆσαι vgl. κοιμίζειν 1387.
1879 f. 'Irgend eine Schuld von blutbefleckten Anverwandten, uralten Ahnen, wird auf den Gipfel d. i. an mir zur Erfüllung gebracht (vgl. ἀνακομίζομαι 881) und gesühnt durch meinen alsbald (οὐδὲ μέλλει) eintretenden Tod.' Da Hipp. in seinem Vater keine eigentliche Schuld finden kann, vermutet er, wie oben 881 ff. Theseus, daß ein alter Fluch auf dem Geschlechte laste, der nunmehr gesühnt werde. Zu συγγόνων κακόν vgl. Soph. Ant. 2

τῶν ἀπ᾽ Οἰδίπου κακῶν. Der Schol. denkt an die Pallantiden. Dann aber würde die Blutschuld auf Theseus lasten (vgl. oben 35). — ἐξακρίζεται: vgl. Äsch. Cho. 931 πολλῶν αἱμάτων ἐπήκρισεν τλήμων Ὀρέστης.
1383. Das Fragewort wird nachträglich hinzugefügt (daher vorher τε, nicht δὲ).
1386. ἀναυδήτου πάθους, infandi doloris (Verg. Aen. II 3).
1389. συνεζύγης: vgl. Hel. 255 τίνι πότμῳ συνεζύγην; Androm. 98 δαίμον᾽ ᾧ συνεζύγην.
1391. ἔα Interjektion der Überraschung. — θεῖον ὀδμῆς πνεῦμα: daran erkennt er die Nähe der Göttin, ohne sie zu sehen. Vgl. Äsch. Prom. 115 τίς ὀδμὰ προσέπτα μ᾽ ἀφεγγής, θεόσυτος ἢ βρότειος ἢ κεκραμένη; Ovid. Fast. V 375 tenues secessit (Iuno) in auras, mansit odor: posses scire fuisse deam, Verg. Aen. I 403 ambrosiaeque comae divinum vertice odorem spiravere. θεῖον für θείας, weil ὀδμῆς πνεῦμα wie Ein Begriff steht.

ὃν ἠσθόμην σου κἀνεκουφίσθην δέμας·
ἔστ᾽ ἐν τόποισι τοισίδ᾽ Ἄρτεμις θεά;

ΑΡ. ὦ τλῆμον, ἔστι, σοί γε φιλτάτη θεῶν.

ΙΠ. ὁρᾷς με, δέσποιν᾽, ὡς ἔχω, τὸν ἄθλιον;   1395

ΑΡ. ὁρῶ· κατ᾽ ὄσσων δ᾽ οὐ θέμις βαλεῖν δάκρυ.

ΙΠ. οὐκ ἔστι συγκυναγὸς οὐδ᾽ ὑπηρέτης,

ΑΡ. οὐ δῆτ᾽· ἀτάρ μοι προσφιλής γ᾽ ἀπόλλυσαι.

ΙΠ. οὐδ᾽ ἱππονώμας οὐδ᾽ ἀγαλμάτων φύλαξ.

ΑΡ. Κύπρις γὰρ ἡ πανοῦργος ὧδ᾽ ἐμήσατο.   1400

ΙΠ. ὤμοι· φρονῶ δὴ δαίμον᾽ ἥ μ᾽ ἀπώλεσε.

ΑΡ. τιμῆς ἐμέμφθη, σωφρονοῦντι δ᾽ ἤχθετο.

ΙΠ. τρεῖς ὄντας ἡμᾶς ὤλεσ᾽, ᾔσθημαι, μία.

ΑΡ. πατέρα γε καὶ σὲ καὶ τρίτην ξυνάορον.

ΙΠ. ᾤμωξα τοίνυν καὶ πατρὸς δυσπραξίας.   1405

ΑΡ. ἐξηπατήθη δαίμονος βουλεύμασιν.

ΙΠ. ὦ δυστάλας σὺ τῆσδε συμφορᾶς, πάτερ.

ΘΗ. ὄλωλα, τέκνον, οὐδέ μοι χάρις βίου.

ΙΠ. στένω σὲ μᾶλλον ἢ ᾽μὲ τῆς ἁμαρτίας.

ΘΗ. εἰ γὰρ γενοίμην, τέκνον, ἀντὶ σοῦ νεκρός.   1410

ΙΠ. ὦ δῶρα πατρὸς σοῦ Ποσειδῶνος πικρά.

ΘΗ. ὡς μήποτ᾽ ἐλθεῖν ὤφελ᾽ εἰς τοὐμὸν στόμα.

ΙΠ. τί δ᾽; ἔκτανές τἄν μ᾽, ὡς τότ᾽ ἦσθ᾽ ὠργισμένος.

ΘΗ. δόξης γὰρ ἦμεν πρὸς θεῶν ἐσφαλμένοι.

1894. φιλτάτη nicht wie 1092, sondern s. v. a. εὐμενεστάτη.

1896. Vgl. Ovid. Metam. II 621 neque enim caelestia tingi Ora decet lacrimis.

1897. οὐκ ἔστι scil. σοι. — συγκυναγός wie 1093.

1899. ἱππονώμας: die Endung wie in λευκολόφας, Γοργολόφας, κεραυνομάχας. — ἀγαλμάτων φύλαξ, wie er 73 eine Bildsäule der Artemis bekränzt.

1401. φρονῶ, ich erkenne.

1402. τιμῆς, wegen der nicht erwiesenen Verehrung, wie Hom. Il. 1, 93 οὔτ᾽ ἄρ᾽ ὅ γ᾽ εὐχωλῆς ἐπιμέμφεται οὐθ᾽ ἑκατόμβης. Dieser gen. relat. auch Hek. 962 εἴ τι μέμφῃ τῆς ἐμῆς ἀκουσίας u. unten 1409. Kr. I 47, 21.

1403. τρεῖς . . μία, eine bei den Dichtern beliebte Gegenüberstellung, vgl. Hek. 896 ὡς τώδ᾽ ἀδελφὼ πλησίον μιᾷ φλογί, δισσὴ μέριμνα μητρί, κρυφθῆτον χθονί, Iph. A. 1137 εἰς τριῶν δυσδαιμόνων, Iph. T. 1065 τρεῖς μία τύχη . . ἔχει, Or. 1244 τρισσοῖς φίλοις γὰρ εἰς ἀγών, δίκη μία, Bacch. 1303 συνῆψε πάντας μιᾷ βλάβην, Or. 743, Pro. 868 f., Soph. Ant. 14 μιᾷ θανόντας ἡμέρᾳ διπλῇ χερί, 55 δύο μίαν καθ᾽ ἡμέραν.

1405. ᾤμωξα: zu 614.

1407. δυστάλας . . συμφορᾶς: zu 366.

1408. χάρις: vgl. Äsch. Ag. 555 θανεῖν πολλὴ χάρις.

1412. ὡς μὴ ὤφελε wie bei Homer. Kr. II § 54, 3, 5.

1413. τί δέ; was wälzest du die Schuld auf die Flüche? Deine Leidenschaft trägt allein die Schuld.

1414. δόξης . . ἐσφαλμένοι wie

ΙΠΠΟΛΥΤΟΣ.

III. φεῦ·
 εἴθ᾽ ἦν ἀραῖον δαίμοσιν βροτῶν γένος.   1415

AP. ἔασον· οὐ γὰρ οὐδὲ γῆς ὑπὸ ζόφον
 θεᾶς ἄτιμοι Κύπριδος ἐκ προθυμίας
 ὀργαὶ κατασκήψουσιν εἰς τὸ σὸν δέμας
 [σῆς εὐσεβείας κἀγαθῆς φρενὸς χάριν].
 ἐγὼ γὰρ αὐτῆς ἄλλον ἐξ ἐμῆς χερὸς   1420
 ὃς ἂν μάλιστα φίλτατος κυρῇ βροτῶν
 τόξοις ἀφύκτοις τοῖσδε τιμωρήσομαι.
 σοὶ δ᾽, ὦ ταλαίπωρ᾽, ἀντὶ τῶνδε τῶν κακῶν
 τιμὰς μεγίστας ἐν πόλει Τροιζηνίᾳ
 δώσω· κόραι γὰρ ἄζυγες γάμων πάρος   1425
 κόμας κεροῦνταί σοι, δι᾽ αἰῶνος μακροῦ
 πένθη μέγιστα δακρύων καρπουμένῳ.
 ἀεὶ δὲ μουσοποιὸς εἰς σὲ παρθένων

Med. 1010 δόξης δ᾽ ἐσφάλην εὐαγγέλου.

1415. 'O dafs doch das Geschlecht der Sterblichen für die Götter ein Fluch sein könnte', d. i. o dafs sich doch die Götter durch Mifshandlung von Menschen in Fluch verstrickten. Vgl. zu Med. 608 καὶ σοῖς ἀραία γ᾽ οὖσα τυγχάνω δόμοις. Hippolyt hat bei δαίμοσιν die Kypris im Auge, von welcher ja auch Artemis 1400 ἡ πανοῦργος sagt.

1416 ff. οὐ γὰρ .. δέμας: 'denn wenn du auch im Hades bist, soll der eifernde Zorn der Göttin, der auf dich niedergefahren ist, nicht ungerächt bleiben'. Das Tempus oder auch der Modus des verb. fin. betrifft manchmal dem Sinne nach das Participium; einem solchen steht hier ἄτιμοι (ἀτιμώρητοι) gleich. Vgl. zu 1440 und Soph. O. T. 72, Ant. 754. So beherrscht κατασκήψουσιν die ganze Konstruktion des Satzes, so dafs sich danach auch ὑπὸ ζόφον richtet. — Zu ἄτιμοι vgl. Äsch. Ag. 1278 οὐ μὴν ἄτιμοί γ᾽ ἐκ θεῶν τεθνήξομεν. — Hoc saepe morituris fuit solatium: 'neque enim moriemur inulti' (Valck.).

1419. Ein hier unpassender, nach 1454 gemachter Vers.

1420. αὐτῆς ἄλλον scil. φίλτατον

βροτόν, welches in anderer Wendung folgt. Wie der Schol. bemerkt, ist damit Adonis gemeint. Vgl. Apollod. III 14, 4, 1 Ἄδωνις δὲ ἔτι παῖς ὢν Ἀρτέμιδος χόλῳ πληγεὶς ἐν θήραις ὑπὸ συὸς ἀπέθανεν. Derselbe Trost wird der sterbenden Camilla zu teil Verg. Aen. XI 845 non tamen indecorem tua te regina reliquit extrema iam in morte; neque hoc sine nomine letum per gentis erit aut famam patieris inultae.

1421. μάλιστα φίλτατος, wie oben 485 μᾶλλον ἀλγίων, vgl. Alk. 790 τὴν πλείστον ἡδίστην θεῶν und zu Med. 1323 ὦ μέγιστον ἐχθίστη γύναι.

1423. Über solche Kultusstiftungen (vaticinia post eventum) am Schlufs mehrerer Stücke s. zu Med. 1381. Über den Kultus des Hipp. in Troizen s. Einleitung S. 2 f.

1427. πένθη δακρύων: über den materialen Gen. in qualitativer Bedeutung s. Kr. II 47, 8, 2. Vgl. Phön. 801 ζαθέων πετάλων νάπος. Es ist eine Totentrauer, wie man Haarlocken den Toten zu weihen pflegte (zu Iph. T. 174).

1428 f. μουσοποιὸς .. μέριμνα, sie werden es sich angelegen sein lassen, dein Leid zu besingen. Vgl. Or. 1571 σῆς βοηδρόμου σπουδῆς, Bacch.

ἔσται μέριμνα, κοὐκ ἀνώνυμος πεσὼν
ἔρως ὁ Φαίδρας εἰς σὲ σιγηθήσεται.   1430

σὺ δ', ὦ γεραιοῦ τέκνον Αἰγέως, λαβὲ
σὸν παῖδ' ἐν ἀγκάλαισι καὶ προσέλκυσαι·
ἄκων γὰρ ὤλεσάς νιν· ἀνθρώποισι δὲ
θεῶν διδόντων εἰκὸς ἐξαμαρτάνειν.

καὶ σοὶ παραινῶ πατέρα μὴ στυγεῖν σέθεν,   1435
Ἱππόλυτ'· ἔχεις γὰρ μοῖραν ᾗ διεφθάρης.
καὶ χαῖρ'· ἐμοὶ γὰρ οὐ θέμις φθιτοὺς ὁρᾶν
οὐδ' ὄμμα χραίνειν θανασίμοισιν ἐκπνοαῖς·
ὁρῶ δέ σ' ἤδη τοῦδε πλησίον κακοῦ.

ΙΠ. χαίρουσα καὶ σὺ στεῖχε, παρθέν' ὀλβία·   1440
μακρὰν δὲ λείπεις ῥαδίως ὁμιλίαν.
λύω δὲ νεῖκος πατρὶ χρῃζούσης σέθεν·
καὶ γὰρ πάροιθε σοῖς ἐπειθόμην λόγοις.

αἰαῖ, κατ' ὄσσων κιγχάνει μ' ἤδη σκότος·
λαβοῦ, πάτερ, μου καὶ κατόρθωσον δέμας.   1445

ΘΗ. ὤμοι, τέκνον, τί δρᾷς με τὸν δυσδαίμονα;

ΙΠ. ὄλωλα καὶ δὴ νερτέρων ὁρῶ πύλας.

ΘΗ. ἦ τὴν ἐμὴν ἄναγνον ἐκλιπὼν φρένα;

---

139 ἀμοφάγον χάριν, Herk. 385 χαρμοναῖσιν ἀνδροβρῶσι, frag. 541 ἀνδροβρῶτας ἡδονάς, Iph. T. 776 ξενοφόνους τιμὰς ἔχω.

1429 f. ἀνώνυμος πεσών, ruhmlos untergehend. Vgl. 41. — ὁ Φαίδρας εἰς σὲ ἔρως.

1432. Iph. A. 1452 προσέλκυσαί νιν ὕστατον θεωμένη, Aristoph. Ekkl. 910 προσελκύσαιο σαυτῇ βουλομένη φιλῆσαι.

1433 f. ἀνθρώποισι .. εἰκὸς ἐξαμαρτάνειν wie Hik. 41 πάντα γὰρ δι' ἀρσένων γυναιξὶ πράσσειν εἰκός. — θεῶν διδόντων (fügen) wie Äsch. Sieb. g. Th. 706 θεῶν διδόντων οὐκ ἄν ἐκφύγοις κακά. Vgl. auch Rhes. 103 αἰσχρόν .. θεοῦ διδόντος πολεμίους ἄνευ μάχης φεύγειν ἐᾶσαι, Iph. A. 390 θεοῦ σοι τὴν τύχην διδόντος εὖ.

1436. ἔχεις wie 1021.

1437. ἐμοὶ γὰρ κτέ.: der Schol. verweist auf die Worte des Apollon Alk. 22 ἐγὼ δέ, μὴ μίασμά μ' ἐν δόμοις κίχῃ, λείπω μελάθρων τῶνδε φιλτάτην στέγην. Wer mit einem Toten in Berührung kommt, soll von den Altären fern bleiben nach Iph. T. 382 f.

1439. πλησίον (ὄντα): vgl. Soph. Ant. 580 φεύγουσι γάρ τοι χοἰ θρασεῖς, ὅταν πέλας ἤδη τὸν Ἅιδην εἰσορῶσι τοῦ βίου.

1440. χαίρουσα καὶ σὺ στεῖχε: καὶ σὺ gehört nur zu χαίρουσα (χαῖρε καὶ σύ Med. 665, Or. 477, Herakl. 660), weil wie häufig das Particip das Hauptgewicht des Gedankens enthält und der Imperativ mehr dem Particip angehört. Vgl. Soph. O. K. 1038 χωρῶν ἀπείλει.

1443. Artemis ab.

1444. κατ' ὄσσων nach der Vorstellung 'sich auf die Augen senkend', vgl. frg. 803 πρὶν ἂν κατ' ὄσσων κιγχάνῃ μέλας σκότος.

1445. κατόρθωσον: ὀρθὸν κατάκλινον, ὅπερ εἰώθασι ποιεῖν ἐπὶ τῶν ἀποθνησκόντων Schol. Vgl. 786.

1448. ἐκλιπών, weil der voraus-

ΙΠ. οὐ δῆτ᾽, ἐπεί σε τοῦδ᾽ ἐλευθερῶ φόνου.

ΘΗ. τί φῄς; ἀφιεῖς αἵματός μ᾽ ἐλεύθερον;   1450

ΙΠ. τὴν τοξόδαμνον παρθένον μαρτύρομαι.

ΘΗ. ὦ φίλταθ᾽, ὡς γενναῖος ἐκφαίνῃ πατρί.

ΙΠ. τοιῶνδε παίδων γνησίων εὔχου τυχεῖν.   1455

ΘΗ. ὤμοι φρενὸς σῆς εὐσεβοῦς τε κἀγαθῆς.   1454

ΙΠ. ᾤχωκε, καὶ σὺ χαῖρε πολλά μοι, πάτερ.   1453

ΘΗ. μή νυν προδῷς με, τέκνον, ἀλλὰ καρτέρει.   1456

ΙΠ. κεκαρτέρηται τἄμ᾽· ὄλωλα γάρ, πάτερ·
     κρύψον δέ μου πρόσωπον ὡς τάχος πέπλοις.

ΘΗ. ὦ κλείν᾽ Ἀθηνῶν Παλλάδος θ᾽ ὁρίσματα,
     οἵου στερήσεσθ᾽ ἀνδρός. ὦ τλήμων ἐγώ·   1460
     ὡς πολλά, Κύπρι, σῶν κακῶν μεμνήσομαι.

ΧΟ. κοινὸν τόδ᾽ ἄχος πᾶσι πολίταις
     ἦλθεν ἀέλπτως.
     πολλῶν δακρύων ἔσται πίτυλος·
     τῶν γὰρ μεγάλων ἀξιοπενθεῖς   1465
     φῆμαι μᾶλλον κατέχουσιν.

---

gebende Vers den Sinn hat: 'ich sterbe'. ἄναγνον steht prädikativ. 1449 f. φόνου .. αἵματος: zu 35. — ἀφιεῖς, die attische Form für ἀφίης. 1455. d. i. mögen nur deine echten Kinder so edel sein. Vgl. zu 309 und Androm. 638 νόθοι τε πολλοὶ γνησίων ἀμείνονες. 1453. ᾤχωκε, scil. φρὴν ἐμὴ εὐσεβής. — πολλά, vielmal, eigentlich Acc. des inneren Objekts. 1457. κεκαρτέρηται τἀμά, mit meinem καρτερεῖν ist es vorüber. Zu der Form der Erwiderung vgl. Asch. Prom. 1029 EP. ὅρα νυν εἰ σοι ταῦτ᾽ ἀρωγὰ φαίνεται. ΠΡ. ὦκται πάλαι δὴ καὶ βεβούλευται τάδε, Soph. El. 795 ΚΛΥΤ. οὔκουν Ὀρέστης καὶ σὺ παύσετον τάδε. ΗΛ. πεπαύμεθ᾽ ἡμεῖς, οὐχ ὅπως σε παύσομεν, Schiller Wallensteins Tod IV 11 'Bedenken Sie doch ja wohl ,was Sie thun.' 'Bedacht ist schon, was zu bedenken ist.' 1459. ὁρίσματα, Marken. Aber vgl. Anhang.

1462. Vgl. Kallin. fr. I 18 λαῷ γὰρ σύμπαντι πόθος κρατερόφρονος ἀνδρὸς θνήσκοντος. — In diesen Schlußversen erkennt Böckh (gr. trag. princ. p. 180) eine gefühlvolle Anspielung auf den nicht lange vorher erfolgten Tod des Perikles. Diese Vermutung ist nicht abzuweisen, da Euripides auch sonst im Schlusse auf Zeitereignisse hindeutet. Vgl. zu Iph. T. 1419 u. El. 1847 f. Der erste Hippol. schloß mit folgenden Versen: ὦ μάκαρ, οἵας ἔλαχες τιμάς, Ἱππόλυθ᾽ ἥρως, διὰ σωφροσύνην· οὔποτε θνητοῖς ἀρετῆς ἄλλη δύναμις μείζων· ἦλθε γὰρ ἢ πρόσθ᾽ ἢ μετόπισθεν τῆς εὐσεβίας χάρις ἐσθλή.

1464. πίτυλος, das Herabrieseln. Vgl. zu Iph. T. 307.

1465 f. 'Die den beklagenswerten Tod der Grofsen betrauernden Reden halten länger nach.' τῶν μεγάλων φῆμαι: zu 130. κατέχουσιν, ἐπικρατοῦσι Schol, obtinent.

Anhang.

1. Feststellung des Textes.

Die mehr oder weniger maßgebenden Handschriften unseres Stückes sind:

1) solche, welche aus einem archetypus stammen, der neun Stücke enthielt: A — Marcianus 471, welcher V. 1—1234 enthält, B — Vaticanus 909, C — Havniensis 417, von geringer Bedeutung, E — Parisinus 2712, in unserem Stücke nach A die maßgebendste Handschrift, a — Parisinus 2713, c — Florentinus 31, 10, d — Florentinus 31, 15.

.2) solche deren archetypus 19 Stücke umfaßte: L — Laurentianus 32, 2 (vgl. die Kollation von Puntoni in den studi di Filol. Greca vol. I p. 323—39, welcher vier Hände: L, L¹, l und l¹ unterscheidet). P — Palatinus, jetzt Vaticanus 287.

Dazu kommt K d. i. Reste einer aus Ägypten stammenden etwa dem 6. Jahrh. angehörenden Pergamenthandschrift, bekannt gemacht von A. Kirchhoff in dem Monatsbericht der K. Akademie der Wissenschaften zu Berlin vom 3. Nov. 1881 S. 982 ff. Die in Medînet el Fajjûm gefundenen Blätter geben, 28 Zeilen auf jeder Seite enthaltend, die V. 242 bis 515 mehr oder weniger vollständig erhalten.

S. 24. Die Hypothesis fehlt in L. — Z. 10. Nach κρίνασα haben die Handschriften mit Ausnahme von AC die Worte τὴν Φαίδραν εἰς τὸν Ἱππολύτου ἔρωτα παρώρμησε, nach τέλος geben sie mit Ausnahme von C δὲ; diese Worte machen τέλος τοῖς προτεθεῖσιν ἔθηκε unverständlich, sind also nachträglicher Zusatz. — Z. 16. κατ' für καὶ Wilamowitz. — Z. 19. ἔκαστα B. — S. 25, Z. 1. Valcken. γῇ, vielleicht τιμάς ἐφῆψε γῇ ἐγκαταστήσασθαι. — ἐγκαταστήσεσθαι für -ασθαι Nauck. — Z. 3 ἐν Τροιζῆνι κεῖται ist am Rande der ed. Brubachiana verbessert: die Handschr. ἐν Θήβαις κεῖται oder ὑπόκειται ἐν Θήβαις. — ἐπὶ Ἐπαμείνονος für ἐπὶ ἀμείνονος (ἀμήνονος) Matthiä. — Z. 5. ὁ καὶ für καὶ Nauck.

V. 3. Die Änderung von δὲ in τε, welche Monk empfiehlt, würde den Sinn nicht fördern.

19. Daß προσπεσών aus εἰσπεσών (ἐσπεσών) entstanden sein kann, zeigt Äsch. Prom. 364, wo die Handschriften zwischen ἐς und πρός schwanken. Metzger vermutet προστυχών, Vitelli (brieflich) προσποθῶν. — ὁμιλίαν Porson und so l.

27. κατειχόμην Monk, wie Herakleid. 634 συνειχόμην Elmsley. Diese Änderung scheint nicht gerechtfertigt, zumal da an unserer Stelle der Aor. weit passender ist. — 29—33 erklärt Hartung (de Eur. fal. interp. vor der Ausgabe der Aul. Iph. Erl. 1837) u. O. Jahn (Hermes II 249) nach Schliack Philol. XXXV 707) als Interpolation, nachdem Blomfield (Quarterly Review vol. VIII p. 219) 32 f. verworfen. In der That sind die Verse für die Exposition unnütz und die Ausdrücke Κύπριδος und θεάν im Munde der Aphrodite ungeeignet. Dagegen kann die Überlieferung ὠνόμαζεν 33 nicht für die Unechtheit geltend gemacht werden, da die Verbesserung von Jortin ὀνομάσουσιν (Valckenaer ὑμνήσουσιν) durch τό

λοιπόν gefordert wird. Ebenso wenig die Überlieferung der einen Klasse der Handschriften ἔκδηλον in 32, da die Lesart der anderen Klasse (L P) ἔκδημον (nach Pantoni freilich giebt L ἔκδηλον und l ἔκδημον) an urkundlicher Gewähr nicht gerade nachsteht und ganz allein dem inneren Zusammenhang der Stelle entspricht.

31. καθίσατο für ἐγκαθείσατο (ἐγκαθίσατο) Nauck (Musgrave καθείσατο). Richtig bemerkt Monk: errorem credo profectum esse a librariis scribentibus ἐκαθείσατο. — 34. πόλιν für χθόνα L. von Sybel wegen χθόνα in 36. Die beiden Wörter sind häufig vertauscht. — 36. τῇδε A B. — 37. ἐνιαύσιον A B C, ἐνιαυσίαν die übrigen. Kirchhoff ἐνιαύσιόν τ' nach Umstellung von 35 und 36. (Wheeler streicht 37, ebenso 40—50, 56f.) 42. Hiller findet den V. in Widerspruch mit der Handlung. An Interpolation darf nicht gedacht werden, weil das Folgende einen vermittelnden Gedanken verlangt. Kirchhoff δείξει, Vitelli (brieflich) ἥξει. Gloël δῆλον δὲ θήσει πρᾶγμα, Weil δεῖξαι δεήσει πρᾶγμα, Fecht ἤδη δὲ δείξω πρᾶγμα. — Naber κάκμανήσεται. — 43. P L πολέμιον πεφυκότα.

55. θεόν P L: ἡ θεός nunquam cum ipso Divae nomine hoc modo coniunctum (Monk).

65. Blomfield Λατοῦς, παῖ Διὸς Ἄρτεμι. — 67 ff. Die meisten Handschriften geben ἃ μέγαν . . ναίεις. Die Emendation von Cobet αἰγλήεντα . . ναίουσ' wird durch das Versmaß bestätigt und durch die Überlieferung von P L αἲ . . ναίετ', worin offenbar ναίετ' um αἲ willen gesetzt ist, so daß αἲ als alte Überlieferung erscheint (Brunck αἲ . . ναίουσ'). Außerdem hat Cobet οἶκον als Interpolation bezeichnet. Gaisford (bei Monk) wollte εὐπατέρει' ἀν' αὐλάν schreiben, Nauck εὐπατέρει' ἀν' οἶκον unter Tilgung von αὐλάν· Endlich haben die besseren Handschriften Ζηνός, wofür wegen 62 Ζανός gesetzt werden muß, wenn nicht Ζηνός Glossem ist und Δίαν verdrängt hat.

70. Vielleicht ὦ καλά. — 70—72 scheidet Hermann aus (indem er 67 μέγαν κατ' Ὄλυμπον setzt), einige Handschriften geben sie Hippolyt. — 71. κάλλιστα κατ' Ὄλυμπον Nauck, welcher 72 tilgt und 70 wie 64 schreibt. — 72. Ἄρτεμι παρθένον, für παρθένων Ἄρτεμι Fritzsche. — 76. Valckenaer glaubt, daß der tarentinische Dichter Skiras, aus dessen Meleager Athen. IX p. 402 C ἔνθ' οὔτε ποιμὴν ἀξιοῖ νέμειν βοτὰ οὔτ' ἀσχέδωρος νεμόμενος καρπίζεται anführt, ἦλθέ πω σύαγρος im Text gefunden habe. Man könnte auch gleich an ἦλθεν ἀσχέδωρος denken. — ἀλλὰ παρθένον zur Vermeidung der Wiederholung des Wortes ἀκήρατος Weil. Vgl. Äsch. Pers. 616 παρθένου πηγῆς μέτα ἀκήρατόν τε . . ποτόν. Willems ἀλλ' ἀνθεσφόρον. Reinach ἀλλὰ παρθένον und im folgenden V. λείμακ' ἐαρινήν. Vielleicht ἀλλ' ἀδίρπανον? — 77. ἐαρινὸν (oder ἠρινὸν) die Handschriften, dafs ἐαρινὴ der Schol. gelesen habe, bemerkte Valckenaer. Jortin ἠρινός. — 78 ff. Die Änderungen von Αἰδώς (Αἰὼς IVossius, Ἠὼς Markland, Ἕως Toup, Ναῖς Musgrave, Λάδων Blomfield, λιβὰς Willems) verkennen die Absicht des Dichters. Dafs überhaupt die Symbolik dem Euripides nicht fern liegt, kann die Stelle Med. 830 ff. lehren. Mit Unrecht hat auch Dindorf 79—81 als Interpolation (zum Teil aus Bacch. 316) ausgeschieden. Der V. τὸ σωφρονεῖν ἔνεστιν εἰς τὰ πάντ' ἀεί Bacch. 316 ist vielmehr eine Dittographie in unserer Stelle, wie das in den Handschriften überlieferte ὅσοις, wofür Porson ὅστις gesetzt hat, und das in P L erhaltene εἰς τὰ πάντ' ἀεί zeigt (vgl. curae criticae p. 18). Die eine Lesart war also ὅσοις . . ἔνεστιν εἰς τὰ πάντ' ἀεί, die andere ὅστις . . εἴληχεν εἰς τὰ πάνθ' ὁμῶς. Hiernach kann Naucks Vermutung, dafs 80 zu tilgen sei und von 79 die zweite Hälfte gleichfalls von dem Interpolator herrühre, während es in der ersten Hälfte ἄναγνον für διδακτὸν heiſsen müsse, in keiner Weise gebilligt werden.

83. Blomfield ἄνθημα. Vgl. Einleitung S. 19 f. Anm. — 89. βουλεύσοντος Nauck ohne Not.

96. κέρδος δὲ I. Tate. Hartung πλείστη γε· κέρδος τοῦτο σύν. —
99 und 103 habe ich mit Tournier σεπτὴν und σεπτή für σεμνὴν und
σεμνή gesetzt, da σεμνός nach dem Vorhergehenden notwendig zu einem
Mißverständnisse führen muß. Vgl. auch den Anhang zu Med. 511.
100. σὸν für σου CPL. — 104 ff. Nachdem ich in meinen Studien
zu Eur. (1874) S. 344 aufmerksam gemacht, daß 105 an das Ende gehöre
und mit 107 den Platz tauschen müsse, empfahl Gomperz Beitr. zur
Kritik u. Erklärung griech. Schriftst. II (1875) mit Recht die Umstellung
nicht bloß der beiden Verse, sondern der beiden Verspaare. Vitelli
empfiehlt (brieflich) die Stellung: 102. 107. 106. 103. 104. 105. — 105.
οἷον Wakefield. — 107. Vielleicht τιμᾶἰσί γ'.
115. Der V. wird von Brunck als Interpolation bezeichnet, wofür
Bernhardy Gr. Litteratur. II 2³ S. 459 die Responsion von 108—120
geltend macht. Aber auch der Interpolator müßte ihm entweder die
Form φρονοῦντες .. φρονεῖν (so Reiske) oder λέγοντες .. λέγειν gegeben
haben. Wenn er nun in der einen von beiden Formen dem Zusammenhang entspricht, so liegt kein genügender Grund vor, ihn dem Dichter
abzusprechen. Musgrave vermutet φρονοῦντας οὐ τῶς κτέ., Hartung
φρονοῦντας οὕτως ὥσπερ οὐ πρέπει λέγειν, Heimsoeth φρονοῦντας ὧδ'
ὡς οὐ π. δ. λ., Fecht φρονοῦντες .. σοφοῖς φρονεῖν, H. Müller φρονοῦντας
ὡς οὐκ ἂν πρέποι δ. λ., Gomperz φρονοῦντας ὥσπερ οὐ πρέπει δούλοις
λέγειν, Hilberg φρονοῦντας — οὕτω πως πρέπει δούλοις λέγειν —, Vitelli
φρονοῦντας .. δούλοις στέγειν. — 116. προσευξόμεσθα A Ec, προσευχόμε-
σθα die übrigen. — 117. συγγνώμην σ' ἔχειν Valckenaer. — 118. εὔτονον
A Ea P. — 119. τούτου bieten die zuverlässigeren Handschriften. Die
Lesart von B d L τούτων (scil. τῶν ματαίων) bevorzugt Valckenaer.
121. Naber κυανοειδὲς ὕδωρ. — 122. Metzger πέλεται. — 123. εὔ-
ρυτον Weil ohne Not. Das Schol. ἐν τῇ εὐύδρῳ πηγῇ beweist nichts.
Hartung ῥυτὰν, κάλπισι βαπτὰν. — 126. Die Handschr. geben φάρεα.
Ebenso 133, wo nur A E φάρη bewahrt haben. — 129. τᾶς εὐείλου ein
Ungenannter. Aber vgl. zu 139. — κατέβαλλ' Monk, κατέβαλ', κατέ-
βαλεν, κατέβαλλεν die Handschriften.
130. δεσποίνας A E, δέσποιναν die anderen. — 131 f. Die zwei Handschriften A E geben νοσερὰ (νοσερᾷ) δέμας ἔντοσθεν ἔχειν οἴκων (ohne κοίτᾳ),
andere haben κοίτᾳ δέμας ἐντὸς ἔχειν οἴκων, andere δέμας ἐντὸς ἔχειν
κοίτᾳ οἴκων. Daß die Frau im Hause bleibt, ist nichts Auffallendes;
also muß es nicht δέμας ἐντὸς ἔχειν οἴκων, sondern δέμας ἐντὸς ἔχειν
κοίτας wie 160 εὐναία δέδεται heißen. Auch paßt κοίτᾳ wenig zu
τειρομέναν. Die Verderbnis ging wohl aus von der doppelten Lesart
                                      κοίτας
οἴκων. Die Überschrift κοίτας wurde teils weggelassen, teils geriet
sie in die vorhergehende Zeile, verdrängte dort αὐτὰν und erhielt
nach τειρομέναν mit νοσερᾶς die Endung des Dativs. Ähnlich ist es 144
der Lesart φοιτᾶς dem Glossem φοιταλέου gegenüber ergangen. — Kirchhoff verwirft κοίτα und schreibt τειρομέναν νοσερὸν δέμας ἔντοσθεν
ἔχειν (und 122 ἄπο πέτρα λέγεται), Weil vermutet κοίτα δέμας .. οἴκον,
Barthold τειρομέναν νιν ἔχειν ἔντοσθε δέμας νοσερὰν οἴκων. Da αὐτὰν
oder νιν notwendig scheint, so hat man die Wahl zwischen αὐτὰν δέμας
ἐντὸς ἔχειν oder ἔντοσθε δέμας νιν ἔχειν. Ich habe das erstere vor-
gezogen, zumal da gleich wieder νιν folgt. Vgl. auch Jahrb. f. class.
Philol. 1880 S. 383. — 136. τάνδε κατ' ἀμβροσίου die Handschriften,
worin κατά sich nicht erklären läßt, ἀβρωσία Hartung. τάνδ' ἑκὰς
ἀμβροσίου Reiske. — 139. πάθει für πένθει Burges.
141. σὺ γὰρ, 146 σὺ δ' die Handschr., οὐ γὰρ .. οὐδ' Lachmann.
Nauck ἦ γὰρ .. εἶτ', was kaum in der handschriftlichen Überlieferung
enthalten sein kann. — 144. ἦ ματρὸς οὐρείας (andere Handschr. ὀρείας)
φοιτᾶς A, φοιτᾶς καὶ ματρὸς ὀρείας Bothe. Andere Handschriften haben
für φοιτᾶς entweder φοιταλέου φοιτᾶς oder φοιταλέου allein. — 145.

Herwerden ansprechend φιλόθηρον. — 147. ἄθυτος ἀνίρων Weil zur
Herstellung genauer Responsion. — τρύχῃ: nach L, nach K und nach
den Resten der Handschr. (wahrsch. des 5. Jhrh.), welche die Phaëthon-
fragmente enthält, habe ich überall in der 2. Person Sing. Pass. und
Med. ῃ für ει gesetzt. — 149. χωροῦσ᾽ ehemals Weil, χέρσον θ᾽ die
Handschr., χέρσου θ᾽ eine alte Konjektur (von Scaliger?), aber weder
ist θ᾽ am Platze, noch χέρσου im Sinne von ἀτρυγέτου nachweisbar.

154. σοῦ habe ich für σῶν geschrieben, welches nach λεχέων leicht
aus σοῦ entstehen konnte. Die Trennung von κοῖτα λεχέων ist ebenso
unnatürlich wie der Ausdruck 'das vor deiner Ehe geheim gehaltene
Lager' abstrus. M. Schmidt κρυπτὰ λεχέων σῶν κοῖτα.

160. Die Handschriften bieten εὐναία (a εὐναία und γράφεται δὲ
καὶ πρὸς εὐθεῖαν Schol.) und ψυχά oder ψυχᾷ, d und Schol. ψυχάν.
Da δίδεται τὴν ψυχήν (Schol.) einen unpassenden Sinn giebt und λύπᾳ
.. εὐναία δίδεται ψυχά ebenso wenig pafst, so ist ψυχᾶς zu schreiben
und mit λύπᾳ zu verbinden. — 162. Monk aus geringeren Handschr.
κακά, aber die Belegstelle Trach. 110 κακὰν δύστανον αἶσαν beweist
nichts, da dort δύστανον nicht zu αἶσαν, sondern zum Subjekt gehört.
— 164. Schol. ἄλλοι δὲ γράφουσι δυσφροσύνας ὅ ἐστι κακομυχίας τῶν
τοκετῶν. Danach Hartung ὠδίνων καὶ δυστοκίας. — 167. Die Handschr.
haben teils αὔτενν ἄρτεμιν, teils ἄρτεμιν αὔτενν, weshalb Valcken. mit
Recht Ἄρτεμιν als Glossem betrachtet. Blomfield αὔτουν. — 168 f. αἰὲν
ἐν θεοῖσι Herwerden. Brunck σὺν θεοῖς ἐφοίτα.

178. λαμπρός ΑΕ, λαμπρὸν die anderen Handschriften.

180. κοίτης Ε, κοίτας die übrigen: κοίτης hat Matthiä hergestellt,
der die oben zu 201 notierte Beobachtung gemacht hat. — 182. Naber
σπεύδεις. — 183. δ᾽ ἀσχάλλεις für γὰρ σφάλλει Usener. Die Bedeutung
von σφάλλεσθαι ist hier unpassend. — 188. χειροῖν Porson. κόπος Sybel.

191. τούτου für τοῦ ζῆν Schol. zu Aristoph. Frö. 1082. — 194.
Weil τοῦτ᾽ ὂν für τοῦτο, Gomperz τοῦθ᾽ ὅ. — 196. Es fragt sich, ob der
prosaische Ton des Verses nicht auf Interpolation beruht. — 198. Obwohl αἴρετε die Lesart der besten Handschriften ist (ΑΕ), mufs doch
die der anderen ἄρατε bevorzugt werden, weil man überall in den Handschriften den Übergang der Formen des ersten Aor. von αἴρω in die
Präsensformen beobachten kann. Vgl. z. B. die handschriftlichen Lesarten Hek. 1141. — 199. φίλων Α c.

208. Naber δνοφεράς.

212. Dafs 213—4 und 225—7 ihren Platz tauschen müssen, hat
O. Jahn (Herm. II p. 250 f.) gesehen. Wilamowitz Anal. Eur. p. 219 hat
die ganzen Partien 212—214 und 223—7 vertauscht und 224 mit Dindorf als unecht erklärt; die Interpolation sollte der falsch gestellten
Partie eine Beziehung auf das Vorhergehende geben (Barthold erklärt
auch 225 als unecht). — 214. ἔνοχον Graux, ὕποχον Weil. — 216. Nach
πεύκας will Porson Aristoph. Wesp. 750 κείνων ἔραμαι, κεῖθι γενοίμαν,
wozu der Schol. bemerkt: ἐξ Εὐριπίδου Ἱππολύτου, einsetzen. Valck.
weist die Worte dem ersten Hipp. zu und zwar an Stelle von εἴθε
γενοίμαν 230. Matthiä glaubt, dafs Aristophanes Alk. 866 und Hipp. 230
verbunden habe. Der Schol. hat weiter nichts als unseren Text in 219,
230 und 235 im Auge gehabt. — 218 f. Ein Teil der Handschr. (ABE)
ἐγχριμπτομένα (ἐγχριπτομένα). So schreibt Markland, indem er nach
Plut. Mor. p. 52 B 218 nach 219 stellt.

224. Musgrave wollte δαί, Meineke παῖ, Fecht πὰρ für καὶ schreiben.
μελέτη ΒCE, μελέτης die anderen Handschr., μελέτῃ Valckenaer. Kirchhoff κυνηγεσίων μέτα σοι μελέτης; — 228. Die Emendation von Hartung
ὁμαλᾶς (Handschr. ἁλίας oder δίας) wird bestätigt durch das Schol. ἃ
δέσποινα τῆς ἰσοπέδου Λίμνης verglichen mit Hesych. ὁμαλόν· ἰσόπεδον.

232. Nur eine Handschr. (B) hat πάραφρων mit übergeschriebenem ο,
die anderen geben πάραφρον (Α παράφρον᾽), was man halten könnte,

wenn man nach Asch. Pro. 1098 παρέσυρας für ἔρριψας setzen würde
(Valck. παράφρον γ'). — 233 f. Die handschr. Varianten θῆρας und
πόθεν sind natürlich wertlos. Gomperz ἔπι θήρας πόθῳ, Metzger ansprechend ἐπὶ θήρας μόθον.
245. δάκρυ B, die übrigen δάκρυα. Matthiä δάκρυα βαίνει.
255. πρὸς ἄκρον καὶ μὴ für καὶ μὴ πρὸς ἄκρον Herwerden.
261. Tournier βίοτον. — 262. φημὶ für φασὶ EKurtz Bl. f. d. bayer.
Gymn.-W. XIII S. 110. — 263. ANauck τῇ τ' εὐσοίᾳ. Vielleicht τῇ τ'
εὐσοίᾳ πολεμίζειν. — 266. Naber ξυμφωνοῦσι. — 267 f. τροφέ, Φαίδρας
ὁρῶμεν Blomfield. Gewöhnlich τροφὲ Φαίδρας, ὁρῶμεν (Monk ὁρῶ μὲν
und Markland τῆσδε für τάσδε). Med. 49 kann zeigen, dafs Φαίδρας
weniger gut zu dem vorhergehenden Verse genommen wird. Anders
Med. 7. Luzac exercit. Acad. p. 8 verlangt τῆσδε δυστήνου (Schenkl
τάσδε δυστήνου). — 269. ἐστὶν ἥτις L.
    270. Reiske σοῦ δ' αὖ, besser Blomfield σοῦ δ' ἐκπυθέσθαι. Hartung
σοῦ δ' ἂν . . βουλοίμεθα. — 271. Nauck ἐλέγχους. — 273. εἰς τοῦτον
K. — ἥκει BcK, ἥκεις die übrigen. Auch der Schol. kennt beide Lesarten. — 275. τριταίαν ABEc, τριταίαν γ' die übrigen, auch K. Paley
τριταία γ' οὔσ' ἄσιτος, ἀσθενεῖ; — 276. πότερον ἄσης ὕπ' Muretus (πότερον ὑπ' ἄσης Victorius). Valckenaer ἄτης, ἤ. — 276 f. tilgt H. Müller,
Progr. von Burg 1876, wie es scheint, mit Recht. Es sind aber auch,
wie schon Barthold bemerkt hat, die V. 279 f. auszuscheiden. Denn
κρύπτει γὰρ κτέ. ist eine unnütze Antwort, wenn der Gatte nicht anwesend ist. Dafs 281 seinen rechten Platz allein nach 278 findet, hat
auch Nauck erkannt, welcher 277 und 280 tilgen und die Verse so um-
stellen will: 276. 279. 278. 281. (Wheeler tilgt gleich 274—81.) Vitelli
vermutet (brieflich) πότερον ἐπ' ἀπάταις und ⟨οὐκ οἶδ' ·⟩ ἀσιτεῖ.
    284. πάντ' PL, wie es scheint auch K. So Soph. O. T. 265 La
πάντ' für πᾶν. — 288. ἀλλ' ὢ P und ἄγ' γρ. ἀλλ' 'l, ἄγ' ὢ die übrigen,
wie es scheint auch K. — 289 ff. Blomfield καὶ σύ γ' . . λύσασα, καὶ
γνώμης ὁδὸν ἔγωγ', ὅπη σοι . . ἑσπόμην, μεθεῖσ' κτέ.
    290 f. γνώμης ὁδὸν μεθεῖσ' mit Tilgung von 291 Tournier, γνώμης
ἐγὼ ὁδῶν θ', ὅπη Weil. Cron Zeitschr. f. d. österr. Gymn. 1872 S. 724
will 290 ausscheiden. — 297. Brunck ἔα· τί σιγᾷς; οὔ σε χρή. Man
könnte auch an οὐχὶ χρή denken, wenn nicht jede Änderung unstatt-
haft wäre.
    302. F. W. Schmidt ἶσον γὰρ ἴσμεν τῷ πρίν. — τῷ, wie Scaliger
für das handschriftliche τῶν hergestellt hat, hat sich in K gefunden. —
303. ἐτέγγεθ' ACcK. ἐθέλγεθ' BP, ἐτέγγεθ' γρ. ἐθέλγεθ' Ea, ἐτέγγεθ' L, ἐθέλγεθ' γρ. ἐτέγγεθ' l. Die Scholien kennen die drei Lesarten
ἐπείθετο, ἐθέλγετο, ἐτέγγετο, von denen die beiden ersten Glosseme zur
dritten sind. — νῦν δ' K. — 306. E θρόνων.
    312. αὖθι AcPK. Eαὖθις ἀνδρός. — 316. φορεῖς EK, φέρεις die übrigen.
    322. τοῦτό σ' ἐξαίρει K. — 324. Scaliger οὐδέ σου λελείψομαι, ich
habe an ἑκοῦσα γ' ἐνδεὴς λελείψομαι gedacht: aber die Überlieferung
ist durchaus gesund und die obige zuerst von Musgrave gegebene Erklärung zweifellos richtig. (Valckenaers Erklärung acquiescam in tuo
iudicio entspricht dem Folgenden nicht.) — 326. Gewöhnlich wird γονάτων οὐ geschrieben. Da aber A καὶ οὐ bietet, so ist γονάτων, κοῦ das
Richtige. Vgl. Studien z. E. S. 308. KOΥ giebt auch K. — 328. σοῦ
γ' ἀμπλακεῖν für σοῦ μὴ τυχεῖν Hartung. σοῦ μὴ τυχεῖν hiefse wie
σοῦ ἁμαρτεῖν 'eine Fehlbitte bei dir thun', 'meine Bitte bei dir nicht
durchsetzen', was für die Stelle zu wenig bedeutet. Nauck σὲ μὴ εὐτυχεῖν. — 329. Musgr. ὀλεῖς unter Vergleichung von Hor. epod. XIV 5
occides saepe rogando. Matthiä verweist auf Soph. El. 830 ἀπολεῖς.
    330—332. Hirzel wollte 330 und 332 umstellen: Allerdings pafst
der Vers 332 am besten nach 329, aber auch 331 hat eine passende
Stelle nur nach 330. Es scheint also 330 und 331 ein nachträglicher

Zusatz zu sein (vgl. Nauck Eur. Stud. II S. 11). (Wheeler tilgt 327 bis 332.) 331 geben die meisten Handschr., auch K, ἐσθλῶν αἰσχρά. — 333. δεξιάν τ' ἐμὴν μέθες cd und so Valckenaer nach der Regel von Dawes, daß μεθιέναι den Acc., μεθίεσθαι den Gen. regiere. Aber auch Hel. 555 φόβου μεθεῖσα. — δ' mit übergeschriebenem τ K. — 334. Hartung χρή. — 337. ὦ μῆτερ, οἷον, τλῆμον BC, ὦ τλῆμον οἷον μῆτερ die übrigen, auch K. — ἔρων K.

341. τρίτη τ' Nauck. — 343. Die Handschr. οὐ νεωστί. Das Schol. γρ. καὶ νεωστί führt auf κοὐ νεωστί. Vgl. St. z. E. S. 308. — 345. χρῆς Bergk: ἅμε χρή AB, ἅμ' ἐχρῆν die übrigen (XPHN ist auch in K erhalten). — 347. Reiske λέγουσιν (Brunck λέγουσ') ἐν ἀνθρώποις, Weil λέγουσιν ἐν βροτοῖς. — 348. ἄλγιστόν δ' ἅμα d, ἀλγεινὸν δ' ἅμα Nauck. — 349. ἂν ἦμεν Cc, ἄρ' ἦμεν Nauck, ἄρ' ἐσμεν Herwerden. — κεχρημένοι ABE, κεχρημέναι die übrigen.

354. οὐκ ἔτ' ἀνασχετά BC, οὐκ ἄν. die übrigen, auch K, οὐκέτ' ἄνοχέτ' Nauck. — 355—357 will Wheeler ausscheiden, ebenso 402. — 357. φθάνουσα Herwerden, μαθοῦσα Weil. — 359. κακῶς BC von zweiter Hand.

361. διώλεσεν Bd, vielleicht das Ursprüngliche; Naber ἅμ' ὤλεσεν. — 363. πάθη .. θρευμένας um der Responsion willen Dindorf. — 364 f. σὰν φιλίαν oder σὰν φίλαν und κατανύσαι oder καταλῦσαι (καταλύσαι) die Handschriften, einige auch φρένα für φρενῶν. Ich habe σὰν ὀφλεῖν κατάλυσιν geschrieben. Elmsley σᾶν, φιλα, κατανύσαι φρενῶν, Seidler σ' ἀθλίαν κατανύσαι φρενῶν. — ἰώ μοι φεῦ φεῦ AEc, ἰώ μοι μοι φεῦ φεῦ K mit anderen. — 367. Herwerden στρέφοντες. — 369. τί σε K. — τίς σ' ὦ παναμέριος ὅδε πόνος μίμνει Musgrave. μίμνει auch Dindorf und τίς ὁ πανάμερος σ' ὅδε χρόνος μίμνει Weil zur Herstellung genauerer Responsion.

371. Weil ᾗ φθίνεις nach dem Schol. διεφθάρης ἐρωτικῷ πάθει. ἀποφαντικῶς. — Herwerden ἔσθ' ὅτι φθίνεις τέχνα. — 375. Nauck ἄυπνος für ἄλλως nach dem Schol. πολλάκις, φησί, διαγρυπνήσασα ἐν νυκτὶ ἐσκόπησα κτέ. und nach der Parodie des Aristophanes Frö. 931 ἤδη ποτ' ἐν χρόνῳ μακρῷ νυκτὸς διηγρύπνησα τὸν ξουθὸν ἱππαλέκτορα ζητῶν τίς ἐστιν ὄρνις. Aber vgl. Einleitung S. 19 f. Anm. — 378 f. πρ. τὰ χείρον' Weil. πράσσειν τὰ πλείον', ἀλλὰ τῇδ' ἀθρητέον (mit Tilgung des übrigen) Nauck. Ge. Schmid will κακίον' schreiben. τάδε P, τόδε die übrigen, auch K.

381. κοὐκ ἐκπονοῦμεν, οἳ Kl[1]. δ' fehlt auch in BCd. — 383. Die Änderungen des Textes von Weil ἄλλην τιν' · εἰσὶ δὲ φθοραὶ πολλαὶ βίου und Gomperz ἄλλην τιν' ἄλλος· εἰσὶ δὲ φθοραὶ βίου sind auf den ersten Blick ansprechend, passen aber nicht in den Zusammenhang, da die φθορὰ βίου bereits angegeben ist. Schliack betrachtet 383—387 als unechten Zusatz. — 385. Willems αἰδοῦς τε nach Tilgung von 383 f. — 386. οἶκον K. — 387. πράγματα Ea und als Variante d. Naber ταὐτά γ' ὄντε γράμματα. — 388. προγνοῦσ' E, die übrigen (auch K) φρονοῦσ'. Schon ὥστε .. φρενῶν 389 erweist προγνοῦσ' als das Richtige.

390. ὥστε γ' ἔμπαλιν corr. in ὥστε τοὔμπαλιν K, ὥστ' ἐς τοὔμπαλιν Herwerden. — 398. τε AEd.

400. τοιοῖδ' Brunck für τοῖσιν (τοῖσιν auch K). Hartung τοῖν δυοῖν οὐκ ἤνυτον. — 402. Die meisten Handschr. βουλεύμασιν, weshalb man früher ἔδοξέ μοι κράτιστον· οὐδεὶς ἀντερεῖ βουλεύμασιν schrieb. βουλευμάτων Ac. — 403 f. tilgt Hartung. — 405. ᾔδειν BCPL, ᾔδη die übrigen, auch K. — 406. δὲ (A)El und K, die übrigen τε. Das erstere ist notwendig, wenn man die Interpunktion von Weil annimmt. Für gewöhnlich γυνή τε πρὸς τοῖσδ' (außerdem) οὐσ' ἐγίγνωσκον καλῶς, μίσημα. Immerhin aber unterliegt die Auffassung von Weil schweren Bedenken und ist vielleicht die Tilgung des Verses, welche Weisman

empfohlen hat, das richtige Heilmittel. — 407. ὥστ' ΑΕΚ. — 408. Herwerden ἦρξεν.

412. κακοῖς γ' AB, die anderen κακοῖς. Der Gedanke verträgt γὲ
nicht; über dessen Beifügung vgl. A. Soph. em. p. 27 sq. — 418. τέρεμνα auch K, τέραμνα Laskaris (welcher die erste Ausgabe des Stücks
besorgte) wohl richtig.

430. μὴ προσοφθείην Κ. — 431. ἀπανταχῇ C, πανταχῇ L und Stob. flor.
5, 20, ἀπανταχοῦ auch K. — 432. Tournier ἐν κακοῖς. — κομίζεται d PL und
Stob. a. O. — 435 f. Barthold κἄν σοφοῖς. Weil κἄν βροτοῖς ὡς δεύτεραί. Vitelli
empfiehlt folgende Umstellung: 435 f., 439—442. 437 (τοῦτ' ἄρα περισσὸν κτέ.). 438. 444 ff. mit Ausstoßung von 443. — 437 f. Den ersten V.
hält Nauck für korrupt, den zweiten für interpoliert. Barthold vermutet πέπονθας οὐ περισσὸν . . λόγου, während die Worte ὀργαί . . θεᾶς
der von Dindorf vor 443 angenommenen Lücke angehören sollen. Mir
ist jetzt die Echtheit dieser beiden Verse zweifelhaft. — 438. ἀπέσκηψαν
E c d, die übrigen ἐπέσκηψαν. Valckenaer hat dargethan, daß ἐπισκή-
πτειν bei den Tragikern die Bedeutung 'ans Herz legen' hat, während
vom Hervorbrechen göttlicher Schickungen ἀπο- ἐν- κατα- ἐγκατασκήπτειν
gesagt wird.

441. οὐ τἄρα λύει Valckenaer für οὔτ' (oder οὐκ) ἄρα γ' οὐ δεῖ nach
dem Schol. οὐ λυσιτελεῖ, οὐ συμφέρει. Ferner habe ich τοὺς πέλας
νόσον μαλάσσειν geschrieben für τῶν πέλας ὅσοι τε μέλλουσ'. Nachdem
νόσον μαλάσσειν verschrieben war, mußte τοὺς πέλας zum Objekt von
ἐρῶσι werden. Vitelli vermutet οὐ τἄρα λύει oder οὐ τἄρα ποῦ δεῖ
τοῖς ἐρῶσι τοῖς πάλαι ὅσοι τε μέλλουσ'. Bernhardy Gr. Lit. II 2³ S. 459
tilgt 441 f. — 443. φορητόν Stob. flor. 63, 5, welches Valckenaer auf-
genommen hat, φορητός auch K. — 447—450 scheidet Hartung aus. —
449. κἀνιεῖσ' habe ich für καὶ διδοῦσ' geschrieben, da διδοῦσ' zweck-
los ist. Herwerden καὶ τίκτουσ', Tournier κἀνδιδοῦσ' was faisant croître
bedeuten soll.

456—458 betrachtet Wheeler als Interpolation. — 457. Markland θεοί.

462. φρονεῖν ΑΒΟc. — 466. Eine andere Erklärung enthält das
Schol., welches nicht zu 469, sondern hierher gehört, ἐν γὰρ τοῖς σοφοῖς
τῶν ἀνθρώπων τοῦτο ὑπάρχει, τὸ λανθάνειν ἑαυτὸν καὶ (καὶ ist zu
tilgen) προσποιεῖσθαι τῶν πλησίων τὰ μὴ καλὰ ἁμαρτήματα (Weil
'ignorer ce qui est honteux'). Dieser Gedanke entspricht aber nicht
dem Zusammenhang. — 467. χρὴ PL, χρῆν die übrigen. — 468 f. στέγην
γὰρ ἧς κατηρεφεῖς δόμοι καλῶς ἀκριβώσειαν die Handschriften. Ein
Schol. bietet δοκοί für δόμοι, Markland hat κανών für καλῶς hergestellt.
Valckenaer ἦ κατηρεφεῖς δόμοι, κανὼν ἀκριβώσει' ἂν mit ungebräuch-
licher Elision, Musgrave ἀκριβοῦσ' αἰέν, Monk οὐδ' ἂν, Burges οὐδ' ἂν
στέγην ἂν, ἧς . . δοκοί, Kirchhoff οὐδ' ἂν στέγην γὰρ εἰς κατηρεφοῦς
δόμου καλῶς ἀκριβώσειεν, Gomperz οὐδὲ στέγην γὰρ ἂν κατηρεφῇ δοκοῖς
κανὼν ἀκριβώσειεν, Gloël οὐδὲ στέγῃ γὰρ ἂν κατηρεφεῖς δόμους καλῶς.
Ich habe ἂν εἰς κατηρεφεῖς δοκοὺς geschrieben, da εἰς leicht in ἧς
übergehen konnte und dies die Veränderung von δοκοὺς in δοκοί nach
sich zog. — 469 f. εἰς δὲ συμφορὰν habe ich für εἰς δὲ τὴν τύχην geschrieben, worin schon der Artikel auf Glossierung hinweist und τύχην
zu ὅσην nicht paßt; συμφορὰν scheint auch ein Schol. gelesen zu haben,
welcher die Erklärung giebt: πρὸς μὲν ξύλων συνθέσεις καὶ κανόνας
εὐσυνθέτους οὐκ ἐφίκετο τῆς ἀκριβείας ἡ τέχνη, σὺ δὲ τηλικαύτην συμφορὰν ἀπταίστως βούλει παραδραμεῖν. Gomperz vermutet εἰς κλύδωνα
δὲ πεσοῦσ' ὅσον. Aber das Scholion, welches diese Änderung zu stützen
scheint, εἰς δὲ πέλαγος ἄδηλον τῆς τύχης ⟨πεσοῦσα πῶς ἂν ἐκνεῦσαι
δοκεῖς, ἤγουν⟩ ἐκκολυμβῆσαι. οἰκειότατα δὲ τῇ λέξει κέχρηται ὡς ἐπὶ
πελάγους καὶ χειμῶνος. ἀκολούθως δὲ καὶ τῷ πεσοῦσα πρὸς τὴν συμφορὰν (l. μεταφορὰν) ἐχρήσατο, ist nur aus einer Erklärung der Me-

tapher *ἐκνεῦσαι* hervorgegangen. Metzger *πῶς δὲ τὴν τύχην·* Gloël *τὴν τύχην πεσοῦσ᾽ ἐς ἣν σύ.* — 470. Schäfer *πεσοῦσαν ἦν,* Madvig *πεσόνϑ᾽ ὅσην.* — 471. *ἔχοις* Laskaris. — 472. *χάρτ᾽ ἂν* Elmsley. — 473. *ἄγ᾽ ὦ* Bothe. — 477—481 erklärt Barthold als unecht, während Wilamowitz sie nach 507 einfügt (darauf 513—515 *δεῖ σ᾽ ἐξ . . σημεῖον ἢ πλόκον . . χάριν* als Erwiderung der Phädra folgen läfst, endlich 508 *εἶεν· πιϑοῦ μοι* schreibt). In der That kann man an der Echtheit der Verse zweifeln, während die Umstellung keine Wahrscheinlichkeit für sich hat. Kvičala will blofs 478 ausscheiden, aber dann ist *τῆσδε νόσου* in 479 unmittelbar nach 477 ungeeignet. — 478. Herwerden *εἰ δ᾽ εἰσ᾽.* 480 f. *ἢ τἄρ᾽ ἂν* Brunck, *ἢ γὰρ ἂν* ABCEc, *ἤ τ᾽ ἄρα γ᾽* PL. Hartung tilgt 480 f. — 484. *ψόγων* für *λόγων* Weil. Erst so tritt die Pointe des Gedankens hervor. Diese Wörter finden sich öfters verwechselt. — 488. Barthold *γὰρ τά.*

491. Nach *τἀνδρός* wird gewöhnlich Punkt gesetzt. Nauck hat die Interpunktion getilgt und hält *τἀνδρός* für *τὰ ἀνδρός.* Aber *τἀνδρός* ist nur *τοῦ ἀνδρός* (vgl. Jahrb. a. O. 385). Barthold *τἀνδρός· ᾧ τάχος* und mit den Handschr. AEP *διοιστέον,* allein *τὸν εὐϑὺν ἀμφὶ σοῦ λόγον* kann nicht auch Objekt zu *διοιστέον* sein. Dindorf *τἀνδρὸς ὡς ἔχει.* Früher glaubte ich nach 491 den Ausfall eines Verses annehmen zu müssen. Herwerden *τἀνδρὸς ὡς τάχος πειρατέον.* — 493 ff. *ἦν οἷς μὴ ᾽πὶ συμφοραῖς βίου τοιαῖσδε σώφρων οὖσ᾽* Weil. Nauck tilgt 494 f. und schreibt 496 *πῶς ἦγον* (Barthold *οὐκ ἦγον*). Mir scheint nur 494 unecht zu sein. — *προῆγον* für *προσῆγον* Scaliger.

500 tilgt Nauck. Weil, welcher mit Recht bemerkt, dafs *κρεῖσσον δέ* am Anfang der Erwiderung nicht möglich sei, tilgt *αἴσχρ᾽* und vermutet *ἀλλ᾽ εἴ γ᾽ ἀμείνω.* — 501. PL *ἐκσώσειέ σε.* — 503. *μή μοί γε* für das unpassende *καὶ μή γε* (so auch K) Weil. Porson *καὶ μὴ σὲ* (bei dieser Wendung steht *σὲ* zwischen *πρὸς* und *ϑεᾶν*), Bothe *αἴ, μή σε,* Kirchhoff *μὴ μή σε,* Schenkl *ἀ μή σε,* O. Hense *μὴ νῦν γε.* Ferner giebt A *εὖ λέγεις αἰσχρὰ τάδε,* BC *εὖ λέγεις αἰσχρὰ δέ,* die übrigen *εὖ λέγεις γὰρ αἰσχρὰ δέ* (*εὖ λέγεις γάρ,* *αἴσχρ* ist auch in K erhalten). Kirchhoff *εὖ λέγουσ᾽ αἴσχη τάδε* (oder *αἴσχιστα δέ*), Weil früher *εὖ λέγουσ᾽ ἃ μὴ καλά.* — 504. Cobet *ὑπάργασμαι.* — *οὐ* für *εὐ* Bothe. — 506. *ἀναλωϑήσομ* ist auch in K erhalten. *νῦν ἀνειληϑήσομαι* (revolvar) Weil, *λανϑάνουσ᾽ ἁλώσομαι* Barthold. — 507 f. Weil *χρή τί μ᾽ ἑνὸς ἁμαρτάνειν, τόδ᾽ οὖν πιϑοῦ.* Vgl. Einl. S. 19 f. Anm. Ich habe nur mit Nauck *χρή* für *χρῆν* geschrieben. Usener *ἤ δ᾽ οὖν,* Wheeler *ἀλλ᾽ οὖν,* Fecht *σὺ δ᾽ οὖν,* Reinach *ἰδού.*

510. *ἄρτι δ᾽ ἦλϑε* K. — 513—515 sind von Nauck als Interpolation erkannt worden. — 514. *πλόκον* für *λόγον* (so auch in K) Reiske. Für *πέπλων ἄπο* will (Reiske *πέπλων λάκος,*) Nauck *πέπλων ῥάκος* oder *πέπλωμά τι* schreiben. — 518. Monk *φανεῖ.*

525 f. *ὁ . . ὅστις στάξεις* Ad. i. *ὁ . . στάζων* mit der Überschrift *ὅστις στάξεις* (vgl. Studien S. 318 und unten zu V. 1053), die übrigen *ὅς . . στάξεις.* Weidgen *στίλβων πόϑον.* — 527. *ψυχᾷ* BELP, *ψυχαῖς* die übrigen. Die Lesart *ψυχᾷ* ist gewählter und das Zusammentreffen von E und LP spricht sehr dafür. *αἷς* C, *οἷς* a c. — Herwerden *ἐπιστρατεύῃ.*

532. Valckenaer *ὀλίγος παῖς* (und vorher *οἷόν γ᾽ ὁ τᾶς Ἀφροδίτας*), weil sonst nirgends in der griech. Litteratur Eros Sohn des Zeus sei, Burges *ὀλοὸς* oder *δόλιος παῖς.* — 533. *χερῶν* für *χειρῶν* Ald. — 535. Brunck *μάτην μάτην.* — *ἀλφειῷ* ABCE. — 537. *αἱ᾽* ist von Hermann eingefügt.

540. Kirchhoff *φίλτατον,* aber *φιλτάτων* ist besser. — 542. *πλεῖστας* für *πάσας* A. — 545. *τὰν ἐν* WBauer. — 545. Weil verbindet *λέκτρων* mit dem Folgenden; aber *λέκτρων ἄνανδρον* ist unmöglich; er verlangt deshalb *ἄδαμνον* oder *ἄπειρον* für *ἄνανδρον.* — 549. *ἀπ᾽ Εὐρυτίων* für

ἀπειρεσίαν Buttmann. An Εὐρυτιδᾶν dachte Monk. Matthiä ἀπ' εἰρεσία, aber εἰρεσίᾳ (remigio) bringt einen fremdartigen Zug in das Gemälde. Der Hinweis auf Trach. 656 bedeutet nichts.

550. ναῖδα AB, ναῖδαν C, die übrigen ναῖδ', ἀῖδ' oder ἀῖδαν. Ausserdem haben die Handschr. ὅπως τε. Ich leite ναῖδαν aus ⟨μ⟩αιν⟨ά⟩δα⟨τι⟩ν ab. Musgrave τιν' (Monk τὰν) Ἄιδος ὥστε (wie Hek. 1077 Βάκχαις Ἅιδου, Herk. 1119 Ἅιδου Βάκχος), aber τιν' entspricht der Antistrophe nicht genau, τὰν aber müfste als Relativ betrachtet, voraus also, wie Weil bemerkt, ἔξευξ' oder ξεύγνυσ' geschrieben werden. Willems Δαναῖδ' ὅπως τε. — 552. Osann φονίοις ὑμνοισί τε, Weil φονίοις ἐφ' ὑμνοισιν mit Beibehaltung von κατέννασε 552. — 553. ἐξέδωκεν LP, ἔδωκεν die übrigen. — 554. τλάμων für τλᾶμον Heath. — 557. συνείκ.. τ' A, συνείκετ' Bc, was mehr auf συνείκαιτ', wie Kirchhoff geschrieben hat, als auf συνείκοιτ', wie die anderen Handschr. bieten, hinweisen dürfte. Auch scheint συνείκαιτ' der lyrischen Weise angemessener. — ἁ Κύπρις οἷον für οἷον ἁ Κύπρις Monk.

560. Barthold tilgt τὰν (indem er 550 Ναῖδ' ὅπως τε aufnimmt) ohne Wahrscheinlichkeit. — 561. Vielleicht λοχευσαμέναν φλογμῷ. Vgl. Bacch. 3 Σεμέλη λοχευθεῖσ' ἀστραπηφόρῳ πυρί. Jedenfalls ist die Verbindung, welche Weil empfiehlt, ἀμφιπύρῳ βροντᾷ νυμφευσαμέναν — oder wie Weil mit Kirchhoff schreibt νυμφευσαμένα — unzulässig. — 562. κατέλυσε für κατεύνασε Bothe. Markland κατένασσε, Brunck κατεκοίμασε (und 552 ὑμεναίοισιν), Monk κατακοιμᾷ, Matthiä τε κατευνάζει (und 552 ὑμεναίοισιν). — 563. πάντα γ' ἐπικνεῖ ergiebt sich aus den Lesarten der Handschr. πάντ' ἐπικνεῖ A, πάντα γε πιτνεῖ BCc, πάντα γε ἐπικιτνεῖ mit übergeschr. ἐπικνεῖ E, πάντα ἐπικνεῖ d, πάντα τ' ἐπικνεῖ P, τὰ πάντ' ἐπικνεῖ L. — 564. οἷά τις Monk. — 566. δόμοισί σοι für δόμοισι σοῖς hat Elmsley hergestellt. Nauck τοῖσδε καινὸν ἐν δόμοις. Die Umstellung von 566—568 hat Wilamowitz vorgenommen. Die Beziehung von σιγῶ, von φροίμιον, von ἐν δόμοισι zeigt die richtige Ordnung. — 567. ὡς μάθω BL¹ (L ἐκμάθω). — 569. ὤμοι αἰαῖ αἰαῖ Weil, welcher zu beiden Seiten von 581 f. eine symmetrische Ordnung von Strophen und Antistrophen (1. 2. 3 | 3. 2. 1) erzielt mit Änderungen, deren Bedenklichkeit sich besonders an der Umstellung von ὤμοι ἐγὼ κακῶν (591) und πρόδοτος ἐκ φίλων (595), an der Form von προδέδοσαι, φίλα, πρόδοτος ἐκ φίλων (man erwartete προδέδοσαι, φίλα, προδέδοσαι ἐκ φίλων) und an der Notwendigkeit 597 dem Chore zuzuteilen zu erkennen giebt (594 beseitigt Weil mit Hartung).

571. λόγον βοᾷς; für βοᾶς λόγον Weil zur Beseitigung der syll. anceps. — 572 und 580 geben die Handschr. meistenteils ἔννεπε. — 573. φάμα für φήμα Monk. — 576. ἔνδον ἵσταται habe ich für ἐν δόμοις πίτνει geschrieben. Auf das Ungeschickte von πίτνει hat Barthold hingewiesen, seine eigene Änderung κτυπεῖ aber zurückgenommen. Schubert vermutet βρέμει. — 577. Weil πάρ.

585. ἀχὰν für ἰαχὰν Elmsley, eine sehr häufige Verwechslung. — σαφῶς a.c. — 586 f. οἶα für ὅπᾳ erwähnt Valckenaer. Nauck ὅτου. Weil γεγωνεῖν ὁποῖ' ἔμολεν ἐμολέ σοι διὰ πύλας ⟨μαθεῖν oder ἔπη, Barthold κακά⟩.

592. μητίσομαι ABc, μνήσομαι E. — 593. κρύπτ' ἄρα für κρυπτὰ γάρ Seidler. Monk πέφηνεν τὰ κρυπτά, Weil τὰ κρύπτ' ἀμπέφηνε (Barthold ἐκπέφηνε), womit die ungebräuchliche Form des Dochmius ∪ — ∪∪ ∪ vermieden wird. Aber vgl. 815, 883. — 597. φίλως μὲν ABCd, φίλως μὲν οὐ καλῶς δ' ἰωμένη νόσον L. — 598. Nach Christ. P. 610 τί γοῦν; τί δράσεις und 1830 τί γοῦν; τί δράσω; Kirchhoff τί οὖν.

605. τῆσδε BC, τῆς σῆς die übrigen. Jenes ist wegen σε vorzuziehen. Valckenaer, welcher τῆσδε schreiben wollte, ohne zu wissen, dafs es handschriftliche Gewähr habe, vergleicht Phön. 1665, Iph. T. 701, Hel. 1237, Med. 709. Hartung πρὸς γενείου δεξιᾶς τ'.

614. ἔσται μοι PL, deshalb ἔστ' ἐμοί Monk. — 615. ἁμαρτεῖν δ'
Valckenaer nach Christ. P. 817. — 618. ἀνθρώποις γάνος Weil.
621. ἢ χαλκὸν .. χρυσοῦ βάρος PL und Stob. flor. 73, 30. — 625 f.
hat Nauck beseitigt. ἄξασθαι ABcd. ἐκκίνομεν Pierson für ἐκτίνομεν
(ἐκτείνομεν ABCP). Musgr. ἐκτίομεν, Monk ἐκθύομεν, Matthiä ἐκ-
τρίβομεν, Kirchhoff ἐκτήκομεν. — 628. κάκθρέψας acd, die übrigen
καὶ θρέψας. Die Krasis wird gern vernachlässigt.
630. εἰς δόμους ἀτηρὸν φυτόν γρ. ἀτηρὸν ἐν δόμοις κακόν A, εἰς
δόμους ἀτηρὸν φυτόν C, ἀτηρὸν εἰς δόμους φυτόν Ea, ἀτηρὸν εἰς δόμους κακόν die andern. Kirchhoff εἰς οἶκον ἀτηρὸν φ., Nauck εἰς δώματ' ἀ. φ. — 633. ὑπεκχέων für ὑπεξελών Herwerden. Hartung tilgt
den Vers. — 634—637 scheidet Barthold aus. καλῶς für καλοῖς Kirchhoff.
Die übrigen Änderungen (Hartung στέργειν ἀνάγκη δ' εἴτε, Heimsöth
ἔχει δ' ἀνάγκην πᾶς ὁ κηδεύσας· κεδνοῖς κτέ., Weil ἔχει δ' ἀνάγκην —
mit der unstatthaften Erklärung: on porte un joug — ὅς τε, Herwerden
ὅς τε κηδεύσας καλῶς γαμβροῖσι γαῦρος) sind abzuweisen. — 638. ῥᾷον
C, die übrigen ῥᾷστον. Den dem Sinne des Hipp. entsprechenderen Kom-
parativ lasen auch die Schol., welche βέλτιον und ὠφελιμώτερον in
ihren Erklärungen bieten. — μηδὲν, ἀλλ' ἀνωφελὴς die Handschr. ἀλλὰ
νωχελὴς Nauck. Dafs ἀλλὰ nicht am Platze und dafür οὖσα nötig ist,
sah Kirchhoff, welcher τὸ μηδὲν οὖσ' ἀνωφελὴς schreibt. Barthold τὸ
μηδὲν οὖσ', ἀμήχανος. Es fehlt καί: deshalb habe ich τὸ μηδὲν οὖσα
κἀφελὴς gesetzt.

640 f. μηδ' ἐμοῖσιν ἐν δόμοις und μεῖζον Nauck, πλεῖον' Dindorf.
An der Echtheit der Verse zweifelt Nauck. — 641. χρῆν BCdPL. —
642. κακοῦργον γρ. πανοῦργον Ba, πανοῦργον PL, κακοῦργον die
übrigen. — 645. χρή AE. — γυναῖκα AE, γυναῖκας die anderen. —
647. μηδὲ PL. — 649. ἐννοοῦσιν habe ich für ἔνδον δρῶσιν gesetzt.
ἔνδον εὗρον Kirchhoff, ἔνδον νῶσιν Weil. Der Vers fehlt in PL.

657. ᾐρέθην für εὑρέθην Pierson. — 658. οὐκ ἄν ποτ' ἐπέσχον AC,
οὐκ ἄν ποτ' ἔσχον die übrigen. Das unnütze ποτὲ wurde augenscheinlich eingeschaltet, als, wie gewöhnlich, οὐκ ἄν für οὐ ἄν gesetzt war.
μὴ οὐ ABCE, in den anderen fehlt οὐ. — κακά und γρ. καὶ πατρί A,
πατρί die übrigen, Kirchhoff ποτε, man könnte an πόλει denken nach
692. — 659. ἐκδημῇ für ἔκδημος Hermann, ἦ 'κδημος Dawes.

662. Markland χή δέσποινα σή. — 663. Schubert möchte εὐστοχῶ
für εἴσομαι schreiben. Herwerden tilgt den Vers. — 664—668 betrachtet Valckenaer als nicht hierher gehörig und aus dem ersten Hipp.
stammend. Aber 663 bildet keinen Schlufs, sondern nur einen Übergang. Nauck will 666 ausscheiden. — 665. Reiske στυγεῖν, Heimsöth
ψέγειν, Weil οὐδὲ φείσομαι λέγειν κακῶς. — 669. τάλανες für τάλαινες
Barnes. Wolfgang Bauer τλάμονες.

670 f. τίν' αὖ νῦν Nauck: τίνα νῦν ABCEPL, τίνα νῦν ἢ acd
(daher Monk τίνα νῦν ἢ). τίνας νῦν τέχνας ist in a übergeschrieben
und so Matthiä u. a. Kirchhoff τίν' οὖν ἢ. Weil τέχνας νῦν τίνας
ἔτ' ἔχομεν. — ἐλπίδος Wheeler: ἢ λόγους ABE, λόγους (mit übergeschr.
ον) a, λόγον die übrigen. ἐλπίδος wird durch σφαλεῖσαι gefordert; zu
ἢ λόγους ist es unter dem Einflufs des folgenden λόγον geworden.
Barthold ἢ τίνας.. λύειν λόγους; Naber ἢ πόρους. λύειν für λύσειν
(L λύσιν, d. i. λύειν, l λύσειν) Musgrave. Hartung λῦσαι. — λόγους
AB, λόγου die übrigen. Man will dafür νόσου, μόγου, φόβου, κακοῦ,
πόνου, λίνου, βλάβης, πάλιν schreiben. Nauck αἱ λόγου σφαλεῖσαι ..
λύειν δόλοις. — 672. ἔτυχον PL. — ἰὼ für ὦ Heath. — 675. ἂν βροτῶν
BPL, ἀνῶν A, ἀνθρώπων die übrigen. — 678. πέρας habe ich für
παρόν geschrieben. Kayser und Bergk πόρον, Bamberger πάτον. δυσεκπέρατον EdPL, δυσεκπέραντον die übrigen. βίου E, βίον L. Kirch-

hoff οἴχεται βίος. Hartung βίῳ. Barthold τὸ δὴ παρ᾽ ἡμῖν πάθος δυσεκπέρατον᾽ ἔρχεται πέρας (oder τέλος) βίου. — 679. κακοτυχεστάτων A.

680. κατώρθω*ται τέχναι A, κατορθᾶται (aus κατορθωται gemacht) τέχνης (aus τέχναι) B, κακώρθωται τέχνη CE, κατώρθωνται τέχναι die übrigen. Man stiefs sich augenscheinlich an der Form κατώρθωνται. Darum ist die Änderung von Hartung κατώρθωται τέχνη und Nauck κατώρθωται τέχνῃ (Barthold τέχναις) abzuweisen und auch die Änderung κατώρθωσαν τέχναι unnötig. — 682. διαφθορά L. — 683. Naber εἰργάσαι. — Ζεύς σε für Ζεύς σ᾽ ὁ GWolff. — 685. CFMüller εὖ σῆς, Herwerden ὡς σῆς. — 688. δεῖ μοι BC. — 689. νῦν τεθηγμένος Pierson, σοὶ τεθηγμένος Burges.

690. τὰς BP. — 691 fehlt in E. Als Interpolation hat den Vers Brunck erkannt. — 692. δὲ ACE, τε die übrigen. — 695. Barthold δέσποινά, σ᾽ εἰκός. Weil σοφά oder κεδνά für κακά. — 696 hält Nauck für verdorben oder unecht.

700. ἐξέπραξα Cobet. — ἦ für ἦν Nauck. — 702. ἦ καὶ CEc, ἦ γὰρ BPL. In A ist die Lesart verwischt. — 703. σ᾽ ἐγχειρεῖν habe ich A. Soph. emend. p. 190 vermutet für συγχωρεῖν. Ebenso Reiske, welcher auch an ἡμᾶς σ᾽ εἶτα συγχωρεῖν λόγοις denkt. Tournier εἶθ᾽ ὁμόσε χωρεῖν λόγοις (vgl. Einleitung S. 19 f. Anm.) nach dem Schol. ἄρα οὖν, φησί, δίκαιόν ἐστι τοῦτο καὶ οὐχὶ φανερῶς ἄτοπον τὸ καὶ ἐθέλειν σε ἰσολογεῖν μοι, καὶ ἐκ τῶν ἴσων ἀμφισβητεῖν τρώσασάν με. Hiernach Heimsöth εἶτ᾽ ἰσηγορεῖν. Man könnte, um das nötige σὲ zu gewinnen, an εἶτά σ᾽ ἐξισοῦν λόγους denken (vgl. Soph. O. Tyr. 408). Aber der Schol. scheint nur eine gezwungene Erklärung von συγχωρεῖν λόγοις zu geben, wie Valckenaer diesen Worten die Bedeutung von ὁμόσε χωρεῖν τοῖς λόγοις giebt. Die meisten Handschr. λόγοις, nur ACc λόγους (in A korrigiert in λόγοις). KSeidler σωφρονεῖν λόγοις. Kirchhoff τρ. ἡμᾶς σ᾽ εἰς λόγους χωρεῖν τανῦν (das würde wohl σ᾽ εἰς ἀγῶν᾽ ἐλθεῖν λόγων heifsen). — 709. δὲ ABCc, γὰρ die übrigen.

712. καλύψαθ᾽ PL. — 715 f. ἔλεξας b (und so Valck.), ἐλέξαθ᾽ die anderen. Dann habe ich πᾶν δ᾽ ἔπος στρέφουσ᾽ ἐγὼ für ἓν δὲ προστρέπουσ᾽ (a προσστρέπουσ᾽) ἐγὼ und εὕρημα μοῦνον für εὕρημα δῆτα (PL δή τι) geschrieben, da die Variation der Handschr. auf εὕρημα ** hinweist. Monk ἓν δὲ προσκοποῦσ᾽ κτέ., Hartung ἓν δὲ περιτρέπουσ᾽ ἐγὼ ἴαμα δή τι κτέ., Kirchhoff ἓν δ᾽, ὃ πρῶτ᾽ εἰπούσ᾽ ἔχω, εὕρηκα δῆτα . . συμφοράς ἄκος, Nauck ἓν δὲ περινοοῦσ᾽ ἐγὼ εὕρημα μοῦνον . . ἄκος, Weil ἓν δὲ πᾶν στρέφουσ᾽ ἐγὼ εὑρεῖν τι ῥῦμα (Herwerden εὑροῦσ᾽ ἄκεσμα oder ἄκος τι) . . ἔχω, FWSchmidt εὖ δὲ προσκοποῖσ᾽ ἐγὼ ἓν ῥῦμα δεῖξαι . . ἔχω, Gilbert ἓν δὲ προτρεπτήριον εὕρημα δή τι . . ἔχω, Gloël πᾶν δὲ προσκοποῦσ᾽ ἐγὼ ἓν ῥῦμα δῆτα (δή τι) τῆσδε . . ἔχω, Willems ἓν δ᾽ ἐπιστρέφουσ᾽ ἐγὼ κτέ., Herwerden ἓν δ᾽ ἄκος στρέφουσ᾽ ἐγὼ τὸ χρῆμα πάντῃ, ich früher ἓν δέ, πᾶν στρέφουσ᾽ ἔπος, εὑροῦσ᾽ ἄκος δὴ . . ἔχω. Aber ἓν δὲ πᾶν ist keine gute Stellung der gegensätzlichen Begriffe. Ferner ist zu beachten, dafs nicht πᾶν und ἓν, sondern πάντα und ἓν sich passend gegenübersteht und dafs für den abhängigen Satz mit ὥστε der Begriff ἄκος, den man nach dem Schol. (ἴαμα) in den Text bringen will, nicht brauchbar ist. — Bothe verlangt ταῖσδε συμφοραῖς. — 718. Canter δ᾽ für τ᾽.

721. οὔνεκα die Handschriften. Naber ψυχῆς ἐμῆς. — 724. Kirchhoff καὶ σὺ δ᾽. — 728. θατέρῳ ABE.

732. Monk ἀλιβάτοις. — 733 f. χθονὸς ἦ . . ἔν με für ἵνα με . . ἔν Herwerden und ἀγέλαις für ἀγέλαισι (ἀγέλῃσι) Dindorf. πταναῖσιν L. Hartung πτερόεσσαν ὄρνιν εἴθε θεός ἔν με, Gloël πτερόεσσαν ἤ τιν᾽ ὄρνιν θεὸς ἔν με. — 736. L. Rörsch Revue de l'instr. publ. en Belg. t. XXIV p. 328 ff. κῦμα τᾶς βορέᾱο. — 738. σταλάσσου᾽ für σταλάσσουσιν in der ed. Barnesiana. — 739. Für πατρὸς, welches Barthold als

unbrauchbar ausscheidet (mit μελάθρων 749), habe ich πόρου geschrieben. Luzac wollte dafür Πάδου setzen. τριτάλαιναι L.

740. κούραι Bc. — 741. Herwerden ἄχνας oder πάγας, Weil στάγας. Vgl. zu 751. — 743. ἀοιδῶν für ἀοιδᾶν Monk. — 746. κραίνων habe ich aus der handschr. Überlieferung 'ναίων γρ. κυρῶν Ba, κυρῶν CPL, ναίων die übrigen' gemacht. Valckenaer führt die Varianten auf die beiden Lesarten σεμνῷ τέρμονι κύρων und σεμνὸν τέρμονα ναίων zurück. Bothe σεμνὸν τέρμονα κύρειν (ich ehemals πλάθειν aus dem Schol. ἐγγίζειν). — 749. Ζανὸς Dindorf. παρ' ἀκτάς habe ich für παρὰ κοίταις (κοίτας) geschrieben, Hermann παρ' εὐναῖς (ehemals πάραχοι), Hartung πρὸ κοίτας, Nanck παροίκοις, Weil πρὸ κοιτᾶν. Barthold Ζανὸς παρα κοιτᾶν.

750. ἵν' ἁ βιόδωρος Valckenaer, ἵνα βιόδωρος E, ἵν' ὀλβιόδωρος die übrigen. — 751. θνατοῖς für θεοῖς Brunck. Die umgekehrte Korruptel Soph. Phil. 177. Kirchhoff θεοῖσιν. — 758 ff. ἤ γὰρ .. ἤν für ἤ γὰρ .. ἤ, dann Κρησίας τ' für Κρησίας und Μουνίχου τ' ἀκτάς ἵν' für μουνυχίου (L. μουνιχίου) δ' ἀκταῖσιν Weil. Außerdem habe ich ἔπταθ' ἅς (Weil ἔπταθ' ὡς) für ἔπτατ' ἐπὶ oder ἔπτατο (PL) gesetzt. Μουνύχου schon Hermann (Μουνίχου ist die Schreibweise der Inschriften). Monk ἔπτατ' εἰς. Herwerden ἤ γὰρ ἀπ' ἀμφιρύτοιο Κρησίας ἀκτάς .. ἔπτασο κλεινᾶς κτέ.

766. Musgrave κατεκλύσθη.

771. δείρᾳ für δέρᾳ Markland. — 772. στυγνὰν Nauck, στυγνᾶν A, στυγνὸν die übrigen. — 775. φρενῶν μίασμα habe ich für das unge-schickte φρενῶν ἔρωτα (A φρενῶν ἔρωτα φρεσίν) gesetzt. — 776. Die Handschr. und die Schol. geben das oben einer θεράπαινα gegebenen Partien bald einer θεράπαινα, bald der τροφός, bald einem ἄγγελος oder ἐξάγγελος. — πάντες ist in A ausgelassen, deshalb Nauck ἰοὺ ἰού· βοη-δρομεῖθ' ὅσοι πέλας. — δρόμῳ dP und aus δόμων korrigiert L. In δόμων liegt gewissermaßen die Motivierung dafür, daß Rufe aus dem Hause herausschallen.

780—789 will Metzger tilgen. — 782. Die Handschr. haben hier und 784 die Bezeichnung ΗΜΙΧ. Aber die Anrede und Frage in 782 gehört dem Koryphaios; ich habe deshalb 782 ΧΟ. für ΗΜΙΧ. und 788 ΗΜΙΧ. für ΧΟ. gesetzt. Daß die Überlieferung der Handschr. hierin keine Gewähr bietet, ist bekannt. — 785. Herwerden ἐν ἀσφαλεῖ βρο-τοῖς. — 786. ἐκτείναντες ABCc Christ. Pat. 1476, ἐκτείνοντες die anderen. PL νεκρόν. — 789. Nauck οἷα νεκρὸν ἐκτείνουσί νιν, unnötig. Vor 790 scheint die Ankündigung des Auftretens des Theseus ausgefallen zu sein.

790. ἄκουε σῖγα möchte Nauck für γυναῖκες ἴστε aus Anecd. Bekk. p. 372, 13 (Soph. frag. 1010) aufnehmen. — Kirchhoff βοῆς. — 791 will Monk vor 790 stellen, während Barthold den V. ausscheidet, beides ohne genügenden Grund. — Nauck ἠχή. — μ' ἀφίκετο für ἀφίκετο Markland. — 792. Markland οὐδ' ἄρτι. — 793. πύλαις AEc. — 794. Herwerden ἤρπασται. — 795. ἔστ' ἄν für ἔτ' ἄν AB, θανὼν Kirchhoff. Nauck βιοτός ἐστιν, ἀλλ' ὅμως. — 799. ὤμοι AB.

802. ἀρτάνης für ἀγχόνης Ge. Lecapenus in Matthaei Lect. Mosq. I p. 59. — 803. E. Kurtz παχνοῦται μή ἀπὸ συμφορᾶς τινος; — 804. δόμοις ABc, δόμους die übrigen. Die Übereinstimmung von E und PL empfiehlt die minder gewöhnliche Lesart δόμους. — 809 f. Die Handschr. geben ἐκλύσαθ' .. ἴδω δυσδαίμονα, so AEPL, τὸν δαίμονα BCc. Die Lesart τὸν δαίμονα ist augenscheinlich eine falsche Korrektur, die aber beweist, daß die Form des Verses, wie sie wenigstens in Einer Hand-schrift d nach 824 steht, ἐκλύεθ' .. πικρὰν θέαν die ursprüngliche ist. Häufig sind, wo die erste Silbe von λύειν, θύειν an einer Versstelle steht, die eine Länge erfordert, von den Abschreibern die Formen mit σ gesetzt worden. Sogar ohne solchen Anlaß unten 1060, 1442. Auch Med. 1315, Hel. 1180 steht ἐκλύεθ', bez. λύεθ' nach χαλᾶτε. Die Tilgung

von 810, welche Nauck empfiehlt, hilft nicht, weil δυσδαίμονα nicht für τὴν δυσδαίμονα (in E ist τὴν δυστυχῆ übergeschrieben) stehen kann. Gloël will 809 tilgen und κυλωμάτων γυναικός verbinden. Fecht vermutet ὡς ἴδω γυναῖκα τὴν | δυσδαίμον᾽ ἦ με κτέ. Am wenigsten darf man mit Weil an die Umstellung des V. 810 nach 807 denken. Es ist wohl möglich, daß 810 nachträglicher Zusatz ist, aber nicht zu ὡς ἴδω δυσδαίμονα, sondern zu ὡς ἴδω πικρὰν θέαν.

811 ff. Nachdem Musgrave erkannt, daß die V. 848—851, welche die Handschr. dem Chor geben, dem Theseus gehören, und die Responsion der beiden Partien des Theseus (817—833 — 836—851) feststeht, wollte man zur Herstellung der Symmetrie die beiden die Klagescene begrenzenden Chorpartien 811—816 und 852—855 teilweise (Seidler, welcher 811—813 als Proodos gelten läßt) oder ganz in Responsion setzen durch Annahme einer Lücke (Kirchhoff vor 852, Weil zwischen ἰὼ ἰὼ τάλας ὅσον ἔχεις κακόν, wie er schreibt, und δάκρυσι κτέ. In der Lücke soll δόμος an der gleichen Stelle gestanden haben wie δόμους 813). Die Änderung von ὅσον κακὸν ἔχει δόμος ist unwahrscheinlich. Hartung giebt auch 811—816 dem Theseus. — 813. αἰαῖ τᾶς habe ich für αἰαῖ (PL αἰαῖ ὤ) geschrieben. Kirchhoff αἰαῖ σᾶς (σᾶς kehrt in der folgenden Zeile wieder). Vulgo αἰαῖ τόλμας, ὤ. Nauck αἰαῖ φεῦ τόλμας. — βιαίῳ für βιαίως Elmsley. — 814 f. Weil σὺν πάθει. — Enger σᾶς πάλαισμα μελέας χερός, vgl. zu 593. — 816. τάλαινα, μαυροῖ anonymus. — ζόαν für ζωάν Monk. Häufig geben die Handschr. die Form ζωή, wo das Versmaß die andere verlangt. Die bei den attischen Dichtern gebräuchliche Form ζόη (ζόα) und ζωή wird nur des Versmaßes halber (Herk. 664) gebraucht. — 817. πόνων BCE, παθέων die übrigen (in A ist das Wort verwischt). — ἔπαθον C, ὦ ἔπαθον E, ὡς ἔπ. L, ὧν ἔπ. die übrigen. — ὦ πόλις ACEc, ὦ τάλαινα BP, ὦ τάλας Ld. Weil ἔπαθον ὦν πολύς. — 818. Nauck ἐγὼ für ἐμῶν. — 819 f. ἐπεστάθη κηλὶς Valckenaer.

821. Die Handschr. schwanken zwischen κατακονά und κατακονᾷ. — ἀβίοτος A, ἀβίωτος die anderen. — βίος die Aldina (κατακονᾷ .. βίος). — 822. ὦ τάλας Schol., und als Variante B, ὁ τάλας die übrigen. Weil κακῶν δυστάλας. — 823. ὡς ABc, ὅσον Christ. P. 419. Kirchhoff ὡς μήτ᾽ ἄν ποτ᾽, Barthold ὥστ᾽ ἂν μήποτ᾽. — 824. ABCc μήτ᾽ für μηδ᾽. — 825. S. zu 809. — 826. Weil ποῖον ἔπος für τίνα λόγον. — 827. τλῆμον PL für γύναι. — 829. PL πικρὸν für κραιπνόν. — BC που für μοι.

830. Dindorf αἰαῖ, ὦ μέλεα. — 831. ἀνακομίζομαί B. Weil πρόσωθέν ποθεν δ᾽. — 833. Monk ἀπλακίαισι. — 834. τόδ᾽ .. κακόν BC. ἄναξ AE. — ἐπῆλθε Ac. Kirchhoff οὔ σοί γ᾽, ἄναξ, ἐπῆλθε. Heimsöth ἤλυθεν μόνῳ. — 836. Vielleicht ist ποθῶ für θέλω zu setzen. — 837. Die Handschr. μετοικεῖν σκότῳ θανὼν (θανεῖν PL) ὁ τλάμων: Reiske σκότῳ συνὼν, die Umstellung rührt von Enger her. Es scheint aber θανὼν oder vielmehr θανεῖν Glossem zu μετοικεῖν und ein Wort wie κρυφεὶς (μετοικεῖν κρυφεὶς ὁ τλ. σκότῳ) verloren gegangen zu sein. Barthold will σκότῳ streichen und am Schluß ἐγὼ ergänzen, ohne Wahrscheinlichkeit. Wolfg. Bauer σκότον βλέπων für σκότῳ θανών.

840. τίνα λέγω habe ich für τίνος κλύω geschrieben; τίνα κλύω, wie Kirchhoff verbessert, genügt nicht. Elmsley τίνος δή; πόθεν wegen des Schol. λείπει ἡ χαρά, das aber auch zu τίνος κλύω; paßt. Enger τοῦ δὲ κλύω; πόθεν, Barthold παρὰ τίνος, πόθεν. — 841. σάν, τάλαιν᾽, ἔβα καρδίαν Elmsley für σὰν ἔβα (AEc ἐπέβα, vgl. zu 834), τάλαινα, καρδίαν (κραδίαν L). Hartung σὰν ἐπέβα, τάλαινα, κραδίαν, γύναι; Nauck γύναι, σάν, τάλαινα, κραδίαν ἔβα oder ᾽πέβα σάν, τάλαινα. κραδίαν, γύναι. — 843. Valckenaer ἐμόν. — 844. ἰώ μοι μοι BPL, ἰώ μοι Cd. Monk mit Elmsley ἰώ μοι σέθεν, Seidler ὤμοι μοι τάλας, ὤμοι μοι σέθεν, Weil ὤμοι ἐγὼ τάλας στερόμενος σέθεν. — 848. αἰαῖ αἰαῖ hat

Kirchhoff ergänzt. Seidler μ'. ἔλιπες, Weil αἰαῖ αἰαῖ, ἔλιπες ἔλιπες ἐμέ, φίλα. — 849 f. Kirchhoff tilgt γυναικῶν und nimmt zwischen ὁπόσας u. ἐφορᾷ eine Lücke an. — ὁρᾷ für ἐφορᾷ Weil. Enger σκοπεῖ. Seidler δέδορκ' ἀελίου τε φέγγος καὶ νυκτὸς ἀστερωπὸς σελαναία, ἰὼ τάλας (aus 852), Hartung ἐπισκέπτει φέγγος ἀελίου καὶ σελάνα καὶ νυκτὸς ἀστ. σέλας.

850 f. πέμφιξ ἀλίου Enger für φέγγος ἀελίου. — ἀστερωπὸν σέλας (oder σέβας) Jacobs für ἀστερωπὸς σελάνα. Kirchhoff φέγγος ϑ' ἀλίοιο καὶ, Weil φλόγεον ἀλίου τ' ἠδὲ τό. — Enger ἀστερωπὸς κύκλος. — 852. ΗΜΙΧΡ. L. ὅσον, ἰὼ τάλας (oder ἰὼ, ὅσον, τάλας) Seidler: ὦ τάλας ὦ τάλας (oder ἰὼ τάλας ὦ τάλας oder ὦ τάλας ἰὼ τάλας), ὅσον die Handschriften. Monk ἰὼ ἰὼ τάλας. Kirchhoff τάλας, ὦ τάλας ὅσον ἔχει δόμος. — 853 f. Weil δάκρυσι σᾷ τύχᾳ καταχυθέντα μοι (Herwerden καταχυϑεῖσί μου) βλέφαρα τέγγεται. — 855. πάλιν C. — 856. Man erwartet eher δέρης als χερός. — 857. BCPL σημᾶναι. Musgrave ᾑρτημένη ϑέλει; τί σημανεῖ, wahrscheinlich richtig.

860. Weil τάλαινα, λέκτρα τάμα' Θησέως οὐκ ἔστι δώμαϑ' (δώμαϑ' A). — 866. ⟨ὡς⟩ τόδ' Weil. Nauck τοῦτο δ'. Gloël τί, φεῦ φεῦ, τόδ' αὖ. — 866—870 scheidet Barthold statt 871—873 aus und glaubt, dafs die Bemerkung des Schol. zu 871 ἔν τισιν οὐ φέρονται οὗτοι zu 866 gehöre. Aber Chorpartien sind wohl nirgends interpoliert worden. — 867 f. ἐπεισφέρει BCdL. — Markland ἐμοὶ μὲν ἂν (und εἴη), gut, wenn nicht die Verbindung fehlte und das Versmafs mangelhaft wäre. — ἀβίοτος AP, ἀβίωτος die anderen. Nachher habe ich ἔστιν für εἴη geschrieben; denn εἴη verträgt sich nicht mit ἀβίοτος. Kirchhoff οὐκ εὐτυχῶς für εἴη τυχεῖν. Weil πρὸς τὸ κρανϑὲν οἵ ἂν τύχοι 'tels sont les maux qui peuvent arriver, à en juger par ce qui s'est accompli', Hartung πρὸς τὸ κρανϑὲν εἰ χρὴ σκοπεῖν (Herwerden βλέπειν). Wheeler ἔσται τυχεῖν.

871. Vgl. zu 866—870. Die Verse sind von Nauck ausgeschieden worden. — 873. ὄρνιθος für οἰωνὸν Hartung. Da PL κακοῦ bieten, κακόν also nicht feststeht, könnte man an ὁρμώμεν'.. κακά denken. — 874. Weil πρὸς πάϑει πάϑος. — 875. Für στεκτόν haben die Handschr. λεκτόν: Reiske οὐ στεκτὸν οὐδὲ λεκτόν, ebenso Barthold, der das Schol. zu 846 ὃ οὔτε σιωπᾶν δύναμαι, μέγα γάρ ἐστιν, οὔτε λέγειν auf diese Stelle bezieht. Wegen des folg. Verses müfste es jedenfalls οὐ λεκτὸν οὐδὲ στεκτόν heifsen. Ein Ungenannter οὐ τλητὸν οὐδ' ἀνεκτόν. — 877. ποῦ BCPL, Elmsley ποῖ. — 877 ff. Weil βοᾷ βοᾷ | ἄλαστα δέλτος. πᾷ .. κακῶν; | ἀπό .. οἴχομαι, | τόδ' οἷον (oder οἷον τόδ') οἷον κτέ. — 879. Hartung εἶδον γραφαῖς.

880. φϑεγγομέναν habe ich für φϑεγγόμενον geschrieben, weil zu φϑεγγόμενον Seidler mit Recht ein Objekt vermifst (dieser schreibt vorher οἵ' οἷον). — 882. τόδ' ἐμὸν A. — 883 f. δυσεκπέραντον ACc. Dem Zusammenhang würde besser die Bedeutung 'das schwer über die Lippen zu bringen ist' entsprechen. Für δυσεκπέρατον aber wird sich diese schwer erweisen lassen. — ὀλοὸν ὀλοὸν BP. — ἰὼ für ὦ Elmsley. πόλις πόλις BCPL. κακόν· δυσεκπέρατον, ὀλοὸν, ὦ πόλις, πόλις Seidler. κακὸν ὀλοόν, ὦ πόλις Bothe. Enger τόδ' ὀλοὸν κακόν, Barthold κακῶν ὀλοόν. Vgl. zu 815. Dindorf ἰὼ τάλας, Weil ἰὼ πόκοι.

891. ἀνεύχου für ἀπεύχου Valckenaer. — 892. Nauck αὐτὸς ἀμπλακιών, ἢν μὴ πίϑῃ. — 895. πύλας A, δόμους die übrigen. Vgl zu Med. 1284. — 896. Nauck σέβων ἀράς. — 897. τῆσδε γῆς C, daher Nauck τῆσδε τῆς γῆς.

903. ἐφώτινι oder ἐφ' ᾧτινι ABEacL, ἐφ' ᾧ νυν C, ἐφ' ᾧτι νυν (νι hat eine zweite Hand über τι geschrieben) d, ἐφ' ᾧτινιν P, ἐφ' ᾧ τανῦν Christ. P. 844. Monk ἐφ' ᾧ τὰ νῦν στένεις, Blomfield ἐφ' ᾧ γε νῦν στένεις. 'Sed frigidum τὰ νῦν' Bothe. Barthold ἐφ' ᾧ καταστένεις (μεταστένεις wäre nicht brauchbar). Es ist kein Grund die Form ᾧτινι mit Elmsley den Tragikern abzusprechen, wenn sie auch aus leicht

begreiflichen Gründen sonst nicht vorkommt. Sprachlich läfst sich ᾧτινι, wie oben geschehen, rechtfertigen. — 907. εἰς φάος BdPL.
910 tilgt Cobet. — 911. Der Vers ist von Markland nach 913 gesetzt, von Monk getilgt worden. Christ. P. 861—864 giebt die V. 909—913 ohne 911. — 914. Kirchhoff οὐκουν. — Valckenaer φίλους τε, Nauck φίλους σε. — 916 f. πολλὰ μαστεύοντες für πόλλ᾽ ἁμαρτάνοντες Weil. Es liefse sich ἁμαρτάνειν μάτην wohl rechtfertigen, aber der Begriff von ἁμαρτάνειν ist nicht am Platze. Markland πολλὰ μανθάνοντες. Naber πόλλ᾽ ἀκοντίζοντες .. μάτην, οἳ δὴ κτέ. — 919. οὐδὲ (δὴ über der Zeile von l) θηρᾶσθε κᾠ L, οὐδὲ θηρᾶσθ᾽ οὐδέπω Schneidewin (mit Verletzung des Porsonschen Gesetzes).
924. Die Handschr. schwanken zwischen ὑπερβάλει, ὑπερβάλοι, ὑπερβάλῃ, ὑπερβάλλοι.
932 f. εἴ τις ABCcL und νοσοῦμεν οὐδὲν Bc. Barthold will 932 f. nach 935 setzen. Aber 935 gehört ans Ende, denn dieser V. giebt das Übermafs der Frechheit, welches Theseus im folgenden tadelt. — 935. Blomfield ἐξέδρον.
940 f. Nauck θεοῖσιν εὔχεσθαι χρεὼν ἄλλην πορίζειν γαῖαν nach dem Schol. ὀφείλομεν δεήσεις τοῖς θεοῖς ἀνενεγκεῖν, ἵνα ἄλλην γῆν τινα ἀπομερίσῃ κτέ. Aber vgl. die Bemerkung von Weil, welcher an προσβαλεῖν θεοὺς χθονί denkt. — 942 habe ich als Interpolation bezeichnet. — 946. Musgrave ἐλήλυθα.
951—954 tilgt Wheeler. — 952 f. Nauck σίτοις νυν αὔχει .. βορᾶς ἰὼν (was soll ἰών?) καπήλευ᾽. — 953. σέβας, wie der Sinn zu fordern scheint, habe ich für σίτοις geschrieben. Musgrave ἦθος, Valckenaer σύ τοι, Reiske σίτους, Hartung (aus dem Schol.) λόγους, Kirchhoff σιτοῦ, Badham ἀστοῖς, Weil (aus dem Schol., aber ohne die von ihm zu 940 empfohlene Vorsicht) τροφάς, Wolfg. Bauer μύθους, Barthold ὅσιος. Früher habe ich an ὁσίαν gedacht. Aber die Auflösung ist zu vermeiden. — 954. Nauck ἄγνευε. Musgrave πολιῶν sehr ansprechend, wenn nicht die Auflösung Bedenken erweckte. Vgl. Einleitung S. 19 f. Anm. — 959. Barthold δέλτῳ δ᾽ ἁλίσκει, πλεῖστον ὤ. Aber die Verbindung πλεῖστον ὤ κάκιστε ist unnatürlich und bei ἁλίσκει πλεῖστον ist δέλτῳ unmöglich.
961. τοῦδ᾽ habe ich für τῆσδ᾽ geschrieben, welches gesetzt wurde, weil man die Beziehung von τοῦδε verkannte. Hartung vermutet ψυχῆς, Weil νεκροῦ für τῆσδ᾽ ἄν. — 969. Nauck χαράξῃ.
970 hat Hirzel als Interpolation bezeichnet. — 971. τί οὖν P. — 978. κτανεῖν γ᾽ E. — 979. ἐν θαλάσσῃ Ac, αἱ θαλάσσης die übrigen (nur αἱ θαλάσσῃ von jüngerer Hand in B, οὐδὲ θαλάσσης L, αἱ über δὲ von l), Kirchhoff αἱν θαλάσσῃ.
982. Naber τὰ γὰρ δὴ ᾽στῶτ᾽. — 983. ξύντασις für ξύστασις Herwerden. Der Begriff contractio (vgl. Alk. 797 ἐκ τοῦ σκυθρωποῦ καὶ ξυνεστῶτος φρενῶν) pafst nicht; ebensowenig der Begriff 'Sammlung des Geistes'. — 984. καλοὺς AEac, πολλοὺς die übrigen. Vitelli (brieflich) καλῶς [λόγους]. — 986. λόγους AE.
990. Tournier ἐφιγμένης. — 992. Markland ἐπῆλθες. — πρότερον BCPL. — 993. οὐκ für κοὐκ Markland. Vgl. Schol. und unten 1000, 1004, 1012. — 998. ἐπαγγέλλειν für ἀπαγγέλλειν Milton. — 999. τοῖς κεχρημένοις habe ich für das müfsige τοῖσι χρωμένοις 'denen die mit ihnen Umgang haben' geschrieben.
1000. κοὐκ B. — 1001. αὐτός d. i. αὐτὸς für αὑτὸς Valckenaer. — φίλος ACE, φίλος γρ. καὶ φίλοις a, φίλοις die anderen. — 1002. οὖ für ὦ Tournier. — ἔχειν BdP. — 1003. ἀγνὸν ἐς τόδ᾽ ἡμέρας Christ. P. 521. — 1004. κοὐκ BPL. — 1005. Valckenaer οὐδὲ ταῦτα καὶ, Brunck οὐδὲ ταῦτα μὲν, Hartung οὐδὲ ταῦτ᾽ ἐγώ (nach Christ. P. 521 οὐδὲ γὰρ ταῦτα σκοπεῖν ἐγὼ πρόθυμος), Kirchhoff κοὐδὲ ταῦτ᾽ ἄγαν, sehr ansprechend Vitelli (brieflich) οὐδὲ ταῦτ᾽ αὐτά. Wolfg. Bauer οὐδὲ γὰρ

σκοπεῖν τάδε, Metzger οὐδὲ ταῦτα μὴν σκοπεῖν. — 1007. κεἰ μὴ Ed, εἰ δὴ L¹, καίτοι LDindorf, καὶ μὴν (enimvero) Matthiä.

1012. κοὐδαμοῦ L. μὲν ἦν AEc, μὲν P, μὲν οὖν die übrigen. φρενῶν für φρονῶν Markland aus dem Schol. οὐδαμοῦ συνέσεως ἦν. Kirchhoff κοὐδαμοῦ μετῆν φρενῶν (dann könnte vorher auch ἦ für ἦν gesetzt werden), Nauck οὐδαμοῦ μὲν ὦν φρενῶν. — 1013 f. Metzger ἀλλ' ἡ τυραννεῖν. Hartung ἡδύ; τοῖσι σώφροσιν ἥκιστά γ', εἰ μὴ οὐ, Weil ἡδύ; τοῖσι σώφροσιν ἥκιστα· τιμή. — 1014. ἥκιστ', ἐπεί γε habe ich für ἥκιστά γ', εἰ μὴ geschrieben, um einen richtigen Sinn zu gewinnen. So oder ἥκιστά γ' εἰ δή auch Fecht. Nauck hält (nach einer früheren Vermutung von Weil) 1014 f. für interpoliert, ebenso Barthold, welcher 1013 οὐδ' αὖ τυραννεῖν schreiben möchte. — 1018. Weil συνῶν ἀρίστοις ἐντυχεῖν. — 1019. πράσσειν τε γὰρ Ac, κράσσειν γὰρ εὖ die anderen. Hirzel hält 1019 f. für interpoliert. Allerdings hat Sophokles den Gedanken besser gegeben, aber auch nach Euripides. Änderungen sind bedenklich. (JSchmidt θαρσεῖν, Weil τὸ δρᾶν. FWSchmidt πράσσειν τε γὰρ τάρεστά, Barthold πράσσειν γὰρ ἔστι κεδνά oder πολλά).

1021. ἕν γ' οὐ Valckenaer. — 1024. Reiske εἷλες. — 1026. Nauck λεχῶν. — 1029 scheiden mehrere Herausgeber mit Valckenaer aus; aber nachdem Weil die richtige Ordnung von 1046—48 hergestellt hat, wird 1029 durch 1046 geschützt. χθονός für χθόνα Boissonade. Dafs der V. Christ. P. 525 ff. fehlt, beweist, wie Kirchhoff bemerkt hat, nichts für die Unechtheit desselben.

1032. Nauck τί δ'. — 1034 f. hält Nauck für interpoliert ohne Grund. — ἐσωφρόνησε δ' AEc, ἐσωφρόνησεν die anderen. Weil ἔχουσ' ἄλλως φρονεῖν und οὐ κακῶς. — 1038. οὐ γόης E.

1041. Kirchhoff σοῦ δὲ. — πάντα ταῦτα P, ταῦτα κάρτα L. Nauck θαυμάσας ἔχω. — 1042. Márkland σύ μου. — 1043. Monk mit Elmsley ἔκτεινά τάν σε. — 1044. ἠξίους γ' c, ἠξίουν σ' PL und von jüngerer Hand in B (vgl. Schol. εἰ ὑπελάμβανον κτέ.). Aber ἀξιοῦν hat nicht die Bedeutung von ὑπολαμβάνειν. Diesen Vers tilgt Wheeler, ebenso 1046. 1048. 1053 f. — 1045. Nauck εὖ κάξιον, Gloël οὐκ ἄξιον, Metzger ὡς δεξιόν. — Weil οὕτω δ' ὀλεῖ. — 1046—48 hat Weil richtig gestellt. — 1047· δυσσεβεῖ AEc, δυστυχεῖ die übrigen. — 1049 f. Zu 1050 bemerkt der Schol. ἐν κολλοῖς οὐ φέρεται οὗτος ὁ ἴαμβος. Darnach hat Nauck ihn beseitigt. 1049 hat Bergk als Interpolation erkannt. μισθὸς γὰρ οὗτός ἐστιν AEc, μισθὸς γὰρ ἐστιν οὗτος die anderen, μισθὸς πρέπει γὰρ οὗτος Hartung. γρ. τύπων

1053. καὶ τόπων BCdP, καὶ τόπων τ' L, τερμόνων A, τερμόρων τ' E, τερμόρων τ' ac. Auch hier wie 526 hat A das Glossem (das über καὶ τόπων aus V. 3 übergeschriebene τερμόνων) rein erhalten, während andere Handschriften das Glossem mit τ' dem Text angepafst haben. — 1059. ὄρνεις AB, ὄρνις die anderen.

1060. λύω A, λύσω die übrigen. . — 1062. Hartung πάντως γ'. — 1063. Eine Härte würde mit ὅρκον . . ὃν ὤμοσα vermieden. Vgl. zu Med. 758. — 1064. ἀποκτείνει AEc, ἀποκτενεῖ die übrigen, ἀποκναίει Pierson, με παρατείνει Weil. — 1066. δῆθ' ὁ AEc, δῆτα die anderen. — 1069. καλῶν für κακῶν Musgrave, aber als Adj. zu γυναικῶν, als Particip Weil. Jacobs λεχῶν, Herwerden κακούς.

1070. αἰαῖ· | ῥίμπτει πρός habe ich für αἰαῖ· πρός geschrieben. Reiske πρὸς ἦπαρ ἕρκει, Valckenaer ergänzt χωρεῖ (oder θίγγει oder δύνει), Bothe παίει, Hartung setzt παίει für αἰαῖ. — 1071. κακός γε AEac, κακός τε die anderen. Hartung κακός τε φαίνομαι καὶ δυστυχῶ. — 1072. Musgrave κἀπογιγνώσκειν. — 1076. ἀφθόγγους A. σοφῶς a und Schol. γρ. καὶ σοφῶς, die übrigen σαφῶς. — 1077. τὸ δ' für τόδ' Markland. Herwerden οὐ σιγῶν, FWSchmidt οὐ στέγον, Weil ἄφθογγον, δεικνύει BC.

1085. Naber πάλαι 'ξιῶσθαι. — τώνδε P, τῷδε L. — 1086. Blaydes
τάρ'. — τιθίξεται A, γε θίξεται die anderen. — 1089. ἰπέρχεται AEc.
1091. Turnier ὅς γ' οἶδα μὲν τάργ'. Nauck ὅπως φέρω. — 1093.
φευξούμεσθα AEd, φευξούμεθα Cc, φευξόμεσθα L, φευξόμεθα BP.
Vgl. den Anhang zu Bacch. 798. — 1094. χαίρετ' ὦ für χαιρέτω Porson.
1101. Nauck ταῦτ'. Weil lieber ταῦτα συνδοκεῖ. Naber δοκῶ. —
1105 f. Seidler δέ τις . . λείπεται.

1114. ἀκήρατον AEc, ἀκήραον L, ἀγήραον die anderen. — 1117.
Musgrave τὸν ὥριον. — 1119. βίοτον εὐτυχοίην für βίον (B βίῳ) συνευτυ-
χοίην Weil, da σύν keinen rechten Sinn hat und die Responsion einen
Tribrachys fordert. Hartung βίον. Herwerden διευτυχοίην.

1120 f. τὰ παρ' ἐλπίδα Hartung: παρ' ἐλπίδα AEcL, παρὰ δ'
ἐλπίδα BCdP. — 1123. ἀστέρα γαίας Hartung: ἀστέρ' Ἀθήναις A,
ἀστέρ' Ἀθάνας B, ἀ. Ἀθήνας die übrigen. — 1127. δρυμός τ' für ὦ
δρυμός (δρυμοὶ E) Ald. — 1128. ὠκυπόδων ἐπέβας (LP ἐπέβα) θεᾶς
μέτα θήρας ἐναίρων die Handschriften: θεᾶς hat Brunck beseitigt, ἐπέβας
Blomfield unter Verwandlung von ἐναίρων in ἐναίρεν.

1134. γυμνάδος ἵππου für γυμνάδας ἵππους Reiske. — 1139. ἀν'
ὗλαν L, ἀνά (ohne χλόαν) P.

1140. Wakefield νυμφιδίων, ebenso Dindorf mit der Bemerkung:
quod (nämlich νυμφίδια) corrector intulit propter λέχη. Umgekehrt hat
νυμφίδια mit seiner falschen Accentuation zur Interpolation von λέχη
geführt. — ἀπόλωλε Ac, ἀπόλωλε λέχη die übrigen. — 1145. Dindorf
ἔτεκες ἄρ' ἀνόνατα· φεῦ φεῦ. — 1147. ζύγιαι für συζύγιαι (aus 1131)
Dindorf. Das Adj. συζύγιος hat es nicht gegeben. Reiske συζυγίαι
Χαρίτων, Hartung συζύγιοι. — 1148. ποῖ habe ich für τί geschrieben.
Denn die Charitinnen thun dem Hipp. nichts zu Leide. — πατρίας AcdL,
πατρῴας die übrigen (auch l). Vgl. die Lesarten zu Hek. 82. — 1149
τὸν οὐδὲν l, in den übrigen Handschr. fehlt τὸν. Weil ἄτας τὸν οὐδὲν
αἴτιον (mit Beseitigung von γᾶς). Man könnte daran denken, nach
1124 ὀργᾶς für γᾶς zu schreiben. Aber ἐκ πατρίας γᾶς und τῶνδ' ἀπ'
οἴκων lassen sich wohl vereinigen.

1151. ΗΜΙΧΡ. L. — ὁπαδῶν Valcken. nach Christ. P. 1860. — 1153. ποῦ A.
1164. Naber μᾶν ἀφιγμένος τινί.
1171. Burges ποῦ für πῶς. — 1172. αἰσχύναντ' ἐμέ AEc, αἰσχύ-
ναντά με die übrigen. — 1175. κλάοντες dPL. — 1177. τλήμονος E. Den
Vers bezeichnet Herwerden als unecht. — 1178. ταὐτὸ ABEcL, ταύτὸν
die übrigen. Vgl. curae epigr. p. 31. — φέρων P, ἔχων die übrigen,
χέων JSchmidt. — 1179. ἀκτᾶς für ἀκταῖς Kirchhoff.
1180. Markland ἠλίκων θ'. — 1183. ἐντύναθ' ABEc, ἐντύνεθ' die
anderen. — 1186. λόγοισιν habe ich für λέγοι τις geschrieben. Burges
λέγειν τιν', Weil und Barthold λέγειν νιν nach dem Schol., der aber
auch λόγοισιν gelesen haben kann. Vgl. Anhang zu Bacch. 747. —
1189. Reiske γλυπταῖσιν ἀρβύλαις ἐναρμόσας. Valckenaer αὐταῖς ἐν.
πόδας ACL, πόδα wie es scheint die übrigen, auch Schol. zu Phön. 3,
Et. M. p. 135, Eustath. p. 559. πόδε Kirchhoff.
1194 f. Nauck κἄν τῷδ' ὁμαρτῇ . . πώλοις ἐπῆγε. — 1195. ὁμοκλῇ
habe ich für das müfsige ὁμαρτῇ geschrieben. Reiske wollte πώλοις·
ὁμαρτῇ interpungieren, wodurch δ' seine richtige Stellung verliert. —
ἄκασχ' ὁμοῦ Nauck für ἐφάσκομ wie A von erster Hand hat. Die übrigen
bieten ἐφ' ἅρματος (Bc), ἐφ' ἅρματι CE, ὑφ' ἅρματος PL. Hartung
ἀμφ' ἅρματι, aber die Erwähnung des Wagens ist unnütz, da πέλας
χαλινῶν folgt. Kirchhoff πρόσπολοι δ' ἐφάσκομεν, πέλας χαλινῶν δ',
Schumacher πρόσπολοι δ' ἐκλαίομεν, πέλας χαλινῶν θ'. Von Thränen
ist schon 1175 die Rede gewesen. — 1197. εὐθύς tadelt Photius p. 82, 12.
Hartung εὐθύ τ'.
1201. Nauck ἠχή. — φωνὴ διός P. — 1203. οὓς δ' AEc. — 1206.

Vgl. Einleitung S. 19 f. Anm. — 1208. Kirchhoff Σκειρωνίδ' ἄκραν für Σκείρωνος ἀκτάς.. Nur A bietet δ' ἀκτάς und das rätselhafte δ' ist die Bestätigung der Änderung von Kirchhoff. Vgl. 979 und Seneca Phaedr. 1024 petrae Scironides. Luzac hatte ἄκρας vorgeschlagen. 1214. Bothe οἶδμ' für κῦμ' ansprechend, Weil κεῖσ'. — Blaydes ἐξανῆκε. — 1215. Bothe φθεγμάτων. — 1216. ἀντεφθέγξατ' Ac und Christ. P. 858. — 1217. Christ. P. 858 θέαμα κρεῖσσον ὀμμάτων, welche Lesart Nauck vorzieht. — 1218. ἐνπίτνει A, aber von derselben Hand in ἐνπίπτει korrigiert, ἐμπίπτει die anderen. — 1219. ἱππικοῖσιν für ἱππικοῖς ἐν Valckenaer. 1223. γναθμοῖς AEc, γνάθοις die übrigen. γναθμός Gebifs, γνάθος Kinnbacken. — 1225 hält Nauck für interpoliert, indem er 1224 οὔτι schreibt. — 1226. Nauck ἐπιστρέφουσαι, WBauer μετοστραφεῖσαι, Schumacher ἐπιστραφεῖσαι. — 1227. οἴακας ABc, οἴηκας die übrigen. — εὐθύνοι AEc, ἰθύνει die anderen. Die attische Form ist εὐθύνω, wie εὐθύ. Vgl. Matthiä z. d. St. — 1228. εἰς τὸ πρόσθεν ABE, εἰς τοὔπισθεν C, εἰς τοὔμπροσθεν die übrigen. Tournier ἐκ τοὔμπροσθεν. Barthold bemerkt, dafs ἔμπροσθεν bei Euripides sonst nicht weiter vorkommt. Ich habe deshalb ἐκ τοῦ πρόσθεν geschrieben, woraus zunächst ἐκ τοὔμπροσθεν geworden sein mag. Vielleicht ist V. 1228 nach 1229 zu setzen, da ὥστ' ἀναστρέφειν an das Ende gehört. 1231. Her werden ἐγγὺς πελάζων. — 1234. Burges σύριγγές τ' ἀπό. — 1237. δυσεξήνυστον für δυσεξήνυτον Heath. — 1238. πέτρας BL, πέτραις die übrigen (A fehlt von 1235 an). — 1239. Elmsley θραύων τε. Kirchhoff ἐξανδᾷ. 1241. Naber μή μ' ἐξαλίσῃτ'. — 1245. Monk οὐκέτ' οἶδ'. — 1246. τείνει habe ich für πίπτει geschrieben. Einmal kann πίπτει an und für sich nicht richtig sein; es müfste eher κεῖται heifsen, da Hipp. vorher auf dem Boden geschleift wurde. Zweitens fehlt das Verbum zu βίοτον, welches nicht von ἐμπνέων abhängen kann. — 1247. Nauck ἵπποι δὲ φροῦδοι, Weil ὄχος δ' ἐκρύφθη. — κάρα PL für τέρας. — 1248. ὅπου EL, ὅπη B, ὅποι c, ὅπως P. 1250. τοσοῦτόν γ' Ec, τοσοῦτον die übrigen. — 1254. νιν BE, μιν die übrigen. — 1255. συμφορὰ für συμφοραὶ Elmsley. — 1257. τόδε Ec. — 1259. τ' fehlt in BE. 1266 f. geben BE in umgekehrter Folge. Weil zweifelt an der Echtheit von 1266. — 1267. τ' fehlt in BEc. — 1268. Bothe σύ τοι. βροτούς habe ich für βροτῶν geschrieben, weil ἄκαμπτον φρένα nur zu θεῶν pafst. Ähnlich Alk. 569 ὦ πολύξεινος καὶ ἐλεύθερος ἀνδρὸς . . οἶκος für ἐλευθέρου. 1270. Bothe ποικιλώτερος. — Hartung ἀμφιβάλλων. — 1271. ἀρχυστάτω habe ich für ὠκυτάτω geschrieben, welches mit ἀμφιβαλών keinen passenden Sinn giebt. Bothe ὠκυτάτω πτερῷ. — 1272 f. δ' fehlt in B (daher Nauck πτερῷ ποτᾶται 'πὶ γαῖαν). Seidler ποτᾶται δὲ γαῖαν, um Dochmien zu gewinnen. Bothe εὐάγητον, ἁλμυρόν τ'. Bergk εὐόγητον. — 1274. φλέγει γρ. θέλγει B, θέλγει die übrigen. Die Richtigkeit von φλέγει ergiebt sich aus dem folg. Verse. Ἔρως will Seidler ausscheiden (Kirchhoff θέλγει θ' ᾧ). Valckenaer μαινομέναν κραδίαν, wie eine geringere Handschrift bietet. Metzger θέλγει δὲ μαινομέναν κραδίαν ᾧ. — 1275 f. πανὸν . . χρυσοφαῇ habe ich für πτανός . . χρυσοφαῆς geschrieben (πανὸς wird aus einer geringen Handschrift angeführt; Bothe κανοὺς . . χρυσοφαεῖς, Hartung μαινομέναν κραδίαν πανοῖς ἐφορμάσῃ χρυσοφαῆς). Nauck χρυσοφαὲς βέλος. — 1277. Weil ὀρεσκόων τε. — 1279. αἰθομέναν Ec, αἰθόμενος die übrigen. Ohne Zweifel ist αἰθομέναν das Richtige. Metzger τοὺς (und αἰθόμενος), indem er 1279, 1280 umstellt. Weisman tilgt 1279. 1280. δὲ will Dindorf beseitigen. δὲ ⟨σὺ⟩ Monk. — 1281. Bothe βασιλῆδα. — 1282. Es ist nicht nötig, mit Arnoldt chor. Technik des

Eur. S. 193 nach 1282 eine Lücke anzunehmen, in welcher die Antistrophe und die Ankündigung der Artemis ausgefallen sei. — 1285.
αὐδᾷ (αὐδα) P L, αὐδὰν d. — 1288 f. μύϑοις δ᾽.. φανερὰν habe ich
für μύϑοις .. φανερὰν δ᾽ geschrieben, damit die gegensätzlichen Begriffe
ἀφανῆ und φανερὰν nicht zwei verschiedenen Sätzen zufallen. Was
Kirchhoff schreibt, ἀφανῆ φανερὰν δ᾽, scheint unverständlich. ἀλόγου
πεισϑείς Ec, πεισϑείς ἀλόγου die übrigen. Das letztere nimmt Barthold
auf, indem er vor ἀφανῆ drei Anapäste, nach ἔσχες einen Anapäst ausgefallen sein läfst. — ἔσχεϑες Markland für ἔσχες (L ἔχεις). Dobree
φανερὰ δ᾽ εἰλέν σ᾽ ἄτη.
    1290. Bc πῶς δ᾽. — 1292. Valckenaer πτηνὸν. Vielleicht βιότου, aus
der Mitte der Lebenden. Weil ἦ πτηνὸς ἄνω βίοτον, μεταβὰς .. τοῦδ᾽,
ἀπέχεις; — 1293. τοῦδ᾽ für τόνδ᾽ Wakefield. — ἀπέχεις CE (mit der
Überschrift ἀνέχεις) c, ἀνέχεις die übrigen. — 1294. ἐν γ᾽ d, ἐν τ᾽ Ec,
ἐν BCaP, τοῖς wie es scheint L, Bothe ἐν ἀγαστοῖς, Weil ἐν χρηστοῖς.
— 1295. Nauck τλητὸν, Herwerden ταχτόν, Weil νεμετόν. — 1198. Herwerden ἐπὶ für εἰς. — 1299. Reiske ἐπ᾽. — ϑάνοι PL.
    1302. Weil ὅσαις τε, Gloël ansprechend ὅσοισι. Nauck hält den
Vers für unecht. — 1303. Valckenaer πληγεῖσα, Porson πληχϑεῖσα, Weil
δμηϑεῖσα. — 1306. FWSchmidt σῶ γ᾽ ἐνόρκω. — 1307. οὖν δίκαιον
PL, ὦν δίκαιον cd, ὦν δίκαιος BCE. Die Lesart ὥσπερ ὦν δίκαιος
entspricht dem Sinn nicht, weil ὥσπερ nicht für ἄτε stehen kann. Monk
ὥσπερ ἦν δίκαιος. ἐπίσπετο PL, ἐφείπετο E.
    1311. γραφὰς ἔτευξε E. — 1313. Weil ΘH. οἴμοι. AP. δάκνει σε
μῦϑος; weil Θησεῦ in P fehlt. — 1314. Nauck ἀνοιμώξει. — 1315.
Tournier ἄρ᾽ ἦσϑα. — ἔχων σαφεῖς E, σαφεὶς ἔχων die übrigen. Weil
λαχὼν oder im folgenden Vers ὡς für ὤν. 1317. ἐχϑρῶν B von zweiter
Hand und so Elmsley. — 1319. ἐχρῆν BCEd. Kirchhoff ὅσον γ᾽ ἐχρῆν.
    1322. οὐκ Ec, οὐδ᾽ die übrigen. — 1323. παρέσχες BCE, παρέχεις c,
ἔνειμας dP, γ᾽ ἔνειμας L. Die Handschriften geben, wie es scheint, σ᾽
ἐχρῆν, nur L σε χρῆν. — 1324. ἐφῆκας C, ἀφῆκας die übrigen. — 1326.
ἔνεστι E. σοὶ καὶ τῶνδε C und so oder σοὶ κὰκ τῶνδε verlangt Nauck.
Aber in der gewöhnlichen Lesart καὶ σοὶ τῶνδε braucht man nur den Accent
zu ändern (καί σοι), um den richtigen Sinn zu erhalten. — 1327. τόδε BE.
    1333. ἐμοὶ βροτῶν PL. — 1336. Weil ἔπειτα κατϑανοῦσ᾽, aber die
Erklärung von ἀνάλωσεν λόγων ἐλέγχους 'Phèdre détruisit l'effet des
arguments d'Hippolyte' (wie Hartung 'dann hat der Gattin Opfertod der
Gründe Kraft gelähmt') entspricht der Bedeutung von ἀναλίσκειν nicht.
Das Gleiche gilt von der Vermutung von Kirchhoff ἔπειτά σ᾽ ἡ .. ἀνάλωσεν γυνὴ λέγουσ᾽ ἐλέγχους. — ἀνήλωσεν für ἀνάλωσεν Elmsley. —
1337. λόγοις ἐλέγχουσ᾽ EL, λόγων ἐλέγχουσ᾽ cd (diese Verschreibung
führte zu λόγοις). — 1338. μὲν σοὶ νῦν τάδ᾽ B, νῦν σοὶ τάδ᾽ P, νὺν δὴ
σοι τά γ᾽ L.
    1346. κατάπαλτον für καταληπτὸν Gomperz (κατάπαλτον führt Aristid.
II 460 aus Äschylus an). Herwerden καταληπτοῖς, Hartmann καταπίπτων.
    1351. Naber διά μοι. — 1352. κατά τ᾽ L. — 1354. Nach ἀνακαύσω
haben BadPL ἤ ἔ. — 1357. κατά τ᾽ L. — 1358. ἀτρέμας δμῶες L,
ἀτρέμα δμῶες E, δμῶες ἀτρέμας BCacP.
    1360. ἐφέστηκεν ἐν δεξιᾷ C, ἐφέστηκ᾽ ἐνδέξια E (Schol. γρ. ἐνδέξια
χωρὶς τοῦ ι), ἀφέστηκεν δεξιᾷ P, ἐφέστηκεν δεξιὰ die anderen. Hermann
δεξιόπλευρος. — 1365. ὑπερσχὼν Valckenaer für ὑπερέχων. — 1366 f. κατάραις Weil: κατὰ γᾶς E, κατὰ γῆς C, κατάκρας γρ. κατὰ γᾶς B, κατάκρας
dP, κατὰ γᾶς γρ. καὶ κατ᾽ ἄκρας a, κατὰ γᾶν L. — 1368. εὐσεβίας L
(ἐ l in ras.), εὐσεβείας die übrigen. τῆς εὐσεβείας ist vielleicht nachträglicher Zusatz. — 1369. Weil ϑεοῖς τ᾽ ἀνϑρώποις τ᾽.
    1372. μέϑετε τάλανα P, μέϑετε (με τὸν l) τάλανα L. Bothe τάλανες.
Vielleicht μέϑετον, τάλανες. — 1374. Kirchhoff nimmt zwischen δυσδαί-
μον᾽ und ἀμφιτόμου eine Lücke an, Markland τὸν δυσδαίμονά μ᾽ ἀμφι-

τόμου, Heath δυσδαίμονα τόνδ'. ἀμφιτόμου. Bothe tilgt τὸν δυσδαίμον'.
— 1377. κατά τ' εὐνᾶσαι für διά τ' εὐνᾶσαι Herwerden. — 1379. Vor
diesen V. setzt Kirchhoff die Zeichen der Lücke. Heath stellt den V.
nach 1380. Ich habe τι für τε geschrieben mit Weil, welcher aufserdem im folgenden V. παλαιῶν τέ που πρ. vermutet.
  1381. ἐξακρίζεται habe ich für das unverständliche ἐξορίζεται gesetzt. Weil ἐπουρίζεται, Metzger ἐκκομίζεται. — 1382. ἐμοί' ἐπ' ἐμὲ
CE, ἐμοί' ἐμοί' ἐπ' ἐμὲ c. — 1384. ἰώ μοι B, ἰώ μοί μοι die übrigen. —
1385. πῶς δ' ἂν ἀλλάξω L. — 1386. ἐμὰν fehlt in C. ἀνανδήτου (ἀναυδάτου) habe ich gesetzt für ἀναλγήτου, welches sinnlos ist, wenn es auch
von dem Schol. mit πολυαλγήτου erklärt wird. Musgrave ἀναλθήτου
('modo vox exstet'), Nauck ἀνάλγητος, Weil ἀνάλγητον. — 1387. εἶθε
δέ I₁. κοιμίσειε BEP, κοιμήσειε c, κοιμάσειε die anderen. Weil τὸν
δύσκοτμον. — 1389. οἷα συμφορᾷ PL. ὑπεξύγης c.
  1390. ἀπώλεσεν BEc, διώλεσεν die anderen. — 1393. τόποισι BEc,
δόμοισι die übrigen. τοῖσιδ' BE, τοῖσιν oder τοῖσι oder τοῖσδ' oder
τοῖσδέ γ' die anderen. τοῖσδ' ἄρ' Hartung. Vgl. zu 400. — 1397. συγκυναγὸς habe ich für σοι κυναγὸς geschrieben; denn diesen Begriff verlangt der Sinn und σοι ergänzt sich von selbst. — 1398. ἀτάρ τοι δύσ-
ποτμός τ' PL, ἀτάρ μοι δύσποτμος C, ἀτάρ τοι δύσποτμος d.
  1402. Reiske τιμῆς σ'. — ἐμέμφθης PL. — 1403. ὤλεσ', ἤσθημαι,
μία Valckenaer: ὤλεσεν μία κύπρις L, ὤλεσ', ἤσθημαι, Κύπρις die übrigen.
Burges ὤλεσεν θεὰ μία. — 1404. γε für τε Kirchhoff.
  1415. Valckenaer εἶτ' ἦν. Kirchhoff οὐκ ἦν ἄρ' οἷον. Es ist nichts
zu ändern. — 1416. οὐδὲ γὰρ οὐδὲ BC. — ζόφῳ Ea. Kirchhoff glaubt,
dafs entweder die Überlieferung fehlerhaft oder nach diesem Vers ein
Vers ausgefallen sei. Bothe θεοῖς ἄτιμοι. Weil schreibt 1417 θεοῖς
ἄτιμον, 1418 ἄται für ὀργαί und mit PL κατασκήπτουσιν. Aber es ist
alles in bester Ordnung. — 1419 hat Valckenaer als Interpolation erkannt.
  1420 f. Weil αὖθις und μάλισθ' οἱ. — 1427. Weil τέλη μέγιστα. —
καρπουμένῳ Valckenaer, καρπουμένα B, καρπούμεναι die übrigen.
  1430. Tournier παισὶ für εἰς σὲ, Weil περὶ σὲ. Gomperz tilgt den
V., indem er im vorhergehenden ἀνώνυμος πεσεῖ schreibt (vgl. 1028,
Tro. 1319). — 1431. λαβοῦ C. — 1434. 'Lenius sane διδόντων quam ἀγόντων' Valckenaer. Barthold θελόντων oder ἀγόντων. — 1437. νεκροὺς
ὁρᾶν BEc. — 1439 betrachtet Valckenaer als Interpolation.
  1441. λείποις C. Hartung μακρὰν λιποῦσα. — 1442. λύσω E. —
πατρὸς BCdPL. — 1444. κιγχάνει Porson: τυγχάνει c, κιχάνει die
übrigen. In dem oben angeführten Fragment hat Monk κιγχάνει für
τυγχάνει hergestellt. — 1448. Kirchhoff εἰ λιπών, Heimsöth sehr ansprechend ἐκτραπείς. — φρένα CEdPL, χέρα B, χέρα γρ. φρένα a. —
1449. φόβου c.
  1450. ἀφιεὶς habe ich geschrieben, da BEac ἀφήσεις, die übrigen
ἀφίῃς bieten. Vgl. zu Med. 457. — 1451. παρθένον für Ἄρτεμιν Nauck nach
Diphil. com. IV p. 388 Mein. Λητοῦς Διός τε τοξόδαμνε παρθένε, ὡς οἱ
τραγῳδοί φασιν. — 1453—58 hat Wilamowitz in richtige Ordnung gebracht. ὤχωκε für ὦ χαῖρε hat Weil gefunden. Kirchhoff wollte wegen
ὦ χαῖρε καὶ σύ vor 1453 den Ausfall von zwei Versen annehmen, wovon
der zweite mit χαῖρ' ὦ begann, Nauck vermutet ὦ χαῖρε καὶ ζῆ, F. W.
Schmidt ὦ χαῖρ' ἀεί σύ, Herwerden ἄπειμι, καὶ σύ, Barthold ὦ χαῖρέ
μοι σύ. — 1459. Ἀθηνᾶν Παλλάδος τε ist eine unmögliche Verbindung.
Da nun BE Ἀθηνᾶν geben, so ist dieses insofern das Ursprünglichere,
als darin noch das Glossem in seiner ersten Gestalt erhalten ist (wie
526 und 1053 in A). Vielleicht ὦ κλεινὰ τείχη Παλλάδος θ' ὁρίσματα,
was besonders bei der Beziehung auf Perikles passen würde. Hartung
τ' ἐρείσματα.
  1460. Tournier 'στερήσεσθ'.

II. Metra.

Gesang ἀπὸ σκηνῆς 58—72 (Solo und Chorgesang).

$$\cup \;\; \_\; \_ \;\; \_\cup \;\; \_\cup$$
$$\_\cup \;\; \_\cup \;\; \_$$
$$\_\cup \;\; \_\cup \;\; \_\cup$$

$$\_\cup \;\; \_\cup \;\; \_\cup \;\; \_$$
$$\_ \;\; \_\cup \;\; \_$$
$$\_\cup \;\; \_\cup \;\; \_\cup \;\; \_$$
$$\_\_ \;\; \_\cup \;\; \_\cup \;\; \_$$
$$\_\_ \;\; \_\cup \;\; \_\cup \;\; \_$$
$$\_\_ \;\; \_\cup \;\; \_\cup \;\; \_$$
$$\_\_ \;\; \_\cup \;\; \_\cup \;\; \_$$
$$\_\_ \;\; \_\cup \;\; \_\cup$$

$$\_\cup \;\; \_\_ \;\; \_ \;\; \_$$
$$\_\_ \;\; \_ \;\; \_\cup \;\; \_\cup$$
$$\_\cup \;\; \_\cup \;\; \_$$

Parodos 121—169.

Erste Strophe 121—30 = 131—40.

$$\_\cup \;\; \_\cup \;\; \_$$
$$\_ \;\; \_\cup \;\; \_\cup \;\; \_$$
$$\_ \;\; \_\_ \;\; \cup\cup\cup \;\; \_$$
$$\_ \;\; \_\cup \;\; \_\cup \;\; \_\_$$
$$\cup \;\; \_\cup \;\; \_\cup \;\; \_$$
$$\_\cup \;\; \_\cup \;\; \_$$
$$\cup\cup\cup \;\; \_\cup \;\; \_$$
$$\_ \;\; \_\cup \;\; \_ \;\; \_\cup \;\; \_\cup \;\; \_$$
$$\_ \;\; \_\cup \;\; \_\cup \;\; \_\cup \;\; \_ \;\; \_$$
$$\_ \;\; \_\cup \;\; \_\cup \;\; \_ \;\; \_ \;\; \_$$

Zweite Strophe 141—50 = 151—60.

$$\_\cup \;\; \_\cup \;\; \_\_$$
$$\_\_ \;\; \_\cup \;\; \_\cup \;\; \_$$
$$\_\_ \;\; \_\cup \;\; \_\_$$
$$\_ \;\; \_\_ \;\; \_\cup \;\; \_\_$$
$$\_ \;\; \_\cup \;\; \_\cup \;\; \_\_$$
$$\_ \;\; \_\times \;\; \_\cup \;\; \_$$
$$\cup\cup\cup \;\; \cup\times \;\; \_\cup \;\; \_ \;\; \_ \;\; \_$$
$$\_ \;\; \_\_ \;\; \_\cup \;\; \_\_$$
$$\_ \;\; \_\cup \;\; \_\cup \;\; \_$$
$$\_\_ \;\; \_\cup \;\; \_\_ \;\; \_$$

Epodos 161—69.

⌣ _ ⌣ ⌐ _ ⌣ _ ⌣ ⌐ _
_ ⌣ _ ⌣ _ _ _ ⌣
⌣ _ ⌣ _ ⌣ _ _
_ _ _ ⌣ _ ⌣ _
⌣ _ _ _ ⌣ _ ⌣ ⌐ ⌐ _
_ _ ⌣ _ ⌣ _
_ _ ⌣ _ ⌣ _ _
_ _ ⌣ _ _ _ ⌣ _ _
_ ⌣ _ ⌣ _ _

170—266 regelmäfsige Anapäste.
362—72 = 668—79.

⌣⌣⌣ _ ⌣⌣⌣ _
⌣ _ _ ⌣ _
⌣ _ _ ⌣ ⌣ ⌣ ⌣ ⌣ ⌣ _
⌣ _ _ ⌣ _ ⌣ _ _ ⌣ _
⌣ ⌣ _ ⌣ _ ⌣ _ _ _
_ ⌣ _ ⌣ _ _ ⌣ _
_ ⌣ _ ⌣ _ _ ⌣ _
⌣ _ ⌣ _ ⌣ _ ⌣ _ ⌣ _ ⌣ ⌣
⌣ ⌣ _ ⌣ ⌣ ⌣ ⌣ _ ⌣ _
⌣ _ _ ⌣ _ ⌣ _ _ ⌣ _
⌣ _ ⌣ _ ⌣ _ ⌣ _ ⌣ _ ⌣ _
⌣ ⌣ _ ⌣ _ ⌣ _ _ ⌣ _

Erstes Stasimon 525—64.
Erste Strophe 525—34 = 535—44.

⌣ _ ⌣ _ ⌣ _ ⌣ _
_ _ ⌣ _ ⌣ _ ⌣ _ _
_ _ ⌣ _ ⌣ _ ⌣ _ _
⌣ _ ⌣ _ ⌣ _ ⌣ _ _
_ _ ⌣ _ _
_ ⌣ _ ⌣ _
_ _ ⌣ _ ⌣ _ ⌣ ⌣
_ _ ⌣ _ ⌣ _ _
⌣ _ ⌣ _ ⌣ _
⌣ _ ⌣ _ _

Zweite Strophe 545—54 = 555—64.

_ ⌣ _ ⌣ _
_ ⌣ _ ⌣ _ _
⌣ ⌐ _ ⌣ _ ⌣ ⌣ _ ⌣ _ _
_ _ ⌣ _ ⌣ _ ⌣ ⌣
_ ⌣⌣⌣ _ ⌣ _ _
⌣ _ ⌣ _ ⌣ _
⌣ _ ⌣ _ _
_ _ _ ⌣ _ ⌣ _ ⌣ _ ⌣
_ _ _ ⌣ _ _

Kommos 569—600.

Dochmien untermischt mit jambischen Trimetern.

Zweites Stasimon 732—775.

Erste Strophe 732—41 = 742—51.

Zweite Strophe 752—63 = 764—75.

811—55 Dochmien mit jambischen Trimetern untermischt.
866—70 Dochmien, ebenso 880, 882—84.
877—79 scheinen ursprünglich auch Dochmien oder vielmehr Dochmien untermischt mit Jamben gewesen zu sein.

Drittes Stasimon 1102—50.

Erste Strophe 1102—10 = 1111—19.

Zweite Strophe 1120—30 = 1131—41.

Epodos 1142—50.

⏑ ‿⏑ ⌐ ‿∪ ‿⏑ ⏑⏑⏑ ‿‿
‿⏑ ⏑⏑⏑ ‿⏑ ‿⏑
‿ ⏑⏑⏑ ⏑⏑⏑ ‿⏑ ‿
‿⏑ ‿⏑ ‿⏑
⏑ ‿⏑ ‿∪ ‿∪ ‿
‿ ‿∪ ‿∪ ‿
⏑ ‿⏑ ‿‿ ‿⏑ ‿
‿∪ ‿⏑ ‿‿

Viertes Stasimon 1268—82.

⏑ ‿⏑ ‿⏑ ⌐ ‿∪ ‿⏑ ‿
⏑ ‿∪ ‿
⏑ ‿⏑ ‿∪ ‿∪ ‿
‿ ‿⏑ ‿⏑ ‿
⏑ ⌐ ‿∪ ‿⏑ ‿‿ ‿‿
‿⏑ ⏑⏑⏑ ‿‿
⏑ ‿⏑ ‿‿ ‿∪ ‿∪ ‿
‿∪ ⌐ ‿‿
‿∪ ‿
⏑⏑⏑ ‿⏑ ‿
∿ ⌐ ⏑⏑⏑ ⌐ ⏑⏑⏑ ‿⏑ ‿
‿ ‿∪ ‿∪ ⌐ ‿⏑ ‿
‿ ‿⏑ ‿‿ ‿⏑
∿ ‿∿ ‿‿ ⏑
‿∿ ‿⏑ ‿‿

1283—95, 1342—77 regelmäſsige Anapäste (1372, 1374 f. ist der Text nicht in Ordnung).

1378—88.

‿ ‿∿ ‿‿ ‿∿ ‿
⏑ ‿⏑ ‿∪ ‿⏑ ‿
⏑ ⌐ ‿⏑ ⌐ ‿⏑ ‿ ▪
‿⏑ ‿⏑ ‿∿ ‿⏑ ‿‿
⏑⏑⏑ ⏑⏑⏑
⏑ ⏑⏑⏑ ‿⏑ ‿⏑ ‿⏑ ‿
⏑ ‿ ‿⏑ ‿
‿⏑ ‿‿ ‿∿ ‿
⏑ ⌐ ‿⏑ ‿‿ ‿⏑ ‿
‿∿ ‿⏑ ‿⏑ ‿‿ ‿⏑
‿ ‿⏑ ‿⏑ ‿⏑ ‿⏑ ‿‿

1462—66 anapästisches Hypermetron.